Marcel Reich-Ranicki

Mein
KLEIST

| Hoffmann und Campe |

1. Auflage 2009
Copyright © 2009 by
Hoffmann und Campe Verlag, Hamburg
www.hoca.de
Satz: Pinkuin Satz und Datentechnik, Berlin
Gesetzt aus der Adobe Bembo
Druck und Bindung: GGP Media GmbH, Pößneck
Printed in Germany
ISBN 978-3-455-40210-0

HOFFMANN
UND CAMPE

Ein Unternehmen der
GANSKE VERLAGSGRUPPE

INHALT

VORWORT

Beliebt war er nicht. Er galt als ein sonderbarer und über-
spannter Mensch. Die einen hielten ihn für schüchtern und
gehemmt, andere für überheblich. In Gesellschaft war er meist
wortkarg und eher linkisch. Eine unangenehme, eine zumindest befremdende Erscheinung. Dabei war er nicht unbekannt.
Auch wenn die großen Kritiker der Epoche, die Romantiker
Friedrich und August Wilhelm Schlegel, ihn keines Wortes
würdigten, kannte man ihn in der literarischen Welt, freilich
vor allem als einen zwar eigenwilligen, doch missachteten und
vom Pech verfolgten Autor.

Großes Aufsehen hat er nur ein einziges Mal hervorgeru-
fen – und dies nicht mit einem Theaterstück oder mit einer
Erzählung, sondern mit einer Tat. Erst sein Tod machte ihn,
Heinrich von Kleist, berühmt: Die Schüsse, mit denen er dem
Leben der Henriette Vogel und dem eigenen ein Ende gesetzt
hatte, finden sofort jenen Widerhall, der seinen Dichtungen
versagt geblieben war.

Über den dramatischen Vorfall am Kleinen Wannsee sprach
und schrieb man wochenlang – nicht nur in Berlin und nicht
nur in den deutschen Landen. Was sich dort abgespielt hatte,
regte die Phantasie der Zeitgenossen an, von denen die meisten nicht zweifelten, es handle sich um eine Liebesaffäre. Was
geschehen war, provozierte neben der baren Sensationslust
auch die moralische Entrüstung und die heuchlerische Selbst-
gerechtigkeit jener, die meinten, über die beiden Unglücklichen den Stab brechen zu dürfen.

Ein Außenseiter, ein Ausgestoßener, ein Paria war es, der
sich und seine Gefährtin am Kleinen Wannsee erschossen
hatte – und nicht ein Liebender. Man hat gesagt, Kleist und

Henriette gingen nicht in den Tod, weil sie sich liebten, vielmehr liebten sie sich, weil sie zusammen sterben wollten. Das ist schön ausgedrückt, nur nicht ganz richtig, weil dieses Bonmot die Beziehung der beiden letztlich doch erotisch verbrämt.

Ein zeitkritischer, ein politischer Schriftsteller war Kleist beinahe von Anfang an. Er sprach von seinem Vaterland und seinen Zeitgenossen. Er sprach, natürlich, von sich selber. Spielt der *Zerbrochne Krug* in einem niederländischen oder eher in einem brandenburgischen Dorf? Geht es im »Michael Kohlhaas« um Verhältnisse im sechzehnten oder im beginnenden neunzehnten Jahrhundert? Dass die *Hermannsschlacht* auf die aktuelle politische Situation bezogen werden müsse, hat Kleist selber und mit Nachdruck gesagt. Und ich kann auch den Verdacht nicht loswerden, dass die Amazonen in der *Penthesilea* preußischer Herkunft sind.

Ich weiß schon: Derartiges gilt für andere Poeten ebenfalls. Nicht in einem italienischen, sondern in einem deutschen Kleinstaat nimmt das Schicksal der Emilia Galotti seinen Lauf. Wo liegt das Lustschloss, in dem sich die Helden des *Torquato Tasso* amüsieren – in der Nähe von Ferrara oder von Weimar? Dennoch war keiner der großen deutschen Dichter an der politischen Lenkung seiner Landsleute so brennend interessiert wie Kleist, keiner ging so weit wie der Mann, der immer und überall scheiterte – in der Armee und im zivilen Leben, in der Liebe und in der Literatur.

Kaum fünfzehn Jahre alt, trat er, der Familientradition gemäß, in das Potsdamer Garderegiment ein. Doch schon als Leutnant von einundzwanzig Jahren wünschte er den Abschied von der Armee. Er wird ihm gewährt, und er kann sich den Universitätsstudien widmen und seinen literarischen Versuchen. Sie sind von Anfang an verblüffend, bereiten ihm aber letztlich nur Enttäuschungen. Nie hat er eines seiner Theaterstücke auf der Bühne gesehen.

Ähnlich wie zahlreiche andere Schriftsteller hat auch Kleist die Möglichkeiten der Literatur, die Leser zu erziehen, stark überschätzt – zumal er zur nüchternen Beurteilung der Welt, der realen Verhältnisse nie recht imstande war.

Davon zeugt auch der »Brief eines Dichters an einen anderen«, ein Essay, der offensichtlich bekanntmachen sollte, er, Kleist, sei nun um der patriotischen Sache willen entschlossen, seine künstlerischen und auch artistischen Ambitionen nicht geradezu preiszugeben, aber doch zu vermindern und zu begrenzen. Meinte er tatsächlich, es lohne sich, die Dichtung dürftiger zu machen, damit sie auf denkbar viele Landsleute politischen Einfluss ausüben könne?

Wer damals beim preußischen Hof ein Drama einreichte, dessen Held, ein preußischer General, zusammenbricht, bei zwei Frauen um Gnade bettelt, nichts anderes als leben will und noch lauthals verkündet, er frage nicht, ob dies rühmlich sei – wer allen Ernstes glauben konnte, er werde damit sich der Gunst dieses Hofes erfreuen, dem war in Preußen nicht zu helfen. Kleist war ein Genie und ein Narr zugleich – und vielleicht hätte er das eine nicht ohne das andere sein können.

Er verfasste in seinem kurzen Leben acht Dramen (von denen der *Robert Guiskard* ein Torso geblieben ist), acht Erzählungen, eine Anzahl Essays und nicht wenige kleinere Prosaarbeiten, zumal Anekdoten. In jeder Gattung gelangen ihm Höhepunkte der deutschen Literatur. Im Drama ist es der *Prinz von Homburg*, in der Erzählung der »Michael Kohlhaas« und die »Marquise von O…«, im Essay »Über die allmähliche Verfertigung der Gedanken beim Reden« und »Über das Marionettentheater«.

Damit kommen wir zu dem vorliegenden Lesebuch. Nicht

das, was ich in diesen Band aufgenommen habe, bedarf der Begründung, sondern das, was hier fehlt, was leider fehlen musste. Die Dramen Kleists sind glücklicherweise allesamt bekannt – selbst jene, die, wie die *Familie Schroffenstein* und vielleicht sogar die außerordentliche *Penthesilea*, zeitweise schon als vergessen galten.

Sind auch die herrlichen Erzählungen, unter denen keine einzige schwach ist, im Bewusstsein des Publikums? Dessen bin ich nicht ganz sicher. Um möglichst viele, um beinahe alle Erzählungen Kleists hier berücksichtigen zu können, habe ich auf die längste, auf den ohnehin berühmten »Michael Kohlhaas« verzichtet.

Bleiben die essayistischen Arbeiten. Die drei, für die ich mich entschieden habe, gehören zusammen. Sie befassen sich auf unterschiedliche Weise mit der zuerst in der Schrift »Über das Marionettentheater« behandelten Gefährdung der Anmut und der Grazie durch den reflektierenden Gedanken.

Kleist hat man zu Lebzeiten ignoriert. Verändert hat er so gut wie nichts. Wirklich gar nichts? O doch! Er hat mit seinem poetischen Werk die Welt, zumindest die deutsche Welt, reicher, klüger und schöner gemacht.

ERZÄHLUNGEN

DAS ERDBEBEN IN CHILI

In St. Jago, der Hauptstadt des Königreichs Chili, stand gerade
in dem Augenblicke der großen Erderschütterung vom Jahre
1647, bei welcher viele tausend Menschen ihren Untergang
fanden, ein junger, auf ein Verbrechen angeklagter Spanier,
Namens *Jeronimo Rugera*, an einem Pfeiler des Gefängnisses, in
welches man ihn eingesperrt hatte, und wollte sich erhenken.
Don Henrico Asteron, einer der reichsten Edelleute der Stadt,
hatte ihn ungefähr ein Jahr zuvor aus seinem Hause, wo er als
Lehrer angestellt war, entfernt, weil er sich mit *Donna Josephe*,
seiner einzigen Tochter, in einem zärtlichen Einverständnis
befunden hatte. Eine geheime Bestellung, die dem alten Don,
nachdem er die Tochter nachdrücklich gewarnt hatte, durch
die hämische Aufmerksamkeit seines stolzen Sohnes verraten
worden war, entrüstete ihn dergestalt, daß er sie in dem Kar-
meliter-Kloster unsrer lieben Frauen vom Berge daselbst un-
terbrachte. Durch einen glücklichen Zufall hatte Jeronimo
hier die Verbindung von neuem anzuknüpfen gewußt, und in
einer verschwiegenen Nacht den Klostergarten zum Schauplatz seines vollen Glückes gemacht. Es war am Fronleich-
namsfeste, und die feierliche Prozession der Nonnen, welchen
die Novizen folgten, nahm eben ihren Anfang, als die unglückliche Josephe, bei dem Anklange der Glocken, in Mut-
terwehen auf den Stufen der Kathedrale niedersank. Dieser
Vorfall machte außerordentliches Aufsehn; man brachte die
junge Sünderin, ohne Rücksicht auf ihren Zustand, sogleich
in ein Gefängnis, und kaum war sie aus den Wochen erstanden,
als ihr schon, auf Befehl des Erzbischofs, der geschärfteste Prozeß gemacht ward. Man sprach in der Stadt mit einer so großen Erbitterung von diesem Skandal, und die Zungen fielen

so scharf über das ganze Kloster her, in welchem er sich zugetragen hatte, daß weder die Fürbitte der Familie Asteron, noch
auch sogar der Wunsch der Äbtissin selbst, welche das junge
Mädchen wegen ihres sonst untadelhaften Betragens lieb gewonnen hatte, die Strenge, mit welcher das klösterliche Gesetz
sie bedrohte, mildern konnte. Alles, was geschehen konnte,
war, daß der Feuertod, zu dem sie verurteilt wurde, zur großen Entrüstung der Matronen und Jungfrauen von St. Jago,
durch einen Machtspruch des Vizekönigs, in eine Enthaup-
tung verwandelt ward. Man vermietete in den Straßen, durch
welche der Hinrichtungszug gehen sollte, die Fenster, man
trug die Dächer der Häuser ab, und die frommen Töchter der
Stadt luden ihre Freundinnen ein, um dem Schauspiele, das
der göttlichen Rache gegeben wurde, an ihrer schwesterlichen
Seite beizuwohnen. Jeronimo, der inzwischen auch in ein Gefängnis gesetzt worden war, wollte die Besinnung verlieren, als
er diese ungeheure Wendung der Dinge erfuhr. Vergebens
sann er auf Rettung: überall, wohin ihn auch der Fittig der
vermessensten Gedanken trug, stieß er auf Riegel und Mauern, und ein Versuch, die Gitterfenster zu durchfeilen, zog
ihm, da er entdeckt ward, eine nur noch engere Einsperrung
zu. Er warf sich vor dem Bildnisse der heiligen Mutter Gottes
nieder, und betete mit unendlicher Inbrunst zu ihr, als der
Einzigen, von der ihm jetzt noch Rettung kommen könnte.
Doch der gefürchtete Tag erschien, und mit ihm in seiner
Brust die Überzeugung von der völligen Hoffnungslosigkeit
seiner Lage. Die Glocken, welche Josephen zum Richtplatze
begleiteten, ertönten, und Verzweiflung bemächtigte sich seiner Seele. Das Leben schien ihm verhaßt, und er beschloß,
sich durch einen Strick, den ihm der Zufall gelassen hatte, den
Tod zu geben. Eben stand er, wie schon gesagt, an einem
Wandpfeiler, und befestigte den Strick, der ihn dieser jammervollen Welt entreißen sollte, an eine Eisenklammer, die an

dem Gesimse derselben eingefugt war; als plötzlich der größte Teil der Stadt, mit einem Gekrache, als ob das Firmament einstürzte, versank, und alles, was Leben atmete, unter seinen Trümmern begrub. Jeronimo Rugera war starr vor Entsetzen; und gleich als ob sein ganzes Bewußtsein zerschmettert worden wäre, hielt er sich jetzt an dem Pfeiler, an welchem er hatte sterben wollen, um nicht umzufallen. Der Boden wankte unter seinen Füßen, alle Wände des Gefängnisses rissen, der ganze Bau neigte sich, nach der Straße zu einzustürzen, und nur der, seinem langsamen Fall begegnende, Fall des gegenüberstehenden Gebäudes verhinderte, durch eine zufällige Wölbung, die gänzliche Zubodenstreckung desselben. Zitternd, mit sträubenden Haaren, und Knien, die unter ihm brechen wollten, glitt Jeronimo über den schiefgesenkten Fußboden hinweg, der Öffnung zu, die der Zusammenschlag beider Häuser in die vordere Wand des Gefängnisses eingerissen hatte. Kaum befand er sich im Freien, als die ganze, schon erschütterte Straße auf eine zweite Bewegung der Erde völlig zusammenfiel. Besinnungslos, wie er sich aus diesem allgemeinen Verderben retten würde, eilte er, über Schutt und Gebälk hinweg, indessen der Tod von allen Seiten Angriffe auf ihn machte, nach einem der nächsten Tore der Stadt. Hier stürzte noch ein Haus zusammen, und jagte ihn, die Trümmer weit umherschleudernd, in eine Nebenstraße; hier leckte die Flamme schon, in Dampfwolken blitzend, aus allen Giebeln, und trieb ihn schreckenvoll in eine andere; hier wälzte sich, aus seinem Gestade gehoben, der Mapochofluß auf ihn heran, und riß ihn brüllend in eine dritte. Hier lag ein Haufen Erschlagener, hier ächzte noch eine Stimme unter dem Schutte, hier schrien Leute von brennenden Dächern herab, hier kämpften Menschen und Tiere mit den Wellen, hier war ein mutiger Retter bemüht, zu helfen; hier stand ein Anderer, bleich wie der Tod, und streckte sprachlos zitternde Hände zum Himmel. Als Jeronimo das Tor erreicht, und einen Hügel jenseits desselben bestiegen hatte, sank er ohnmächtig auf demselben nieder. Er mochte wohl eine Viertelstunde in der tiefsten Bewußtlosigkeit gelegen haben, als er endlich wieder erwachte, und sich, mit nach der Stadt gekehrtem Rücken, halb auf dem Erdboden erhob. Er befühlte sich Stirn und Brust, unwissend, was er aus seinem Zustande machen sollte, und ein unsägliches Wonnegefühl ergriff ihn, als ein Westwind, vom Meere her, sein wiederkehrendes Leben anwehte, und sein Auge sich nach allen Richtungen über die blühende Gegend von St. Jago hinwandte. Nur die verstörten Menschenhaufen, die sich überall blicken ließen, beklemmten sein Herz; er begriff nicht, was ihn und sie hiehergeführt haben konnte, und erst, da er sich umkehrte, und die Stadt hinter sich versunken sah, erinnerte er sich des schrecklichen Augenblicks, den er erlebt hatte. Er senkte sich so tief, daß seine Stirn den Boden berührte, Gott für seine wunderbare Errettung zu danken; und gleich, als ob der eine entsetzliche Eindruck, der sich seinem Gemüt eingeprägt hatte, alle früheren daraus verdrängt hätte, weinte er vor Lust, daß er sich des lieblichen Lebens, voll bunter Erscheinungen, noch erfreue. Drauf, als er eines Ringes an seiner Hand gewahrte, erinnerte er sich plötzlich auch Josephens; und mit ihr seines Gefängnisses, der Glocken, die er dort gehört hatte, und des Augenblicks, der dem Einsturze desselben vorangegangen war. Tiefe Schwermut erfüllte wieder seine Brust; sein Gebet fing ihn zu reuen an, und fürchterlich schien ihm das Wesen, das über den Wolken waltet. Er mischte sich unter das Volk, das überall, mit Rettung des Eigentums beschäftigt, aus den Toren stürzte, und wagte schüchtern nach der Tochter Asterons, und ob die Hinrichtung an ihr vollzogen worden sei, zu fragen; doch niemand war, der ihm umständliche Auskunft gab. Eine Frau, die auf einem fast zur Erde gedrückten Nacken eine ungeheure Last von Gerätschaften und zwei Kinder, an der Brust hängend, trug, sagte im Vorbeigehen, als ob sie es selbst angesehen hätte: daß sie enthauptet worden sei. Jeronimo kehrte sich um; und da er, wenn er die Zeit berechnete, selbst an ihrer Vollendung nicht zweifeln konnte, so setzte er sich in einem einsamen Walde nieder, und überließ sich seinem vollen Schmerz. Er wünschte, daß die zerstörende Gewalt der Natur von neuem über ihn einbrechen möchte. Er begriff nicht, warum er dem Tode, den seine jammervolle Seele suchte, in jenen Augenblicken, da er ihm freiwillig von allen Seiten rettend erschien, entflohen sei. Er nahm sich fest vor, nicht zu wanken, wenn auch jetzt die Eichen entwurzelt werden, und ihre Wipfel über ihn zusammenstürzen sollten. Darauf nun, da er sich ausgeweint hatte, und ihm, mitten unter den heißesten Tränen, die Hoffnung wieder erschienen war, stand er auf, und durchstreifte nach allen Richtungen das Feld. Jeden Berggipfel, auf dem sich die Menschen versammelt hatten, besuchte er; auf allen Wegen, wo sich der Strom der Flucht noch bewegte, begegnete er ihnen; wo nur irgend ein weibliches Gewand im Winde flatterte, da trug ihn sein zitternder Fuß hin: doch keines deckte die geliebte Tochter Asterons. Die Sonne neigte sich, und mit ihr seine Hoffnung schon wieder zum Untergange, als er den Rand eines Felsens betrat, und sich ihm die Aussicht in ein weites, nur von wenig Menschen besuchtes Tal eröffnete. Er durchlief, unschlüssig, was er tun sollte, die einzelnen Gruppen derselben, und wollte sich schon wieder wenden, als er plötzlich an einer Quelle, die die Schlucht bewässerte, ein junges Weib erblickte, beschäftigt, ein Kind in seinen Fluten zu reinigen. Und das Herz hüpfte ihm bei diesem Anblick; er sprang voll Ahndung über die Gesteine herab, und rief: O Mutter Gottes, du Heilige! und erkannte Josephen, als sie sich bei dem Geräusche schüchtern umsah. Mit welcher Seligkeit umarmten sie sich, die Unglücklichen, die ein Wun-

der des Himmels gerettet hatte! Josephe war, auf ihrem Gang
zum Tode, dem Richtplatze schon ganz nahe gewesen, als
durch den krachenden Einsturz der Gebäude plötzlich der
ganze Hinrichtungszug aus einander gesprengt ward. Ihre ersten entsetzensvollen Schritte trugen sie hierauf dem nächsten
Tore zu; doch die Besinnung kehrte ihr bald wieder, und sie
wandte sich, um nach dem Kloster zu eilen, wo ihr kleiner,
hülfloser Knabe zurückgeblieben war. Sie fand das ganze Kloster schon in Flammen, und die Äbtissin, die ihr in jenen Augenblicken, die ihre letzten sein sollten, Sorge für den Säugling angelobt hatte, schrie eben, vor den Pforten stehend, nach
Hülfe, um ihn zu retten. Josephe stürzte sich, unerschrocken
durch den Dampf, der ihr entgegenqualmte, in das von allen
Seiten schon zusammenfallende Gebäude, und gleich, als ob
alle Engel des Himmels sie umschirmten, trat sie mit ihm un-
beschädigt wieder aus dem Portal hervor. Sie wollte der Äbtissin, welche die Hände über ihr Haupt zusammenschlug, eben
in die Arme sinken, als diese, mit fast allen ihren Klosterfrauen,
von einem herabfallenden Giebel des Hauses, auf eine schmäh-
liche Art erschlagen ward. Josephe bebte bei diesem entsetzlichen Anblicke zurück; sie drückte der Äbtissin flüchtig die
Augen zu, und floh, ganz von Schrecken erfüllt, den teuern
Knaben, den ihr der Himmel wieder geschenkt hatte, dem
Verderben zu entreißen. Sie hatte noch wenig Schritte getan,
als ihr auch schon die Leiche des Erzbischofs begegnete, die
man so eben zerschmettert aus dem Schutt der Kathedrale
hervorgezogen hatte. Der Palast des Vizekönigs war versunken, der Gerichtshof, in welchem ihr das Urteil gesprochen
worden war, stand in Flammen, und an die Stelle, wo sich ihr
väterliches Haus befunden hatte, war ein See getreten, und
kochte rötliche Dämpfe aus. Josephe raffte alle ihre Kräfte zusammen, sich zu halten. Sie schritt, den Jammer von ihrer
Brust entfernend, mutig mit ihrer Beute von Straße zu Straße,

und war schon dem Tore nah, als sie auch das Gefängnis, in welchem Jeronimo geseufzt hatte, in Trümmern sah. Bei diesem Anblicke wankte sie, und wollte besinnungslos an einer Ecke niedersinken; doch in demselben Augenblick jagte sie der Sturz eines Gebäudes hinter ihr, das die Erschütterungen schon ganz aufgelöst hatten, durch das Entsetzen gestärkt, wieder auf; sie küßte das Kind, drückte sich die Tränen aus den Augen, und erreichte, nicht mehr auf die Greuel, die sie umringten, achtend, das Tor. Als sie sich im Freien sahe, schloß sie bald, daß nicht jeder, der ein zertrümmertes Gebäude bewohnt hatte, unter ihm notwendig müsse zerschmettert worden sein. An dem nächsten Scheidewege stand sie still, und harrte, ob nicht Einer, der ihr, nach dem kleinen Philipp, der liebste auf der Welt war, noch erscheinen würde. Sie ging, weil niemand kam, und das Gewühl der Menschen anwuchs, weiter, und kehrte sich wieder um, und harrte wieder; und schlich, viel Tränen vergießend, in ein dunkles, von Pinien beschattetes Tal, um seiner Seele, die sie entflohen glaubte, nachzubeten; und fand ihn hier, diesen Geliebten, im Tale, und Seligkeit, als ob es das Tal von Eden gewesen wäre. Dies Alles erzählte sie jetzt voll Rührung dem Jeronimo, und reichte ihm, da sie vollendet hatte, den Knaben zum Küssen dar. – Jeronimo nahm ihn, und hätschelte ihn in unsäglicher Vaterfreude, und verschloß ihm, da er das fremde Antlitz anweinte, mit Liebkosungen ohne Ende den Mund. Indessen war die schönste Nacht herabgestiegen, voll wundermilden Duftes, so silberglänzend und still, wie nur ein Dichter davon träumen mag. Überall, längs der Talquelle, hatten sich, im Schimmer des Mondscheins, Menschen niedergelassen, und bereiteten sich sanfte Lager von Moos und Laub, um von einem so qualvollen Tage auszuruhen. Und weil die Armen immer noch jammerten; dieser, daß er sein Haus, jener, daß er Weib und Kind, und der dritte, daß er Alles verloren habe: so schlichen

Jeronimo und Josephe in ein dichteres Gebüsch, um durch das heimliche Gejauchz ihrer Seelen niemand zu betrüben. Sie fanden einen prachtvollen Granatapfelbaum, der seine Zweige, voll duftender Früchte, weit ausbreitete; und die Nachtigall flötete im Wipfel ihr wollüstiges Lied. Hier ließ sich Jeronimo am Stamme nieder, und Josephe in seinem, Philipp in Josephens Schoß, saßen sie, von seinem Mantel bedeckt, und ruhten. Der Baumschatten zog, mit seinen verstreuten Lichtern, über sie hinweg, und der Mond erblaßte schon wieder vor der Morgenröte, ehe sie einschliefen. Denn Unendliches hatten sie zu schwatzen vom Klostergarten und den Gefängnissen, und was sie um einander gelitten hätten; und waren sehr gerührt, wenn sie dachten, wie viel Elend über die Welt kommen mußte, damit sie glücklich würden! Sie beschlossen, sobald die Erderschütterungen aufgehört haben würden, nach La Conception zu gehen, wo Josephe eine vertraute Freundin hatte, sich mit einem kleinen Vorschuß, den sie von ihr zu erhalten hoffte, von dort nach Spanien einzuschiffen, wo Jeronimos mütterliche Verwandten wohnten, und daselbst ihr glückliches Leben zu beschließen. Hierauf, unter vielen Küssen, schliefen sie ein.

Als sie erwachten, stand die Sonne schon hoch am Himmel, und sie bemerkten in ihrer Nähe mehrere Familien, beschäftigt, sich am Feuer ein kleines Morgenbrot zu bereiten. Jeronimo dachte eben auch, wie er Nahrung für die Seinigen herbeischaffen sollte, als ein junger wohlgekleideter Mann, mit einem Kinde auf dem Arm, zu Josephen trat, und sie mit Bescheidenheit fragte: ob sie diesem armen Wurme, dessen Mutter dort unter den Bäumen beschädigt liege, nicht auf kurze Zeit ihre Brust reichen wolle? Josephe war ein wenig verwirrt, als sie in ihm einen Bekannten erblickte; doch da er, indem er ihre Verwirrung falsch deutete, fortfuhr: es ist nur auf wenige Augenblicke, Donna Josephe, und dieses Kind hat, seit jener

Stunde, die uns alle unglücklich gemacht hat, nichts genossen; so sagte sie: »ich schwieg – aus einem andern Grunde, Don Fernando; in diesen schrecklichen Zeiten weigert sich niemand, von dem, was er besitzen mag, mitzuteilen:« und nahm den kleinen Fremdling, indem sie ihr eigenes Kind dem Vater gab, und legte ihn an ihre Brust. Don Fernando war sehr dankbar für diese Güte, und fragte: ob sie sich nicht mit ihm zu jener Gesellschaft verfügen wollten, wo eben jetzt beim Feuer ein kleines Frühstück bereitet werde? Josephe antwortete, daß sie dies Anerbieten mit Vergnügen annehmen würde, und folgte ihm, da auch Jeronimo nichts einzuwenden hatte, zu seiner Familie, wo sie auf das innigste und zärtlichste von Don Fernandos beiden Schwägerinnen, die sie als sehr würdige junge Damen kannte, empfangen ward. Donna Elvire, Don Fernandos Gemahlin, welche schwer an den Füßen verwundet auf der Erde lag, zog Josephen, da sie ihren abgehärmten Knaben an der Brust derselben sah, mit vieler Freundlichkeit zu sich nieder. Auch Don Pedro, sein Schwiegervater, der an der Schulter verwundet war, nickte ihr liebreich mit dem Haupte zu. – In Jeronimos und Josephens Brust regten sich Gedanken von seltsamer Art. Wenn sie sich mit so vieler Vertraulichkeit und Güte behandelt sahen, so wußten sie nicht, was sie von der Vergangenheit denken sollten, vom Richtplatze, von dem Gefängnisse, und der Glocke; und ob sie bloß davon geträumt hätten? Es war, als ob die Gemüter, seit dem fürchterlichen Schlage, der sie durchdröhnt hatte, alle versöhnt wären. Sie konnten in der Erinnerung gar nicht weiter, als bis auf ihn, zurückgehen. Nur Donna Elisabeth, welche bei einer Freundin, auf das Schauspiel des gestrigen Morgens, eingeladen worden war, die Einladung aber nicht angenommen hatte, ruhte zuweilen mit träumerischem Blicke auf Josephen; doch der Bericht, der über irgend ein neues gräßliches Unglück erstattet ward, riß ihre, der Gegenwart kaum entflohene Seele schon wieder in dieselbe zurück. Man erzählte, wie die Stadt gleich nach der ersten Haupterschütterung von Weibern ganz voll gewesen, die vor den Augen aller Männer niedergekommen seien; wie die Mönche darin, mit dem Kruzifix in der Hand, umhergelaufen wären, und geschrien hätten: das Ende der Welt sei da! wie man einer Wache, die auf Befehl des Vizekönigs verlangte, eine Kirche zu räumen, geantwortet hätte: es gäbe keinen Vizekönig von Chili mehr! wie der Vizekönig in den schrecklichsten Augenblicken hätte müssen Galgen aufrichten lassen, um der Dieberei Einhalt zu tun; und wie ein Unschuldiger, der sich von hinten durch ein brennendes Haus gerettet, von dem Besitzer aus Übereilung ergriffen, und sogleich auch aufgeknüpft worden wäre. Donna Elvire, bei deren Verletzungen Josephe viel beschäftigt war, hatte in einem Augenblick, da gerade die Erzählungen sich am lebhaftesten kreuzten, Gelegenheit genommen, sie zu fragen: wie es denn ihr an diesem fürchterlichen Tag ergangen sei? Und da Josephe ihr, mit beklemmtem Herzen, einige Hauptzüge davon angab, so ward ihr die Wollust, Tränen in die Augen dieser Dame treten zu sehen; Donna Elvire ergriff ihre Hand, und drückte sie, und winkte ihr, zu schweigen. Josephe dünkte sich unter den Seligen. Ein Gefühl, das sie nicht unterdrücken konnte, nannte den verfloßnen Tag, so viel Elend er auch über die Welt gebracht hatte, eine Wohltat, wie der Himmel noch keine über sie verhängt hatte. Und in der Tat schien, mitten in diesen gräßlichen Augenblicken, in welchen alle irdischen Güter der Menschen zu Grunde gingen, und die ganze Natur verschüttet zu werden drohte, der menschliche Geist selbst, wie eine schöne Blume, aufzugehn. Auf den Feldern, so weit das Auge reichte, sah man Menschen von allen Ständen durcheinander liegen, Fürsten und Bettler, Matronen und Bäuerinnen, Staatsbeamte und Tagelöhner, Klosterherren und Klosterfrauen: einander bemitleiden, sich wechselseitig Hülfe reichen, von dem, was sie zur Erhaltung ihres Lebens gerettet haben mochten, freudig mitteilen, als ob das allgemeine Unglück Alles, was ihm entronnen war, zu *einer* Familie gemacht hätte. Statt der nichtssagenden Unterhaltungen, zu welchen sonst die Welt an den Teetischen den Stoff hergegeben hatte, erzählte man jetzt Beispiele von ungeheuern Taten: Menschen, die man sonst in der Gesellschaft wenig geachtet hatte, hatten Römergröße gezeigt; Beispiele zu Haufen von Unerschrokkenheit, von freudiger Verachtung der Gefahr, von Selbstverleugnung und der göttlichen Aufopferung, von ungesäumter Wegwerfung des Lebens, als ob es, dem nichtswürdigsten Gute gleich, auf dem nächsten Schritte schon wiedergefunden würde. Ja, da nicht Einer war, für den nicht an diesem Tage etwas Rührendes geschehen wäre, oder der nicht selbst etwas Großmütiges getan hätte, so war der Schmerz in jeder Menschenbrust mit so viel süßer Lust vermischt, daß sich, wie sie meinte, gar nicht angeben ließ, ob die Summe des allgemeinen Wohlseins nicht von der einen Seite um eben so viel gewachsen war, als sie von der anderen abgenommen hatte. Jeronimo nahm Josephen, nachdem sich beide in diesen Betrachtungen stillschweigend erschöpft hatten, beim Arm, und führte sie mit unaussprechlicher Heiterkeit unter den schattigen Lauben des Granatwaldes auf und nieder. Er sagte ihr, daß er, bei dieser Stimmung der Gemüter und dem Umsturz aller Verhältnisse, seinen Entschluß, sich nach Europa einzuschiffen, aufgebe; daß er vor dem Vizekönig, der sich seiner Sache immer günstig gezeigt, falls er noch am Leben sei, einen Fußfall wagen würde; und daß er Hoffnung habe, (wobei er ihr einen Kuß aufdrückte), mit ihr in Chili zurückzubleiben. Josephe antwortete, daß ähnliche Gedanken in ihr aufgestiegen wären; daß auch sie nicht mehr, falls ihr Vater nur noch am Leben sei, ihn zu versöhnen zweifle: daß sie aber statt des Fußfalles lieber nach La Conception zu gehen, und von dort aus schriftlich das Versöhnungsgeschäft mit dem Vizekönig zu betreiben rate, wo man auf jeden Fall in der Nähe des Hafens wäre, und für den besten, wenn das Geschäft die erwünschte Wendung nähme, ja leicht wieder nach St. Jago zurückkehren könnte. Nach einer kurzen Überlegung gab Jeronimo der Klugheit dieser Maßregel seinen Beifall, führte sie noch ein wenig, die heitern Momente der Zukunft überfliegend, in den Gängen umher, und kehrte mit ihr zur Gesellschaft zurück.

Inzwischen war der Nachmittag herangekommen, und die Gemüter der herumschwärmenden Flüchtlinge hatten sich, da die Erdstöße nachließen, nur kaum wieder ein wenig beruhigt, als sich schon die Nachricht verbreitete, daß in der Dominikanerkirche, der einzigen, welche das Erdbeben verschont hatte, eine feierliche Messe von dem Prälaten des Klosters selbst gelesen werden würde, den Himmel um Verhütung fernern Unglücks anzuflehen. Das Volk brach schon aus allen Gegenden auf, und eilte in Strömen zur Stadt. In Don Fernandos Gesellschaft ward die Frage aufgeworfen, ob man nicht auch an dieser Feierlichkeit Teil nehmen, und sich dem allgemeinen Zuge anschließen solle? Donna Elisabeth erinnerte, mit einiger Beklemmung, was für ein Unheil gestern in der Kirche vorgefallen sei; daß solche Dankfeste ja wiederholt werden würden, und daß man sich der Empfindung alsdann, weil die Gefahr schon mehr vorüber wäre, mit desto größerer Heiterkeit und Ruhe überlassen könnte. Josephe äußerte, indem sie mit einiger Begeisterung sogleich aufstand, daß sie den Drang, ihr Antlitz vor dem Schöpfer in den Staub zu legen, niemals lebhafter empfunden habe, als eben jetzt, wo er seine unbegreifliche und erhabene Macht so entwickle. Donna Elvire erklärte sich mit Lebhaftigkeit für Josephens Meinung. Sie bestand darauf, daß man die Messe hören sollte, und rief Don Fernando auf, die Gesellschaft zu führen, worauf sich Alles, Donna Elisabeth auch, von den Sitzen erhob. Da man jedoch letztere, mit heftig arbeitender Brust, die kleinen Anstalten zum Aufbruche zaudernd betreiben sah, und sie, auf die Frage: was ihr fehle? antwortete: sie wisse nicht, welch eine unglückliche Ahndung in ihr sei? so beruhigte sie Donna Elvire, und forderte sie auf, bei ihr und ihrem kranken Vater zurückzubleiben. Josephe sagte: so werden Sie mir wohl, Donna Elisabeth, diesen kleinen Liebling abnehmen, der sich schon wieder, wie Sie sehen, bei mir eingefunden hat. Sehr gern, antwortete Donna Elisabeth, und machte Anstalten ihn zu ergreifen; doch da dieser über das Unrecht, das ihm geschah, kläglich schrie, und auf keine Art darein willigte, so sagte Josephe lächelnd, daß sie ihn nur behalten wolle, und küßte ihn wieder still. Hierauf bot Don Fernando, dem die ganze Würdigkeit und Anmut ihres Betragens sehr gefiel, ihr den Arm; Jeronimo, welcher den kleinen Philipp trug, führte Donna Constanzen; die übrigen Mitglieder, die sich bei der Gesellschaft eingefunden hatten, folgten; und in dieser Ordnung ging der Zug nach der Stadt. Sie waren kaum fünfzig Schritte gegangen, als man Donna Elisabeth, welche inzwischen heftig und heimlich mit Donna Elvire gesprochen hatte: Don Fernando! rufen hörte, und dem Zuge mit unruhigen Tritten nacheilen sah. Don Fernando hielt, und kehrte sich um; harrte ihrer, ohne Josephen loszulassen, und fragte, da sie, gleich als ob sie auf sein Entgegenkommen wartete, in einiger Ferne stehen blieb: was sie wolle? Donna Elisabeth näherte sich ihm hierauf, obschon, wie es schien, mit Widerwillen, und raunte ihm, doch so, daß Josephe es nicht hören konnte, einige Worte ins Ohr. Nun? fragte Don Fernando: und das Unglück, das daraus entstehen kann? Donna Elisabeth fuhr fort, ihm mit verstörtem Gesicht ins Ohr zu zischeln. Don Fernando stieg eine Röte des Unwillens ins Gesicht; er antwortete: es wäre gut! Donna Elvire möchte sich beruhigen; und führte seine Dame weiter. – Als sie in der Kirche der

Dominikaner ankamen, ließ sich die Orgel schon mit musikalischer Pracht hören, und eine unermeßliche Menschenmenge wogte darin. Das Gedränge erstreckte sich bis weit vor den Portalen auf den Vorplatz der Kirche hinaus, und an den Wänden hoch, in den Rahmen der Gemälde, hingen Knaben, und hielten mit erwartungsvollen Blicken ihre Mützen in der Hand. Von allen Kronleuchtern strahlte es herab, die Pfeiler warfen, bei der einbrechenden Dämmerung, geheimnisvolle Schatten, die große von gefärbtem Glas gearbeitete Rose in der Kirche äußerstem Hintergrunde glühte, wie die Abendsonne selbst, die sie erleuchtete, und Stille herrschte, da die Orgel jetzt schwieg, in der ganzen Versammlung, als hätte keiner einen Laut in der Brust. Niemals schlug aus einem christlichen Dom eine solche Flamme der Inbrunst gen Himmel, wie heute aus dem Dominikanerdom zu St. Jago; und keine menschliche Brust gab wärmere Glut dazu her, als Jeronimos und Josephens! Die Feierlichkeit fing mit einer Predigt an, die der ältesten Chorherren Einer, mit dem Festschmuck angetan, von der Kanzel hielt. Er begann gleich mit Lob, Preis und Dank, seine zitternden, vom Chorhemde weit umflossenen Hände hoch gen Himmel erhebend, daß noch Menschen seien, auf diesem, in Trümmer zerfallenden Teile der Welt, fähig, zu Gott empor zu stammeln. Er schilderte, was auf den Wink des Allmächtigen geschehen war; das Weltgericht kann nicht entsetzlicher sein; und als er das gestrige Erdbeben gleichwohl, auf einen Riß, den der Dom erhalten hatte, hinzeigend, einen bloßen Vorboten davon nannte, lief ein Schauder über die ganze Versammlung. Hierauf kam er, im Flusse priesterlicher Beredsamkeit, auf das Sittenverderbnis der Stadt; Greuel, wie Sodom und Gomorrha sie nicht sahen, straft' er an ihr; und nur der unendlichen Langmut Gottes schrieb er es zu, daß sie noch nicht gänzlich vom Erdboden vertilgt worden sei. Aber wie dem Dolche gleich fuhr es durch die von dieser Predigt schon ganz zerrissenen Herzen unserer beiden Unglücklichen, als der Chorherr bei dieser Gelegenheit umständlich des Frevels erwähnte, der in dem Klostergarten der Karmeliterinnen verübt worden war; die Schonung, die er bei der Welt gefunden hatte, gottlos nannte, und in einer von Verwünschungen erfüllten Seitenwendung, die Seelen der Täter, wörtlich genannt, allen Fürsten der Hölle übergab! Donna Constanze rief, indem sie an Jeronimos Armen zuckte: Don Fernando! Doch dieser antwortete so nachdrücklich und doch so heimlich, wie sich beides verbinden ließ: »Sie schweigen, Donna, Sie rühren auch den Augapfel nicht, und tun, als ob Sie in eine Ohnmacht versänken; worauf wir die Kirche verlassen.« Doch, ehe Donna Constanze diese sinnreiche zur Rettung erfundene Maßregel noch ausgeführt hatte, rief schon eine Stimme, des Chorherrn Predigt laut unterbrechend, aus: Weichet fern hinweg, ihr Bürger von St. Jago, hier stehen diese gottlosen Menschen! Und als eine andere Stimme schreckenvoll, indessen sich ein weiter Kreis des Entsetzens um sie bildete, fragte: wo? hier! versetzte ein Dritter, und zog, heiliger Ruchlosigkeit voll, Josephen bei den Haaren nieder, daß sie mit Don Fernandos Sohne zu Boden getaumelt wäre, wenn dieser sie nicht gehalten hätte. Seid ihr wahnsinnig? rief der Jüngling, und schlug den Arm um Josephen: »ich bin Don Fernando Ormez, Sohn des Commendanten der Stadt, den ihr alle kennt.« Don Fernando Ormez? rief, dicht vor ihn hingestellt, ein Schuhflicker, der für Josephen gearbeitet hatte, und diese wenigstens so genau kannte, als ihre kleinen Füße. Wer ist der Vater zu diesem Kinde? wandte er sich mit frechem Trotz zur Tochter Asterons. Don Fernando erblaßte bei dieser Frage. Er sah bald den Jeronimo schüchtern an, bald überflog er die Versammlung, ob nicht Einer sei, der ihn kenne? Josephe rief, von entsetzlichen Verhältnissen gedrängt: dies ist nicht mein Kind, Meister

Pedrillo, wie er glaubt; indem sie, in unendlicher Angst der Seele, auf Don Fernando blickte: dieser junge Herr ist Don Fernando Ormez, Sohn des Commendanten der Stadt, den ihr Alle kennt! Der Schuster fragte: wer von euch, ihr Bürger, kennt diesen jungen Mann? Und mehrere der Umstehenden wiederholten: wer kennt den Jeronimo Rugera? Der trete vor! Nun traf es sich, daß in demselben Augenblicke der kleine Juan, durch den Tumult erschreckt, von Josephens Brust weg Don Fernando in die Arme strebte. Hierauf: Er *ist* der Vater: schrie eine Stimme; und: er *ist* Jeronimo Rugera! eine andere; und: sie *sind* die gotteslästerlichen Menschen! eine dritte; und: steinigt sie! steinigt sie! die ganze im Tempel Jesu versammelte Christenheit! Drauf jetzt Jeronimo: Halt! Ihr Unmenschlichen! Wenn ihr den Jeronimo Rugera sucht: hier ist er! Befreit jenen Mann, welcher unschuldig ist! – Der wütende Haufen, durch die Äußerung Jeronimo's verwirrt, stutzte; mehrere Hände ließen Don Fernando los; und da in demselben Augenblick ein Marine-Offizier von bedeutendem Rang herbeieilte, und, indem er sich durch den Tumult drängte, fragte: Don Fernando Ormez! Was ist euch widerfahren? so antwortete dieser, nun völlig befreit, mit wahrer heldenmütiger Besonnenheit: »Ja, sehen Sie, Don Alonzo, die Mordknechte! Ich wäre verloren gewesen, wenn dieser würdige Mann sich nicht, die rasende Menge zu beruhigen, für Jeronimo Rugera ausgegeben hätte. Verhaften Sie ihn, wenn Sie die Güte haben wollen, nebst dieser jungen Dame, zu ihrer beiderseitigen Sicherheit; und diesen Nichtswürdigen«, indem er Meister Pedrillo ergriff, »der den ganzen Aufruhr angezettelt hat!« Der Schuster rief: Don Alonzo Onoreja, ich frage euch auf euer Gewissen, ist dieses Mädchen nicht Josephe Asteron? Da nun Don Alonzo, welcher Josephen sehr genau kannte, mit der Antwort zauderte, und mehrere Stimmen, dadurch von neuem zur Wut entflammt, riefen: sie ists, sie ists! und: bringt sie zu Tode! so setzte Josephe den kleinen Philipp, den Jeronimo bisher getragen hatte, samt dem kleinen Juan, auf Don Fernandos Arm, und sprach: gehn Sie, Don Fernando, retten Sie Ihre beiden Kinder, und überlassen Sie uns unserm Schicksale! Don Fernando nahm die beiden Kinder und sagte: er wolle eher umkommen, als zugeben, daß seiner Gesellschaft etwas zu Leide geschehe. Er bot Josephen, nachdem er sich den Degen des Marine-Offiziers ausgebeten hatte, den Arm, und forderte das hintere Paar auf, ihm zu folgen. Sie kamen auch wirklich, indem man ihnen, bei solchen Anstalten, mit hinlänglicher Ehrerbietigkeit Platz machte, aus der Kirche heraus, und glaubten sich gerettet. Doch kaum waren sie auf den von Menschen gleichfalls erfüllten Vorplatz derselben getreten, als eine Stimme aus dem rasenden Haufen, der sie verfolgt hatte, rief: dies ist Jeronimo Rugera, ihr Bürger, denn ich bin sein eigner Vater! und ihn an Donna Constanzens Seite mit einem ungeheuren Keulenschlage zu Boden streckte. Jesus Maria! rief Donna Constanze, und floh zu ihrem Schwager; doch: Klostermetze! erscholl es schon, mit einem zweiten Keulenschlage, von einer andern Seite, der sie leblos neben Jeronimo niederwarf. Ungeheuer! rief ein Unbekannter: dies war Donna Constanze Xares! Warum belogen sie uns! antwortete der Schuster; sucht die rechte auf, und bringt sie um! Don Fernando, als er Constanzens Leichnam erblickte, glühte vor Zorn; er zog und schwang das Schwert, und hieb, daß er ihn gespalten hätte, den fanatischen Mordknecht, der diese Greuel veranlaßte, wenn derselbe nicht, durch eine Wendung, dem wütenden Schlag entwichen wäre. Doch da er die Menge, die auf ihn eindrang, nicht überwältigen konnte: leben Sie wohl, Don Fernando mit den Kindern! rief Josephe – und: hier mordet mich, ihr blutdürstenden Tiger! und stürzte sich freiwillig unter sie, um dem Kampf ein Ende zu machen. Meister Pedrillo schlug sie mit der Keule nieder. Darauf, ganz mit ihrem Blute besprützt: schickt ihr den Bastard zur Hölle nach! rief er, und drang, mit noch ungesättigter Mordlust, von neuem vor. Don Fernando, dieser göttliche Held, stand jetzt, den Rücken an die Kirche gelehnt; in der Linken hielt er die Kinder, in der Rechten das Schwert. Mit jedem Hiebe wetterstrahlte er Einen zu Boden; ein Löwe wehrt sich nicht besser. Sieben Bluthunde lagen tot vor ihm, der Fürst der satanischen Rotte selbst war verwundet. Doch Meister Pedrillo ruhte nicht eher, als bis er der Kinder Eines bei den Beinen von seiner Brust gerissen, und, hochher im Kreise geschwungen, an eines Kirchpfeilers Ecke zerschmettert hatte. Hierauf ward es still, und Alles entfernte sich. Don Fernando, als er seinen kleinen Juan vor sich liegen sah, mit aus dem Hirne vorquellenden Mark, hob, voll namenlosen Schmerzes, seine Augen gen Himmel. Der Marine-Offizier fand sich wieder bei ihm ein, suchte ihn zu trösten, und versicherte ihn, daß seine Untätigkeit bei diesem Unglück, obschon durch mehrere Umstände gerechtfertigt, ihn reue; doch Don Fernando sagte, daß ihm nichts vorzuwerfen sei, und bat ihn nur, die Leichname jetzt fortschaffen zu helfen. Man trug sie alle, bei der Finsternis der einbrechenden Nacht, in Don Alonzos Wohnung, wohin Don Fernando ihnen, viel über das Antlitz des kleinen Philipp weinend, folgte. Er übernachtete auch bei Don Alonzo, und säumte lange, unter falschen Vorspiegelungen, seine Gemahlin von dem ganzen Umfang des Unglücks zu unterrichten; einmal, weil sie krank war, und dann, weil er auch nicht wußte, wie sie sein Verhalten bei dieser Begebenheit beurteilen würde; doch kurze Zeit nachher, durch einen Besuch zufällig von Allem, was geschehen war, benachrichtigt, weinte diese treffliche Dame im Stillen ihren mütterlichen Schmerz aus, und fiel ihm mit dem Rest einer erglänzenden Träne eines Morgens um den Hals und küßte ihn. Don Fernando und Donna Elvire nahmen hierauf den kleinen Fremdling zum Pflegesohn an; und wenn Don Fernando Philippen mit Juan verglich, und wie er beide erworben hatte, so war es ihm fast, als müßt er sich freuen.

DIE MARQUISE VON O...

In M..., einer bedeutenden Stadt im oberen Italien, ließ die verwitwete Marquise von O..., eine Dame von vortrefflichem Ruf, und Mutter von mehreren wohlerzogenen Kindern, durch die Zeitungen bekannt machen: daß sie, ohne ihr Wissen, in andre Umstände gekommen sei, daß der Vater zu dem Kinde, das sie gebären würde, sich melden solle; und daß sie, aus Familien-Rücksichten, entschlossen wäre, ihn zu heiraten. Die Dame, die einen so sonderbaren, den Spott der Welt reizenden Schritt, beim Drang unabänderlicher Umstände, mit solcher Sicherheit tat, war die Tochter des Herrn von G..., Commendanten der Zitadelle bei M... Sie hatte, vor ungefähr drei Jahren, ihren Gemahl, den Marquis von O..., dem sie auf das Innigste und Zärtlichste zugetan war, auf einer Reise verloren, die er, in Geschäften der Familie, nach Paris gemacht hatte. Auf Frau von G...s, ihrer würdigen Mutter, Wunsch, hatte sie, nach seinem Tode, den Landsitz verlassen, den sie bisher bei V... bewohnt hatte, und war, mit ihren beiden Kindern, in das Commendantenhaus, zu ihrem Vater, zurückgekehrt. Hier hatte sie die nächsten Jahre, mit Kunst, Lektüre, mit Erziehung, und ihrer Eltern Pflege beschäftigt, in der größten Eingezogenheit zugebracht: bis der ... Krieg plötzlich die Gegend umher mit den Truppen fast aller Mächte und auch mit russischen erfüllte. Der Obrist von G..., welcher den Platz zu verteidigen Ordre hatte, forderte seine Gemahlin und seine Tochter auf, sich auf das Landgut, entweder der letzteren, oder seines Sohnes, das bei V... lag, zurückzuziehen. Doch ehe sich die Abschätzung noch, hier der Bedrängnisse, denen man in der Festung, dort der Greuel, denen man auf dem platten Lande ausgesetzt sein konnte, auf der Waage der weiblichen Überlegung entschieden hatte: war die Zitadelle von den russischen Truppen schon berennt, und aufgefordert, sich zu ergeben. Der Obrist erklärte gegen seine Familie, daß er sich nunmehr verhalten würde, als ob sie nicht vorhanden wäre; und antwortete mit Kugeln und Granaten. Der Feind, seinerseits, bombardierte die Zitadelle. Er steckte die Magazine in Brand, eroberte ein Außenwerk, und als der Commendant, nach einer nochmaligen Aufforderung, mit der Übergabe zauderte, so ordnete er einen nächtlichen Überfall an, und eroberte die Festung mit Sturm.

Eben als die russischen Truppen, unter einem heftigen Haubitzenspiel, von außen eindrangen, fing der linke Flügel des Commendanten-Hauses Feuer und nötigte die Frauen, ihn zu verlassen. Die Obristin, indem sie der Tochter, die mit den Kindern die Treppe hinabfloh, nacheilte, rief, daß man zusammenbleiben, und sich in die unteren Gewölbe flüchten möchte; doch eine Granate, die, eben in diesem Augenblicke, in dem Hause zerplatzte, vollendete die gänzliche Verwirrung in demselben. Die Marquise kam, mit ihren beiden Kindern, auf den Vorplatz des Schlosses, wo die Schüsse schon, im heftigsten Kampf, durch die Nacht blitzten, und sie, besinnungslos, wohin sie sich wenden solle, wieder in das brennende Gebäude zurückjagten. Hier, unglücklicher Weise, begegnete ihr, da sie eben durch die Hintertür entschlüpfen wollte, ein Trupp feindlicher Scharfschützen, der, bei ihrem Anblick, plötzlich still ward, die Gewehre über die Schultern hing, und sie, unter abscheulichen Gebärden, mit sich fortführte. Vergebens rief die Marquise, von der entsetzlichen, sich unter einander selbst bekämpfenden, Rotte bald hier, bald dorthin gezerrt, ihre zitternden, durch die Pforte zurückfliehenden Frauen, zu Hülfe. Man schleppte sie in den hinteren Schloßhof, wo sie eben, unter den schändlichsten Mißhandlungen, zu Boden sinken wollte, als, von dem Zetergeschrei der Dame herbeigerufen, ein russischer Offizier erschien, und die Hunde, die nach solchem Raub lüstern waren, mit wütenden Hieben zerstreute. Der Marquise schien er ein Engel des Himmels zu sein. Er stieß noch dem letzten viehischen Mordknecht, der ihren schlanken Leib umfaßt hielt, mit dem Griff des Degens ins Gesicht, daß er, mit aus dem Mund vorquellendem Blut, zurücktaumelte; bot dann der Dame, unter einer verbindlichen, französischen Anrede den Arm, und führte sie, die von allen solchen Auftritten sprachlos war, in den anderen, von der Flamme noch nicht ergriffenen, Flügel des Palastes, wo sie auch völlig bewußtlos niedersank. Hier – traf er, da bald darauf ihre erschrockenen Frauen erschienen, Anstalten, einen Arzt zu rufen; versicherte, indem er sich den Hut aufsetzte, daß sie sich bald erholen würde; und kehrte in den Kampf zurück.

Der Platz war in kurzer Zeit völlig erobert, und der Commendant, der sich nur noch wehrte, weil man ihm keinen Pardon geben wollte, zog sich eben mit sinkenden Kräften nach dem Portal des Hauses zurück, als der russische Offizier, sehr erhitzt im Gesicht, aus demselben hervortrat, und ihm zurief, sich zu ergeben. Der Commendant antwortete, daß er auf diese Aufforderung nur gewartet habe, reichte ihm seinen Degen dar, und bat sich die Erlaubnis aus, sich ins Schloß begeben, und nach seiner Familie umsehen zu dürfen. Der russische Offizier, der, nach der Rolle zu urteilen, die er spielte, Einer der Anführer des Sturms zu sein schien, gab ihm, unter Begleitung einer Wache, diese Freiheit; setzte sich, mit einiger Eilfertigkeit, an die Spitze eines Detaschements, entschied, wo er noch zweifelhaft sein mochte, den Kampf, und bemannte schleunigst die festen Punkte des Forts. Bald darauf kehrte er auf den Waffenplatz zurück, gab Befehl, der Flamme, welche wütend um sich zu greifen anfing, Einhalt zu tun, und leistete selbst hierbei Wunder der Anstrengung, als man seine Befehle nicht mit dem gehörigen Eifer befolgte. Bald kletterte er, den Schlauch in der Hand, mitten unter brennenden Giebeln umher, und regierte den Wasserstrahl; bald steckte er, die Naturen der Asiaten mit Schaudern erfüllend, in den Arsenälen, und wälzte Pulverfässer und gefüllte Bomben heraus. Der Commendant, der inzwischen in das Haus getreten war, geriet auf die Nachricht von dem Unfall, der die Marquise betroffen hatte, in die äußerste Bestürzung. Die Marquise, die sich schon völlig, ohne Beihülfe des Arztes, wie der russische Offizier vorher gesagt hatte, aus ihrer Ohnmacht wieder erholt hatte, und bei der Freude, alle die Ihrigen gesund und wohl zu sehen, nur noch, um die übermäßige Sorge derselben zu beschwichtigen, das Bett hütete, versicherte ihn, daß sie keinen andern Wunsch habe, als aufstehen zu dürfen, um ihrem Retter ihre Dankbarkeit zu bezeugen. Sie wußte schon, daß er der Graf F…, Obristlieutenant vom t…n Jägerkorps, und Ritter eines Verdienst- und mehrerer anderen Orden war. Sie bat ihren Vater, ihn inständigst zu ersuchen, daß er die Zitadelle nicht verlasse, ohne sich einen Augenblick im Schloß gezeigt zu haben. Der Commendant, der das Gefühl seiner Tochter ehrte, kehrte auch ungesäumt in das Fort zurück, und trug ihm, da er unter unaufhörlichen Kriegsanordnungen umherschweifte, und keine bessere Gelegenheit zu finden war, auf den Wällen, wo er eben die zerschossenen Rotten revidierte, den Wunsch seiner gerührten Tochter vor. Der Graf versicherte ihn, daß er nur auf den Augenblick warte, den er seinen Geschäften würde abmüßigen können, um ihr seine Ehrerbietigkeit zu bezeugen. Er wollte noch hören, wie sich die Frau Marquise befinde? als ihn die Rapporte mehrerer Offiziere schon wieder in das Gewühl des Krieges zurückrissen. Als der Tag anbrach, erschien der Befehlshaber der russischen Truppen, und besichtigte das Fort. Er bezeugte dem Commendanten seine Hochachtung, bedauerte, daß das Glück seinen Mut nicht besser unterstützt habe, und gab ihm, auf sein Ehrenwort, die Freiheit, sich hinzubegeben, wohin er wolle. Der Commendant versicherte ihn seiner Dankbarkeit, und äußerte, wie viel er, an diesem Tage, den Russen überhaupt, und besonders dem jungen Grafen F…, Obristlieutenant vom t…n Jägerkorps, schuldig geworden sei. Der General fragte, was vorgefallen sei; und als man ihn von dem frevelhaften Anschlag auf die Tochter desselben unterrichtete, zeigte er sich auf das Äußerste entrüstet. Er rief den Grafen F… bei Namen vor. Nachdem er ihm zuvörderst wegen seines eignen edelmütigen Verhaltens eine kurze Lobrede gehalten hatte: wobei der Graf über das ganze Gesicht rot ward; schloß er, daß er die Schandkerle, die den Namen des Kaisers brandmarkten, niederschießen lassen wolle; und befahl ihm, zu sagen, wer sie seien? Der Graf F… antwortete, in einer verwirrten Rede, daß er nicht im Stande sei, ihre Namen anzugeben, indem es ihm, bei dem schwachen Schimmer der Reverberen im Schloßhof, unmöglich gewesen wäre, ihre Gesichter zu erkennen. Der General, welcher gehört hatte, daß damals schon das Schloß in Flammen stand, wunderte sich darüber; er bemerkte, wie man wohl bekannte Leute in der Nacht an ihren Stimmen erkennen könnte; und gab ihm, da er mit einem verlegenen Gesicht die Achseln zuckte, auf, der Sache auf das allereifrigste und strengste nachzuspüren. In diesem Augenblick berichtete jemand, der sich aus dem hintern Kreise hervordrängte, daß Einer von den, durch den Grafen F… verwundeten, Frevlern, da er in dem Korridor niedergesunken, von den Leuten des Commendanten in ein Behältnis geschleppt worden, und darin noch befindlich sei. Der General ließ diesen hierauf durch eine Wache herbeiführen, ein kurzes Verhör über ihn halten; und die ganze Rotte, nachdem jener sie genannt hatte, fünf an der Zahl zusammen, erschießen. Dies abgemacht, gab der General, nach Zurücklassung einer kleinen Besatzung,

Befehl zum allgemeinen Aufbruch der übrigen Truppen; die Offiziere zerstreuten sich eiligst zu ihren Korps; der Graf trat, durch die Verwirrung der Auseinander-Eilenden, zum Commendanten, und bedauerte, daß er sich der Frau Marquise, unter diesen Umständen, gehorsamst empfehlen müsse: und in weniger, als einer Stunde, war das ganze Fort von Russen wieder leer.

Die Familie dachte nun darauf, wie sie in der Zukunft eine Gelegenheit finden würde, dem Grafen irgend eine Äußerung ihrer Dankbarkeit zu geben; doch wie groß war ihr Schrecken, als sie erfuhr, daß derselbe noch am Tage seines Aufbruchs aus dem Fort, in einem Gefecht mit den feindlichen Truppen, seinen Tod gefunden habe. Der Kurier, der diese Nachricht nach M... brachte, hatte ihn mit eignen Augen, tödlich durch die Brust geschossen, nach P... tragen sehen, wo er, wie man sichere Nachricht hatte, in dem Augenblick, da ihn die Träger von den Schultern nehmen wollten, verblichen war. Der Commendant, der sich selbst auf das Posthaus verfügte, und sich nach den näheren Umständen dieses Vorfalls erkundigte, erfuhr noch, daß er auf dem Schlachtfeld, in dem Moment, da ihn der Schuß traf, gerufen habe: »Julietta! Diese Kugel rächt dich!« und nachher seine Lippen auf immer geschlossen hätte. Die Marquise war untröstlich, daß sie die Gelegenheit hatte vorbeigehen lassen, sich zu seinen Füßen zu werfen. Sie machte sich die lebhaftesten Vorwürfe, daß sie ihn, bei seiner, vielleicht aus Bescheidenheit, wie sie meinte, herrührenden Weigerung, im Schlosse zu erscheinen, nicht selbst aufgesucht habe; bedauerte die Unglückliche, ihre Namensschwester, an die er noch im Tode gedacht hatte; bemühte sich vergebens, ihren Aufenthalt zu erforschen, um sie von diesem unglücklichen und rührenden Vorfall zu unterrichten; und mehrere Monden vergingen, ehe sie selbst ihn vergessen konnte.

Die Familie mußte nun das Commendantenhaus räumen,

um dem russischen Befehlshaber darin Platz zu machen. Man überlegte anfangs, ob man sich nicht auf die Güter des Commendanten begeben sollte, wozu die Marquise einen großen Hang hatte; doch da der Obrist das Landleben nicht liebte, so bezog die Familie ein Haus in der Stadt, und richtete sich dasselbe zu einer immerwährenden Wohnung ein. Alles kehrte nun in die alte Ordnung der Dinge zurück. Die Marquise knüpfte den lange unterbrochenen Unterricht ihrer Kinder wieder an, und suchte, für die Feierstunden, ihre Staffelei und Bücher hervor: als sie sich, sonst die Göttin der Gesundheit selbst, von wiederholten Unpäßlichkeiten befallen fühlte, die sie ganze Wochen lang für die Gesellschaft untauglich machten. Sie litt an Übelkeiten, Schwindeln und Ohnmachten, und wußte nicht, was sie aus diesem sonderbaren Zustand machen solle. Eines Morgens, da die Familie beim Tee saß, und der Vater sich, auf einen Augenblick, aus dem Zimmer entfernt hatte, sagte die Marquise, aus einer langen Gedankenlosigkeit erwachend, zu ihrer Mutter: wenn mir eine Frau sagte, daß sie ein Gefühl hätte, eben so, wie ich jetzt, da ich die Tasse ergriff, so würde ich bei mir denken, daß sie in gesegneten Leibesumständen wäre. Frau von G... sagte, sie verstände sie nicht. Die Marquise erklärte sich noch einmal, daß sie eben jetzt eine Sensation gehabt hätte, wie damals, als sie mit ihrer zweiten Tochter schwanger war. Frau von G... sagte, sie würde vielleicht den Phantasus gebären, und lachte. Morpheus wenigstens, versetzte die Marquise, oder einer der Träume aus seinem Gefolge, würde sein Vater sein; und scherzte gleichfalls. Doch der Obrist kam, das Gespräch ward abgebrochen, und der ganze Gegenstand, da die Marquise sich in einigen Tagen wieder erholte, vergessen.

Bald darauf ward der Familie, eben zu einer Zeit, da sich auch der Forstmeister von G..., des Commendanten Sohn, in dem Hause eingefunden hatte, der sonderbare Schrecken, durch einen Kammerdiener, der ins Zimmer trat, den Grafen F… anmelden zu hören. Der Graf F…! sagte der Vater und die Tochter zugleich; und das Erstaunen machte alle sprachlos. Der Kammerdiener versicherte, daß er recht gesehen und gehört habe, und daß der Graf schon im Vorzimmer stehe, und warte. Der Commendant sprang sogleich selbst auf, ihm zu öffnen, worauf er, schön, wie ein junger Gott, ein wenig bleich im Gesicht, eintrat. Nachdem die Szene unbegreiflicher Verwunderung vorüber war, und der Graf, auf die Anschuldigung der Eltern, daß er ja tot sei, versichert hatte, daß er lebe; wandte er sich, mit vieler Rührung im Gesicht, zur Tochter, und seine erste Frage war gleich, wie sie sich befinde? Die Marquise versicherte, sehr wohl, und wollte nur wissen, wie *er* ins Leben erstanden sei? Doch *er*, auf seinem Gegenstand beharrend, erwiderte: daß sie ihm nicht die Wahrheit sage; auf ihrem Antlitz drücke sich eine seltsame Mattigkeit aus; ihn müsse Alles trügen, oder sie sei unpäßlich, und leide. Die Marquise, durch die Herzlichkeit, womit er dies vorbrachte, gut gestimmt, versetzte: nun ja; diese Mattigkeit, wenn er wolle, könne für die Spur einer Kränklichkeit gelten, an welcher sie vor einigen Wochen gelitten hätte; sie fürchte inzwischen nicht, daß diese weiter von Folgen sein würde. Worauf er, mit einer aufflammenden Freude, erwiderte: er auch nicht! und hinzusetzte, ob sie ihn heiraten wolle? Die Marquise wußte nicht, was sie von dieser Aufführung denken solle. Sie sah, über und über rot, ihre Mutter, und diese, mit Verlegenheit, den Sohn und den Vater an; während der Graf vor die Marquise trat, und indem er ihre Hand nahm, als ob er sie küssen wollte, wiederholte: ob sie ihn verstanden hätte? Der Commendant sagte: ob er nicht Platz nehmen wolle; und setzte ihm, auf eine verbindliche, obschon etwas ernsthafte, Art einen Stuhl hin. Die Obristin sprach: in der Tat, wir werden glauben, daß Sie ein Geist sind, bis Sie uns werden eröff-

net haben, wie Sie aus dem Grabe, in welches man Sie zu P...
gelegt hatte, erstanden sind. Der Graf setzte sich, indem er die
Hand der Dame fahren ließ, nieder, und sagte, daß er, durch
die Umstände gezwungen, sich sehr kurz fassen müsse; daß er,
tödlich durch die Brust geschossen, nach P... gebracht worden wäre; daß er mehrere Monate daselbst an seinem Leben
verzweifelt hätte; daß während dessen die Frau Marquise sein
einziger Gedanke gewesen wäre; daß er die Lust und den
Schmerz nicht beschreiben könnte, die sich in dieser Vorstellung umarmt hätten; daß er endlich, nach seiner Wiederherstellung, wieder zur Armee gegangen wäre; daß er daselbst die
lebhafteste Unruhe empfunden hätte; daß er mehrere Male
die Feder ergriffen, um in einem Briefe, an den Herrn Obristen und die Frau Marquise, seinem Herzen Luft zu machen;
daß er plötzlich mit Depeschen nach Neapel geschickt worden
wäre; daß er nicht wisse, ob er nicht von dort weiter nach
Constantinopel werde abgeordert werden; daß er vielleicht
gar nach St. Petersburg werde gehen müssen; daß ihm inzwischen unmöglich wäre, länger zu leben, ohne über eine not-
wendige Forderung seiner Seele ins Reine zu sein; daß er dem
Drang bei seiner Durchreise durch M..., einige Schritte zu
diesem Zweck zu tun, nicht habe widerstehen können; kurz,
daß er den Wunsch hege, mit der Hand der Frau Marquise
beglückt zu werden, und daß er auf das ehrfurchtsvollste, in-
ständigste und dringendste bitte, sich ihm hierüber gütig zu
erklären. – Der Commendant, nach einer langen Pause, erwiderte: daß ihm dieser Antrag zwar, wenn er, wie er nicht
zweifle, ernsthaft gemeint sei, sehr schmeichelhaft wäre. Bei
dem Tode ihres Gemahls, des Marquis von O..., hätte sich
seine Tochter aber entschlossen, in keine zweite Vermählung
einzugehen. Da ihr jedoch kürzlich von ihm eine so große
Verbindlichkeit auferlegt worden sei: so wäre es nicht unmöglich, daß ihr Entschluß dadurch, seinen Wünschen gemäß,

eine Abänderung erleide; er bitte sich inzwischen die Erlaubnis für sie aus, darüber im Stillen während einiger Zeit nachdenken zu dürfen. Der Graf versicherte, daß diese gütige Erklärung zwar alle seine Hoffnungen befriedige; daß sie ihn, unter anderen Umständen, auch völlig beglücken würde; daß er die ganze Unschicklichkeit fühle, sich mit derselben nicht zu beruhigen: daß dringende Verhältnisse jedoch, über welche er sich näher auszulassen nicht im Stande sei, ihm eine bestimmtere Erklärung äußerst wünschenswert machten; daß die Pferde, die ihn nach Neapel tragen sollten, vor seinem Wagen stünden; und daß er inständigst bitte, wenn irgend etwas in diesem Hause günstig für ihn spreche, – wobei er die Marquise ansah – ihn nicht, ohne eine gütige Äußerung darüber, abreisen zu lassen. Der Obrist, durch diese Aufführung ein wenig betreten, antwortete, daß die Dankbarkeit, die die Marquise für ihn empfände, ihn zwar zu großen Voraussetzungen berechtige: doch nicht zu so großen; sie werde bei einem Schritte, bei welchem es das Glück ihres Lebens gelte, nicht ohne die gehörige Klugheit verfahren. Es wäre unerläßlich, daß seiner Tochter, bevor sie sich erkläre, das Glück seiner näheren Bekanntschaft würde. Er lade ihn ein, nach Vollendung seiner Geschäftsreise, nach M… zurückzukehren, und auf einige Zeit der Gast seines Hauses zu sein. Wenn alsdann die Frau Marquise hoffen könne, durch ihn glücklich zu werden, so werde auch er, eher aber nicht, mit Freuden vernehmen, daß sie ihm eine bestimmte Antwort gegeben habe. Der Graf äußerte, indem ihm eine Röte ins Gesicht stieg, daß er seinen ungeduldigen Wünschen, während seiner ganzen Reise, dies Schicksal vorausgesagt habe; daß er sich inzwischen dadurch in die äußerste Bekümmernis gestürzt sehe; daß ihm, bei der ungünstigen Rolle, die er eben jetzt zu spielen gezwungen sei, eine nähere Bekanntschaft nicht anders als vorteilhaft sein könne; daß er für seinen Ruf, wenn anders diese zweideutigste aller Eigenschaften in Erwägung gezogen werden solle, einstehen zu dürfen glaube; daß die einzige nichtswürdige Handlung, die er in seinem Leben begangen hätte, der Welt unbekannt, und er schon im Begriff sei, sie wieder gut zu machen; daß er, mit einem Wort, ein ehrlicher Mann sei, und die Versicherung anzunehmen bitte, daß diese Versicherung wahrhaftig sei. – Der Commendant erwiderte, indem er ein wenig, obschon ohne Ironie, lächelte, daß er alle diese Äußerungen unterschreibe. Noch hätte er keines jungen Mannes Bekanntschaft gemacht, der, in so kurzer Zeit, so viele vortreffliche Eigenschaften des Charakters entwickelt hätte. Er glaube fast, daß eine kurze Bedenkzeit die Unschlüssigkeit, die noch obwalte, heben würde; bevor er jedoch Rücksprache genommen hätte, mit seiner sowohl, als des Herrn Grafen Familie, könne keine andere Erklärung, als die gegebene, erfolgen. Hierauf äußerte der Graf, daß er ohne Eltern und frei sei. Sein Onkel sei der General K..., für dessen Einwilligung er stehe. Er setzte hinzu, daß er Herr eines ansehnlichen Vermögens wäre, und sich würde entschließen können, Italien zu seinem Vaterlande zu machen. – Der Commendant machte ihm eine verbindliche Verbeugung, erklärte seinen Willen noch einmal; und bat ihn, bis nach vollendeter Reise, von dieser Sache abzubrechen. Der Graf, nach einer kurzen Pause, in welcher er alle Merkmale der größten Unruhe gegeben hatte, sagte, indem er sich zur Mutter wandte, daß er sein Äußerstes getan hätte, um dieser Geschäftsreise auszuweichen; daß die Schritte, die er deshalb beim General en Chef, und dem General K..., seinem Onkel, gewagt hätte, die entscheidendsten gewesen wären, die sich hätten tun lassen; daß man aber geglaubt hätte, ihn dadurch aus einer Schwermut aufzurütteln, die ihm von seiner Krankheit noch zurückgeblieben wäre; und daß er sich jetzt völlig dadurch ins Elend gestürzt sehe. – Die Familie wußte nicht, was sie zu dieser Äußerung sagen sollte. Der Graf fuhr fort, indem er sich die Stirn rieb, daß wenn irgend Hoffnung wäre, dem Ziele seiner Wünsche dadurch näher zu kommen, er seine Reise auf einen Tag, auch wohl noch etwas darüber, aussetzen würde, um es zu versuchen. – Hierbei sah er, nach der Reihe, den Commendanten, die Marquise und die Mutter an. Der Commendant blickte mißvergnügt vor sich nieder, und antwortete ihm nicht. Die Obristin sagte: gehn Sie, gehn Sie, Herr Graf, reisen Sie nach Neapel; schenken Sie uns, wenn Sie wiederkehren, auf einige Zeit das Glück Ihrer Gegenwart; so wird sich das Übrige finden. – Der Graf saß einen Augenblick, und schien zu suchen, was er zu tun habe. Drauf, indem er sich erhob, und seinen Stuhl wegsetzte: da er die Hoffnungen, sprach er, mit denen er in dies Haus getreten sei, als übereilt erkennen müsse, und die Familie, wie er nicht mißbillige, auf eine nähere Bekanntschaft bestehe: so werde er seine Depeschen, zu einer anderweitigen Expedition, nach Z…, in das Hauptquartier, zurückschicken, und das gütige Anerbieten, der Gast dieses Hauses zu sein, auf einige Wochen annehmen. Worauf er noch, den Stuhl in der Hand, an der Wand stehend, einen Augenblick verharrte, und den Commendanten ansah. Der Commendant versetzte, daß es ihm äußerst leid tun würde, wenn die Leidenschaft, die er zu seiner Tochter gefaßt zu haben scheine, ihm Unannehmlichkeiten von der ernsthaftesten Art zuzöge: daß er indessen wissen müsse, was er zu tun und zu lassen habe, die Depeschen abschicken, und die für ihn bestimmten Zimmer beziehen möchte. Man sah ihn bei diesen Worten sich entfärben, der Mutter ehrerbietig die Hand küssen, sich gegen die Übrigen verneigen und sich entfernen.

Als er das Zimmer verlassen hatte, wußte die Familie nicht, was sie aus dieser Erscheinung machen solle. Die Mutter sagte, es wäre wohl nicht möglich, daß er Depeschen, mit denen er nach Neapel ginge, nach Z… zurückschicken wolle, bloß, weil es ihm nicht gelungen wäre, auf seiner Durchreise durch M…, in einer fünf Minuten langen Unterredung, von einer ihm ganz unbekannten Dame ein Jawort zu erhalten. Der Forstmeister äußerte, daß eine so leichtsinnige Tat ja mit nichts Geringerem, als Festungsarrest, bestraft werden würde! Und Kassation obenein, setzte der Commendant hinzu. Es habe aber damit keine Gefahr, fuhr er fort. Es sei ein bloßer Schreckschuß beim Sturm; er werde sich wohl noch, ehe er die Depeschen abgeschickt, wieder besinnen. Die Mutter, als sie von dieser Gefahr unterrichtet ward, äußerte die lebhafteste Besorgnis, daß er sie abschicken werde. Sein heftiger, auf einen Punkt hintreibender Wille, meinte sie, scheine ihr grade einer solchen Tat fähig. Sie bat den Forstmeister auf das dringendste, ihm sogleich nachzugehen, und ihn von einer so unglückdrohenden Handlung abzuhalten. Der Forstmeister erwiderte, daß ein solcher Schritt gerade das Gegenteil bewirken, und ihn nur in der Hoffnung, durch seine Kriegslist zu siegen, bestärken würde. Die Marquise war derselben Meinung, obschon sie versicherte, daß ohne ihn die Absendung der Depeschen unfehlbar erfolgen würde, indem er lieber werde unglücklich werden, als sich eine Blöße geben wollen. Alle kamen darin überein, daß sein Betragen sehr sonderbar sei, und daß er Damenherzen durch Anlauf, wie Festungen, zu erobern gewohnt scheine. In diesem Augenblick bemerkte der Commendant den angespannten Wagen des Grafen vor seiner Tür. Er rief die Familie ans Fenster, und fragte einen eben eintretenden Bedienten, erstaunt, ob der Graf noch im Hause sei? Der Bediente antwortete, daß er unten, in der Domestikenstube, in Gesellschaft eines Adjutanten, Briefe schreibe und Pakete versiegle. Der Commendant, der seine Bestürzung unterdrückte, eilte mit dem Forstmeister hinunter, und fragte den Grafen, da er ihn auf dazu nicht schicklichen Tischen seine Geschäfte betreiben sah, ob er nicht in seine

Zimmer treten wolle? Und ob er sonst irgend etwas befehle? Der Graf erwiderte, indem er mit Eilfertigkeit fortschrieb, daß er untertänigst danke, und daß sein Geschäft abgemacht sei; fragte noch, indem er den Brief zusiegelte, nach der Uhr; und wünschte dem Adjutanten, nachdem er ihm das ganze Portefeuille übergeben hatte, eine glückliche Reise. Der Commendant, der seinen Augen nicht traute, sagte, indem der Adjutant zum Hause hinausging: Herr Graf, wenn Sie nicht sehr wichtige Gründe haben – Entscheidende! fiel ihm der Graf ins Wort; begleitete den Adjutanten zum Wagen, und öffnete ihm die Tür. In diesem Fall würde ich wenigstens, fuhr der Commendant fort, die Depeschen – Es ist nicht möglich, antwortete der Graf, indem er den Adjutanten in den Sitz hob. Die Depeschen gelten nichts in Neapel ohne mich. Ich habe auch daran gedacht. Fahr zu! – Und die Briefe Ihres Herrn Onkels? rief der Adjutant, sich aus der Tür hervorbeugend. Treffen mich, erwiderte der Graf, in M… Fahr zu, sagte der Adjutant, und rollte mit dem Wagen dahin.

Hierauf fragte der Graf F…, indem er sich zum Commendanten wandte, ob er ihm gefälligst sein Zimmer anweisen lassen wolle? Er würde gleich selbst die Ehre haben, antwortete der verwirrte Obrist; rief seinen und des Grafen Leuten, das Gepäck desselben aufzunehmen: und führte ihn in die für fremden Besuch bestimmten Gemächer des Hauses, wo er sich ihm mit einem trocknen Gesicht empfahl. Der Graf kleidete sich um; verließ das Haus, um sich bei dem Gouverneur des Platzes zu melden, und für den ganzen weiteren Rest des Tages im Hause unsichtbar, kehrte er erst kurz vor der Abendtafel dahin zurück.

Inzwischen war die Familie in der lebhaftesten Unruhe. Der Forstmeister erzählte, wie bestimmt, auf einige Vorstellungen des Commendanten, des Grafen Antworten ausgefallen wären; meinte, daß sein Verhalten einem völlig überlegten

Schritt ähnlich sehe; und fragte, in aller Welt, nach den Ursachen einer so auf Kurierpferden gehenden Bewerbung. Der Commendant sagte, daß er von der Sache nichts verstehe, und forderte die Familie auf, davon weiter nicht in seiner Gegenwart zu sprechen. Die Mutter sah alle Augenblicke aus dem Fenster, ob er nicht kommen, seine leichtsinnige Tat bereuen, und wieder gut machen werde.

Endlich, da es finster ward, setzte sie sich zur Marquise nieder, welche, mit vieler Emsigkeit, an einem Tisch arbeitete, und das Gespräch zu vermeiden schien. Sie fragte sie halblaut, während der Vater auf und niederging, ob sie begreife, was aus dieser Sache werden solle? Die Marquise antwortete, mit einem schüchtern nach dem Commendanten gewandten Blick: wenn der Vater bewirkt hätte, daß er nach Neapel gereist wäre, so wäre alles gut. Nach Neapel! rief der Commendant, der dies gehört hatte. Sollt' ich den Priester holen lassen? Oder hätt' ich ihn schließen lassen und arretieren, und mit Bewachung nach Neapel schicken sollen? – Nein, antwortete die Marquise, aber lebhafte und eindringliche Vorstellungen tun ihre Wirkung; und sah, ein wenig unwillig, wieder auf ihre Arbeit nieder. – Endlich gegen die Nacht erschien der Graf. Man erwartete nur, nach den ersten Höflichkeitsbezeugungen, daß dieser Gegenstand zur Sprache kommen würde, um ihn mit vereinter Kraft zu bestürmen, den Schritt, den er gewagt hatte, wenn es noch möglich sei, wieder zurückzunehmen. Doch vergebens, während der ganzen Abendtafel, erharrte man diesen Augenblick. Geflissentlich Alles, was darauf führen konnte, vermeidend, unterhielt er den Commendanten vom Kriege, und den Forstmeister von der Jagd. Als er des Gefechts bei P..., in welchem er verwundet worden war, erwähnte, verwickelte ihn die Mutter bei der Geschichte seiner Krankheit, fragte ihn, wie es ihm an diesem kleinen Orte ergangen sei, und ob er die gehörigen Bequemlichkeiten gefunden hätte. Hierauf erzählte er mehrere, durch seine Leidenschaft zur Marquise interessanten, Züge: wie sie beständig, während seiner Krankheit, an seinem Bette gesessen hätte; wie er die Vorstellung von ihr, in der Hitze des Wundfiebers, immer mit der Vorstellung eines Schwans verwechselt hätte, den er, als Knabe, auf seines Onkels Gütern gesehen; daß ihm besonders eine Erinnerung rührend gewesen wäre, da er diesen Schwan einst mit Kot beworfen, worauf dieser still untergetaucht, und rein aus der Flut wieder emporgekommen sei; daß sie immer auf feurigen Fluten umhergeschwommen wäre, und er Thinka gerufen hätte, welches der Name jenes Schwans gewesen, daß er aber nicht im Stande gewesen wäre, sie an sich zu locken, indem sie ihre Freude gehabt hätte, bloß am Rudern und In-die-Brust-sich-werfen; versicherte plötzlich, blutrot im Gesicht, daß er sie außerordentlich liebe: sah wieder auf seinen Teller nieder, und schwieg. Man mußte endlich von der Tafel aufstehen; und da der Graf, nach einem kurzen Gespräch mit der Mutter, sich sogleich gegen die Gesellschaft verneigte, und wieder in sein Zimmer zurückzog: so standen die Mitglieder derselben wieder, und wußten nicht, was sie denken sollten. Der Commendant meinte: man müsse der Sache ihren Lauf lassen. Er rechne wahrscheinlich auf seine Verwandten bei diesem Schritte. Infame Kassation stünde sonst darauf. Frau von G… fragte ihre Tochter, was sie denn von ihm halte? Und ob sie sich wohl zu irgend einer Äußerung, die ein Unglück vermiede, würde verstehen können? Die Marquise antwortete: Liebste Mutter! Das ist nicht möglich. Es tut mir leid, daß meine Dankbarkeit auf eine so harte Probe gestellt wird. Doch es war mein Entschluß, mich nicht wieder zu vermählen; ich mag mein Glück nicht, und nicht so unüberlegt, auf ein zweites Spiel setzen. Der Forstmeister bemerkte, daß wenn dies ihr fester Wille wäre, auch *diese* Erklärung ihm Nutzen schaffen könne, und daß es fast notwendig scheine, ihm irgend *eine* bestimmte zu geben. Die Obristin versetzte, daß, da dieser junge Mann, den so viele außerordentliche Eigenschaften empföhlen, seinen Aufenthalt in Italien nehmen zu wollen, erklärt habe, sein Antrag, nach ihrer Meinung, einige Rücksicht, und der Entschluß der Marquise Prüfung verdiene. Der Forstmeister, indem er sich bei ihr niederließ, fragte, wie er ihr denn, was seine Person anbetreffe, gefalle? Die Marquise antwortete, mit einiger Verlegenheit: er gefällt und mißfällt mir; und berief sich auf das Gefühl der Anderen. Die Obristin sagte: wenn er von Neapel zurückkehrt, und die Erkundigungen, die wir inzwischen über ihn einziehen könnten, dem Gesamteindruck, den du von ihm empfangen hast, nicht widersprächen: wie würdest du dich, falls er alsdann seinen Antrag wiederholte, erklären? In diesem Fall, versetzte die Marquise, würd' ich – da in der Tat seine Wünsche so lebhaft scheinen, diese Wünsche – sie stockte, und ihre Augen glänzten, indem sie dies sagte – um der Verbindlichkeit willen, die ich ihm schuldig bin, erfüllen. Die Mutter, die eine zweite Vermählung ihrer Tochter immer gewünscht hatte, hatte Mühe, ihre Freude über diese Erklärung zu verbergen, und sann, was sich wohl daraus machen lasse. Der Forstmeister sagte, indem er unruhig vom Sitz wieder aufstand, daß wenn die Marquise irgend an die Möglichkeit denke, ihn einst mit ihrer Hand zu erfreuen, jetzt gleich notwendig ein Schritt dazu geschehen müsse, um den Folgen seiner rasenden Tat vorzubeugen. Die Mutter war derselben Meinung, und behauptete, daß zuletzt das Wagstück nicht allzugroß wäre, indem bei so vielen vortrefflichen Eigenschaften, die er in jener Nacht, da das Fort von den Russen erstürmt ward, entwickelte, kaum zu fürchten sei, daß sein übriger Lebenswandel ihnen nicht entsprechen sollte. Die Marquise sah, mit dem Ausdruck der lebhaftesten Unruhe, vor sich nieder. Man könnte ihm ja, fuhr die Mutter fort, indem sie ihre Hand ergriff, etwa eine Erklärung, daß du, bis zu seiner Rückkehr von Neapel, in keine andere Verbindung eingehen wollest, zukommen lassen. Die Marquise sagte: *diese* Erklärung, liebste Mutter, kann ich ihm geben; ich fürchte nur, daß sie ihn nicht beruhigen, und uns verwickeln wird. Das sei meine Sorge! erwiderte die Mutter, mit lebhafter Freude; und sah sich nach dem Commendanten um. Lorenzo! fragte sie, was meinst du? und machte Anstalten, sich vom Sitz zu erheben. Der Commendant, der Alles gehört hatte, stand am Fenster, sah auf die Straße hinaus, und sagte nichts. Der Forstmeister versicherte, daß er, mit dieser unschädlichen Erklärung, den Grafen aus dem Hause zu schaffen, sich anheischig mache. Nun so macht! macht! macht! rief der Vater, indem er sich umkehrte: ich muß mich diesem Russen schon zum zweitenmal ergeben! – Hierauf sprang die Mutter auf, küßte ihn und die Tochter, und fragte, indem der Vater über ihre Geschäftigkeit lächelte, wie man dem Grafen jetzt diese Erklärung augenblicklich hinterbringen solle? Man beschloß, auf den Vorschlag des Forstmeisters, ihn bitten zu lassen, sich, falls er noch nicht entkleidet sei, gefälligst auf einen Augenblick zur Familie zu verfügen. Er werde gleich die Ehre haben zu erscheinen! ließ der Graf antworten, und kaum war der Kammerdiener mit dieser Meldung zurück, als er schon selbst, mit Schritten, die die Freude beflügelte, ins Zimmer trat, und zu den Füßen der Marquise, in der allerlebhaftesten Rührung niedersank. Der Commendant wollte etwas sagen: doch er, indem er aufstand, versetzte, er wisse genug! küßte ihm und der Mutter die Hand, umarmte den Bruder, und bat nur um die Gefälligkeit, ihm sogleich zu einem Reisewagen zu verhelfen. Die Marquise, obschon von diesem Auftritt bewegt, sagte doch: ich fürchte nicht, Herr Graf, daß Ihre rasche Hoffnung Sie zu weit – Nichts! Nichts! versetzte der Graf; es ist nichts geschehen, wenn die Erkundigungen, die Sie über mich einziehen mögen, dem Gefühl widersprechen, das mich zu Ihnen in dies Zimmer zurückberief. Hierauf umarmte der Commendant ihn auf das herzlichste, der Forstmeister bot ihm sogleich seinen eigenen Reisewagen an, ein Jäger flog auf die Post, Kurierpferde auf Prämien zu bestellen, und Freude war bei dieser Abreise, wie noch niemals bei einem Empfang. Er hoffe, sagte der Graf, die Depeschen in B... einzuholen, von wo er jetzt einen näheren Weg nach Neapel, als über M... einschlagen würde; in Neapel würde er sein Möglichstes tun, die fernere Geschäftsreise nach Constantinopel abzulehnen; und da er, auf den äußersten Fall, entschlossen wäre, sich krank anzugeben, so versicherte er, daß wenn nicht unvermeidliche Hindernisse ihn abhielten, er in Zeit von vier bis sechs Wochen unfehlbar wieder in M... sein würde. Hierauf meldete sein Jäger, daß der Wagen angespannt, und Alles zur Abreise bereit sei. Der Graf nahm seinen Hut, trat vor die Marquise, und ergriff ihre Hand. Nun denn, sprach er, Julietta, so bin ich einigermaßen beruhigt; und legte seine Hand in die ihrige; obschon es mein sehnlichster Wunsch war, mich noch vor meiner Abreise mit Ihnen zu vermählen. Vermählen! riefen alle Mitglieder der Familie aus. Vermählen, wiederholte der Graf, küßte der Marquise die Hand, und versicherte, da diese fragte, ob er von Sinnen sei: es würde ein Tag kommen, wo sie ihn verstehen würde! Die Familie wollte auf ihn böse werden; doch er nahm gleich auf das Wärmste von Allen Abschied, bat sie, über diese Äußerung nicht weiter nachzudenken, und reiste ab.

Mehrere Wochen, in welchen die Familie, mit sehr verschiedenen Empfindungen, auf den Ausgang dieser sonderbaren Sache gespannt war, verstrichen. Der Commendant empfing vom General K..., dem Onkel des Grafen, eine höfliche Zuschrift; der Graf selbst schrieb aus Neapel; die Erkundigungen, die man über ihn einzog, sprachen ziemlich zu seinem Vorteil; kurz, man hielt die Verlobung schon für so gut, wie abgemacht: als sich die Kränklichkeiten der Marquise, mit größerer Lebhaftigkeit, als jemals, wieder einstellten. Sie bemerkte eine unbegreifliche Veränderung ihrer Gestalt. Sie entdeckte sich mit völliger Freimütigkeit ihrer Mutter, und sagte, sie wisse nicht, was sie von ihrem Zustand denken solle. Die Mutter, welche so sonderbare Zufälle für die Gesundheit ihrer Tochter äußerst besorgt machten, verlangte, daß sie einen Arzt zu Rate ziehe. Die Marquise, die durch ihre Natur zu siegen hoffte, sträubte sich dagegen; sie brachte mehrere Tage noch, ohne dem Rat der Mutter zu folgen, unter den empfindlichsten Leiden zu: bis Gefühle, immer wiederkehrend und von so wunderbarer Art, sie in die lebhafteste Unruhe stürzten. Sie ließ einen Arzt rufen, der das Vertrauen ihres Vaters besaß, nötigte ihn, da gerade die Mutter abwesend war, auf den Diwan nieder, und eröffnete ihm, nach einer kurzen Einleitung, scherzend, was sie von sich glaube. Der Arzt warf einen forschenden Blick auf sie; schwieg noch, nachdem er eine genaue Untersuchung vollendet hatte, eine Zeitlang: und antwortete dann mit einer sehr ernsthaften Miene, daß die Frau Marquise ganz richtig urteile. Nachdem er sich auf die Frage der Dame, wie er dies verstehe, ganz deutlich erklärt, und mit einem Lächeln, das er nicht unterdrücken konnte, gesagt hatte, daß sie ganz gesund sei, und keinen Arzt brauche, zog die Marquise, und sah ihn sehr streng von der Seite an, die Klingel, und bat ihn, sich zu entfernen. Sie äußerte halblaut, als ob er der Rede nicht wert wäre, vor sich nieder murmelnd: daß sie nicht Lust hätte, mit ihm über Gegenstände dieser Art zu scherzen. Der Doktor erwiderte empfindlich: er müsse wünschen, daß sie immer zum Scherz so wenig aufgelegt gewesen wäre, wie jetzt; nahm Stock und Hut, und machte Anstalten, sich sogleich zu empfehlen. Die Marquise versicherte, daß sie von diesen Beleidigungen ihren Vater unterrichten würde. Der Arzt antwortete, daß er seine Aussage vor Gericht beschwören könne: öffnete die Tür, verneigte sich, und wollte das Zimmer verlassen. Die Marquise fragte, da er noch einen Handschuh, den er hatte fallen lassen, von der Erde aufnahm: und die Möglichkeit davon, Herr Doktor? Der Doktor erwiderte, daß er ihr die letzten Gründe der Dinge nicht werde zu erklären brauchen; verneigte sich ihr noch einmal, und ging ab.

Die Marquise stand, wie vom Donner gerührt. Sie raffte sich auf, und wollte zu ihrem Vater eilen; doch der sonderbare Ernst des Mannes, von dem sie sich beleidigt sah, lähmte alle ihre Glieder. Sie warf sich in der größten Bewegung auf den Diwan nieder. Sie durchlief, gegen sich selbst mißtrauisch, alle Momente des verflossenen Jahres, und hielt sich für verrückt, wenn sie an den letzten dachte. Endlich erschien die Mutter; und auf die bestürzte Frage, warum sie so unruhig sei? erzählte ihr die Tochter, was ihr der Arzt so eben eröffnet hatte. Frau von G… nannte ihn einen Unverschämten und Nichtswürdigen, und bestärkte die Tochter in dem Entschluß, diese Beleidigung dem Vater zu entdecken. Die Marquise versicherte, daß es sein völliger Ernst gewesen sei, und daß er entschlossen scheine, dem Vater ins Gesicht seine rasende Behauptung zu wiederholen. Frau von G… fragte, nicht wenig erschrocken, ob sie denn an die Möglichkeit eines solchen Zustandes glaube? Eher, antwortete die Marquise, daß die Gräber befruchtet werden, und sich dem Schoße der Leichen eine Geburt entwickeln wird! Nun, du liebes wunderliches Weib, sagte die Obristin, indem sie sie fest an sich drückte: was beunruhigt dich denn? Wenn dein Bewußtsein dich rein spricht: wie kann dich ein Urteil, und wäre es das einer ganzen Consulta von Ärzten, nur kümmern? Ob das Seinige aus Irrtum, ob es aus Bosheit entsprang: gilt es dir nicht völlig gleichviel? Doch schicklich ist es, daß wir es dem Vater entdecken. – O Gott! sagte die Marquise, mit einer konvulsivischen Bewegung: wie kann ich mich beruhigen. Hab' ich nicht mein eignes, innerli-

ches, mir nur allzuwohlbekanntes Gefühl gegen mich? Würd'
ich nicht, wenn ich in einer andern meine Empfindung wüßte,
von ihr selbst urteilen, daß es damit seine Richtigkeit habe?
Es ist entsetzlich, versetzte die Obristin. Bosheit! Irrtum! fuhr
die Marquise fort. Was kann dieser Mann, der uns bis auf den
heutigen Tag schätzenswürdig erschien, für Gründe haben,
mich auf eine so mutwillige und niederträchtige Art zu krän-
ken? Mich, die ihn nie beleidigt hatte? Die ihn mit Vertrauen,
und dem Vorgefühl zukünftiger Dankbarkeit, empfing? Bei
der er, wie seine ersten Worte zeugten, mit dem reinen und
unverfälschten Willen erschien, zu helfen, nicht Schmerzen,
grimmigere, als ich empfand, erst zu erregen? Und wenn ich
in der Notwendigkeit der Wahl, fuhr sie fort, während die
Mutter sie unverwandt ansah, an einen Irrtum glauben wollte:
ist es wohl möglich, daß ein Arzt, auch nur von mittelmäßiger
Geschicklichkeit, in solchem Falle irre? – Die Obristin sagte ein wenig spitz: und gleichwohl muß es doch notwendig
Eins oder das Andere gewesen sein. Ja! versetzte die Marquise,
meine teuerste Mutter, indem sie ihr, mit dem Ausdruck der
gekränkten Würde, hochrot im Gesicht glühend, die Hand
küßte: das muß es! Obschon die Umstände so außerordentlich
sind, daß es mir erlaubt ist, daran zu zweifeln. Ich schwöre,
weil es doch einer Versicherung bedarf, daß mein Bewußtsein,
gleich dem meiner Kinder ist; nicht reiner, Verehrungswürdigste, kann das Ihrige sein. Gleichwohl bitte ich Sie, mir eine
Hebamme rufen zu lassen, damit ich mich von dem, was ist,
überzeuge, und gleichviel alsdann, *was* es sei, beruhige. Eine
Hebamme! rief Frau von G… mit Entwürdigung. Ein reines
Bewußtsein, und eine Hebamme! Und die Sprache ging ihr
aus. Eine Hebamme, meine teuerste Mutter, wiederholte die
Marquise, indem sie sich auf Knien vor ihr niederließ; und das
augenblicklich, wenn ich nicht wahnsinnig werden soll. O sehr
gern, versetzte die Obristin; nur bitte ich, das Wochenlager

nicht in meinem Hause zu halten. Und damit stand sie auf, und wollte das Zimmer verlassen. Die Marquise, ihr mit ausgebreiteten Armen folgend, fiel ganz auf das Gesicht nieder, und umfaßte ihre Knie. Wenn irgend ein unsträfliches Leben, rief sie, mit der Beredsamkeit des Schmerzes, ein Leben, nach Ihrem Muster geführt, mir ein Recht auf Ihre Achtung gibt, wenn irgend ein mütterliches Gefühl auch nur, so lange meine Schuld nicht sonnenklar entschieden ist, in Ihrem Busen für mich spricht: so verlassen Sie mich in diesen entsetzlichen Augenblicken nicht. – Was ist es, das dich beunruhigt? fragte die Mutter. Ist es weiter nichts, als der Ausspruch des Arztes? Weiter nichts, als dein innerliches Gefühl? Nichts weiter, meine Mutter, versetzte die Marquise, und legte ihre Hand auf die Brust. Nichts, Julietta? fuhr die Mutter fort. Besinne dich. Ein Fehltritt, so unsäglich er mich schmerzen würde, er ließe sich, und ich müßte ihn zuletzt verzeihn; doch wenn du, um einem mütterlichen Verweis auszuweichen, ein Märchen von der Umwälzung der Weltordnung ersinnen, und gotteslästerliche Schwüre häufen könntest, um es meinem, dir nur allzugerngläubigen, Herzen aufzubürden: so wäre das schändlich: ich würde dir niemals wieder gut werden. – Möge das Reich der Erlösung einst so offen vor mir liegen, wie meine Seele vor Ihnen, rief die Marquise. Ich verschwieg Ihnen nichts, meine Mutter. – Diese Äußerung, voll Pathos getan, erschütterte die Mutter. O Himmel! rief sie: mein liebenswürdiges Kind! Wie rührst du mich! Und hob sie auf, und küßte sie, und drückte sie an ihre Brust. Was denn, in aller Welt, fürchtest du? Komm, du bist sehr krank. Sie wollte sie in ein Bett führen. Doch die Marquise, welcher die Tränen häufig flossen, versicherte, daß sie sehr gesund wäre, und daß ihr gar nichts fehle, außer jenem sonderbaren und unbegreiflichen Zustand. – Zustand! rief die Mutter wieder; welch ein Zustand? Wenn dein Gedächtnis über die Vergangenheit so sicher ist, welch ein Wahnsinn der Furcht ergriff dich? Kann ein innerliches Gefühl denn, das doch nur dunkel sich regt, nicht trügen? Nein! Nein! sagte die Marquise, es trügt mich nicht! Und wenn Sie die Hebamme rufen lassen wollen, so werden Sie hören, daß das Entsetzliche, mich Vernichtende, wahr ist. – Komm, meine liebste Tochter, sagte Frau von G..., die für ihren Verstand zu fürchten anfing. Komm, folge mir, und lege dich zu Bett. Was meintest du, daß dir der Arzt gesagt hat? Wie dein Gesicht glüht! Wie du an allen Gliedern so zitterst! Was war es schon, das dir der Arzt gesagt hat? Und damit zog sie die Marquise, ungläubig nunmehr an den ganzen Auftritt, den sie ihr erzählt hatte, mit sich fort. – Die Marquise sagte: Liebe! Vortreffliche! indem sie mit weinenden Augen lächelte. Ich bin meiner Sinne mächtig. Der Arzt hat mir gesagt, daß ich in gesegneten Leibesumständen bin. Lassen Sie die Hebamme rufen: und sobald sie sagt, daß es nicht wahr ist, bin ich wieder ruhig. Gut, gut! erwiderte die Obristin, die ihre Angst unterdrückte. Sie soll gleich kommen; sie soll gleich, wenn du dich von ihr willst auslachen lassen, erscheinen, und dir sagen, daß du eine Träumerin, und nicht recht klug bist. Und damit zog sie die Klingel, und schickte augenblicklich einen ihrer Leute, der die Hebamme rufe.

Die Marquise lag noch, mit unruhig sich hebender Brust, in den Armen ihrer Mutter, als diese Frau erschien, und die Obristin ihr, an welcher seltsamen Vorstellung ihre Tochter krank liege, eröffnete. Die Frau Marquise schwöre, daß sie sich tugendhaft verhalten habe, und gleichwohl halte sie, von einer unbegreiflichen Empfindung getäuscht, für nötig, daß eine sachverständige Frau ihren Zustand untersuche. Die Hebamme, während sie sich von demselben unterrichtete, sprach von jungem Blut und der Arglist der Welt; äußerte, als sie ihr Geschäft vollendet hatte, dergleichen Fälle wären ihr schon vorgekommen; die jungen Witwen, die in ihre Lage kämen, meinten alle auf wüsten Inseln gelebt zu haben; beruhigte inzwischen die Frau Marquise, und versicherte sie, daß sich der muntere Korsar, der zur Nachtzeit gelandet, schon finden würde. Bei diesen Worten fiel die Marquise in Ohnmacht. Die Obristin, die ihr mütterliches Gefühl nicht überwältigen konnte, brachte sie zwar, mit Hülfe der Hebamme, wieder ins Leben zurück. Doch die Entrüstung siegte, da sie erwacht war. Julietta! rief die Mutter mit dem lebhaftesten Schmerz. Willst du dich mir entdecken, willst du den Vater mir nennen? Und schien noch zur Versöhnung geneigt. Doch als die Marquise sagte, daß sie wahnsinnig werden würde, sprach die Mutter, indem sie sich vom Diwan erhob: geh! geh! du bist nichtswürdig! Verflucht sei die Stunde, da ich dich gebar! und verließ das Zimmer.

Die Marquise, der das Tageslicht von neuem schwinden wollte, zog die Geburtshelferin vor sich nieder, und legte ihr Haupt heftig zitternd an ihre Brust. Sie fragte, mit gebrochener Stimme, wie denn die Natur auf ihren Wegen walte? Und ob die Möglichkeit einer unwissentlichen Empfängnis sei? – Die Hebamme lächelte, machte ihr das Tuch los, und sagte, das würde ja doch der Frau Marquise Fall nicht sein. Nein, nein, antwortete die Marquise, sie habe wissentlich empfangen, sie wolle nur im allgemeinen wissen, ob diese Erscheinung im Reiche der Natur sei? Die Hebamme versetzte, daß dies, außer der heiligen Jungfrau, noch keinem Weibe auf Erden zugestoßen wäre. Die Marquise zitterte immer heftiger. Sie glaubte, daß sie augenblicklich niederkommen würde, und bat die Geburtshelferin, indem sie sich mit krampfhafter Beängstigung an sie schloß, sie nicht zu verlassen. Die Hebamme beruhigte sie. Sie versicherte, daß das Wochenbett noch beträchtlich entfernt wäre, gab ihr auch die Mittel an, wie man, in solchen Fällen, dem Leumund der Welt ausweichen könne, und meinte, es würde noch Alles gut werden. Doch da diese

Trostgründe der unglücklichen Dame völlig wie Messerstiche durch die Brust fuhren, so sammelte sie sich, sagte, sie befände sich besser, und bat ihre Gesellschafterin sich zu entfernen.

Kaum war die Hebamme aus dem Zimmer, als ihr ein Schreiben von der Mutter gebracht ward, in welchem diese sich so ausließ: »Herr von G... wünsche, unter den obwaltenden Umständen, daß sie sein Haus verlasse. Er sende ihr hierbei die über ihr Vermögen lautenden Papiere, und hoffe, daß ihm Gott den Jammer ersparen werde, sie wieder zu sehen.« – Der Brief war inzwischen von Tränen benetzt; und in einem Winkel stand ein verwischtes Wort: diktiert. – Der Marquise stürzte der Schmerz aus den Augen. Sie ging, heftig über den Irrtum ihrer Eltern weinend, und über die Ungerechtigkeit, zu welcher diese vortrefflichen Menschen verführt wurden, nach den Gemächern ihrer Mutter. Es hieß, sie sei bei ihrem Vater; sie wankte nach den Gemächern ihres Vaters. Sie sank, als sie die Türe verschlossen fand, mit jammernder Stimme, alle Heiligen zu Zeugen ihrer Unschuld anrufend, vor derselben nieder. Sie mochte wohl schon einige Minuten hier gelegen haben, als der Forstmeister daraus hervortrat, und zu ihr mit flammendem Gesicht sagte: sie höre, daß der Commendant sie nicht sehen wolle. Die Marquise rief: mein liebster Bruder! unter vielem Schluchzen; drängte sich ins Zimmer, und rief: mein teuerster Vater! und streckte die Arme nach ihm aus. Der Commendant wandte ihr, bei ihrem Anblick, den Rücken zu, und eilte in sein Schlafgemach. Er rief, als sie ihn dahin verfolgte, hinweg! und wollte die Türe zuwerfen; doch da sie, unter Jammern und Flehen, daß er sie schließe, verhinderte, so gab er plötzlich nach und eilte, während die Marquise zu ihm hineintrat, nach der hintern Wand. Sie warf sich ihm, der ihr den Rücken zugekehrt hatte, eben zu Füßen, und umfaßte zitternd seine Knie, als ein Pistol, das er ergriffen hatte, in dem Augenblick, da er es von der Wand herabriß, losging, und der Schuß schmetternd in die Decke fuhr. Herr meines Lebens! rief die Marquise, erhob sich leichenblaß von ihren Knien, und eilte aus seinen Gemächern wieder hinweg. Man soll soglcich anspannen, sagte sie, indem sie in die ihrigen trat; setzte sich, matt bis in den Tod, auf einen Sessel nieder, zog ihre Kinder eilfertig an, und ließ die Sachen einpacken: Sie hatte eben ihr Kleinstes zwischen den Knien, und schlug ihm noch ein Tuch um, um nunmehr, da alles zur Abreise bereit war, in den Wagen zu steigen: als der Forstmeister eintrat, und auf Befehl des Commendanten die Zurücklassung und Überlieferung der Kinder von ihr forderte. Dieser Kinder? fragte sie; und stand auf. Sag deinem unmenschlichen Vater, daß er kommen, und mich niederschießen, nicht aber mir meine Kinder entreißen könne! Und hob, mit dem ganzen Stolz der Unschuld gerüstet, ihre Kinder auf, trug sie, ohne daß der Bruder gewagt hätte, sie anzuhalten, in den Wagen und fuhr ab.

Durch diese schöne Anstrengung mit sich selbst bekannt gemacht, hob sie sich plötzlich, wie an ihrer eigenen Hand, aus der ganzen Tiefe, in welche das Schicksal sie herabgestürzt hatte, empor. Der Aufruhr, der ihre Brust zerriß, legte sich, als sie im Freien war, sie küßte häufig die Kinder, diese ihre liebe Beute, und mit großer Selbstzufriedenheit gedachte sie, welch einen Sieg sie, durch die Kraft ihres schuldfreien Bewußtseins, über ihren Bruder davon getragen hatte. Ihr Verstand, stark genug, in ihrer sonderbaren Lage nicht zu reißen, gab sich ganz unter der großen, heiligen und unerklärlichen Einrichtung der Welt gefangen. Sie sah die Unmöglichkeit ein, ihre Familie von ihrer Unschuld zu überzeugen, begriff, daß sie sich darüber trösten müsse, falls sie nicht untergehen wolle, und wenige Tage nur waren nach ihrer Ankunft in V… verflossen, als der Schmerz ganz und gar dem heldenmütigen Vorsatz Platz machte, sich mit Stolz gegen die Anfälle der Welt zu rüsten. Sie beschloß, sich ganz in ihr Innerstes zurückzuziehen, sich, mit ausschließendem Eifer, der Erziehung ihrer beiden Kinder zu widmen, und des Geschenks, das ihr Gott mit dem dritten gemacht hatte, mit voller mütterlichen Liebe zu pflegen. Sie machte Anstalten, in wenig Wochen, sobald sie ihre Niederkunft überstanden haben würde, ihren schönen, aber durch die lange Abwesenheit ein wenig verfallenen Landsitz wieder herzustellen; saß in der Gartenlaube, und dachte, während sie kleine Mützen, und Strümpfe für kleine Beine strickte, wie sie die Zimmer bequem verteilen würde; auch, welches sie mit Büchern füllen, und in welchem die Staffelei am schicklichsten stehen würde. Und so war der Zeitpunkt, da der Graf F... von Neapel wiederkehren sollte, noch nicht abgelaufen, als sie schon völlig mit dem Schicksal, in ewig klösterlicher Eingezogenheit zu leben, vertraut war. Der Türsteher erhielt Befehl, keinen Menschen im Hause vorzulassen. Nur der Gedanke war ihr unerträglich, daß dem jungen Wesen, das sie in der größten Unschuld und Reinheit empfangen hatte, und dessen Ursprung, eben weil er geheimnisvoller war, auch göttlicher zu sein schien, als der anderer Menschen, ein Schandfleck in der bürgerlichen Gesellschaft ankleben sollte. Ein sonderbares Mittel war ihr eingefallen, den Vater zu entdecken: ein Mittel, bei dem sie, als sie es zuerst dachte, das Strickzeug selbst vor Schrecken aus der Hand fallen ließ. Durch ganze Nächte, in unruhiger Schlaflosigkeit durchwacht, ward es gedreht und gewendet, um sich an seine ihr innerst Gefühl verletzende, Natur zu gewöhnen. Immer noch sträubte sie sich, mit dem Menschen, der sie so hintergangen hatte, in irgend ein Verhältnis zu treten: indem sie sehr richtig schloß, daß derselbe doch, ohne alle Rettung, zum Auswurf seiner Gattung gehören müsse, und, auf welchem Platz der Welt man ihn auch denken wolle, nur aus dem zertretensten und unflätigsten Schlamm derselben, hervorgegangen sein könne. Doch da das Gefühl ihrer Selbstständigkeit immer lebhafter in ihr ward, und sie bedachte, daß der Stein seinen Wert behält, er mag auch eingefaßt sein, wie man wolle, so griff sie eines Morgens, da sich das junge Leben wieder in ihr regte, ein Herz, und ließ jene sonderbare Aufforderung in die Intelligenzblätter von M... rücken, die man am Eingang dieser Erzählung gelesen hat.

Der Graf F..., den unvermeidliche Geschäfte in Neapel aufhielten, hatte inzwischen zum zweitenmal an die Marquise geschrieben, und sie aufgefordert, es möchten fremde Umstände eintreten, welche da wollten, ihrer, ihm gegebenen, stillschweigenden Erklärung getreu zu bleiben. Sobald es ihm geglückt war, seine fernere Geschäftsreise nach Constantinopel abzulehnen, und es seine übrigen Verhältnisse gestatteten, ging er augenblicklich von Neapel ab, und kam auch richtig, nur wenige Tage nach der von ihm bestimmten Frist, in M... an. Der Commendant empfing ihn mit einem verlegenen Gesicht, sagte, daß ein notwendiges Geschäft ihn aus dem Hause nötige, und forderte den Forstmeister auf, ihn inzwischen zu unterhalten. Der Forstmeister zog ihn auf sein Zimmer, und fragte ihn, nach einer kurzen Begrüßung, ob er schon wisse, was sich während seiner Abwesenheit in dem Hause des Commendanten zugetragen habe. Der Graf antwortete, mit einer flüchtigen Blässe: nein. Hierauf unterrichtete ihn der Forstmeister von der Schande, die die Marquise über die Familie gebracht hatte, und gab ihm die Geschichtserzählung dessen, was unsre Leser so eben erfahren haben. Der Graf schlug sich mit der Hand vor die Stirn. Warum legte man mir so viele Hindernisse in den Weg! rief er in der Vergessenheit seiner. Wenn die Vermählung erfolgt wäre: so wäre alle Schmach und jedes Unglück uns erspart! Der Forstmeister fragte, indem er ihn anglotzte, ob er rasend genug wäre, zu wünschen, mit dieser Nichtswürdigen vermählt zu sein? Der Graf erwiderte,

60

daß sie mehr wert wäre, als die ganze Welt, die sie verachtete; daß ihre Erklärung über ihre Unschuld vollkommnen Glauben bei ihm fände; und daß er noch heute nach V… gehen, und seinen Antrag bei ihr wiederholen würde. Er ergriff auch sogleich seinen Hut, empfahl sich dem Forstmeister, der ihn für seiner Sinne völlig beraubt hielt, und ging ab.

Er bestieg ein Pferd und sprengte nach V… hinaus. Als er am Tore abgestiegen war, und in den Vorplatz treten wollte, sagte ihm der Türsteher, daß die Frau Marquise keinen Menschen spräche. Der Graf fragte, ob diese, für Fremde getroffene, Maßregel auch einem Freund des Hauses gälte; worauf jener antwortete, daß er von keiner Ausnahme wisse, und bald darauf, auf eine zweideutige Art hinzusetzte: ob er vielleicht der Graf F… wäre? Der Graf erwiderte, nach einem forschenden Blick, nein; und äußerte, zu seinem Bedienten gewandt, doch so, daß jener es hören konnte, er werde, unter solchen Umständen, in einem Gasthofe absteigen, und sich bei der Frau Marquise schriftlich anmelden. Sobald er inzwischen dem Türsteher aus den Augen war, bog er um eine Ecke, und umschlich die Mauer eines weitläufigen Gartens, der sich hinter dem Hause ausbreitete. Er trat durch eine Pforte, die er offen fand, in den Garten, durchstrich die Gänge desselben, und wollte eben die hintere Rampe hinaufsteigen, als er, in einer Laube, die zur Seite lag, die Marquise, in ihrer lieblichen und geheimnisvollen Gestalt, an einem kleinen Tischchen emsig arbeiten sah. Er näherte sich ihr so, daß sie ihn nicht früher erblicken konnte, als bis er am Eingang der Laube, drei kleine Schritte von ihren Füßen, stand. Der Graf F…! sagte die Marquise, als sie die Augen aufschlug, und die Röte der Überraschung überflog ihr Gesicht. Der Graf lächelte, blieb noch eine Zeitlang, ohne sich im Eingang zu rühren, stehen; setzte sich dann, mit so bescheidener Zudringlichkeit, als sie nicht zu erschrecken nötig war, neben ihr nieder, und schlug, ehe sie noch, in ihrer sonderbaren Lage, einen Entschluß gefaßt hatte, seinen Arm sanft um ihren lieben Leib. Von wo, Herr Graf, ist es möglich, fragte die Marquise – und sah schüchtern vor sich auf die Erde nieder. Der Graf sagte: von M..., und drückte sie ganz leise an sich; durch eine hintere Pforte, die ich offen fand. Ich glaubte auf Ihre Verzeihung rechnen zu dürfen, und trat ein. Hat man Ihnen denn in M... nicht gesagt – ? – fragte sie, und rührte noch kein Glied in seinen Armen. Alles, geliebte Frau, versetzte der Graf; doch von Ihrer Unschuld völlig überzeugt – Wie! rief die Marquise, indem sie aufstand, und sich loswickelte; und Sie kommen gleichwohl? – Der Welt zum Trotz, fuhr er fort, indem er sie festhielt, und Ihrer Familie zum Trotz, und dieser lieblichen Erscheinung sogar zum Trotz; wobei er einen glühenden Kuß auf ihre Brust drückte. – Hinweg! rief die Marquise – So überzeugt, sagte er, Julietta, als ob ich allwissend wäre, als ob meine Seele in deiner Brust wohnte – Die Marquise rief: Lassen Sie mich! Ich komme, schloß er – und ließ sie nicht – meinen Antrag zu wiederholen, und das Los der Seligen, wenn Sie mich erhören wollen, von Ihrer Hand zu empfangen. Lassen Sie mich augenblicklich! rief die Marquise; ich befehls Ihnen! riß sich gewaltsam aus seinen Armen, und entfloh. Geliebte! Vortreffliche! flüsterte er, indem er wieder aufstand, und ihr folgte. – Sie hören! rief die Marquise, und wandte sich, und wich ihm aus. Ein einziges, heimliches, geflüstertes –! sagte der Graf, und griff hastig nach ihrem glatten, ihm entschlüpfenden Arm. – Ich *will nichts* wissen, versetzte die Marquise, stieß ihn heftig vor die Brust zurück, eilte auf die Rampe, und verschwand.

Er war schon halb auf die Rampe gekommen, um sich, es koste, was es wolle, bei ihr Gehör zu verschaffen, als die Tür vor ihm zuflog, und der Riegel heftig, mit verstörter Beeiferung, vor seinen Schritten zurasselte. Unschlüssig, einen Augenblick, was unter solchen Umständen zu tun sei, stand er, und überlegte, ob er durch ein, zur Seite offen stehendes Fenster einsteigen, und seinen Zweck, bis er ihn erreicht, verfolgen solle; doch so schwer es ihm auch in jedem Sinne war, umzukehren, diesmal schien es die Notwendigkeit zu erfordern, und grimmig erbittert über sich, daß er sie aus seinen Armen gelassen hatte, schlich er die Rampe hinab, und verließ den Garten, um seine Pferde aufzusuchen. Er fühlte, daß der Versuch, sich an ihrem Busen zu erklären, für immer fehlgeschlagen sei, und ritt schrittweis, indem er einen Brief überlegte, den er jetzt zu schreiben verdammt war, nach M... zurück. Abends, da er sich, in der übelsten Laune von der Welt, bei einer öffentlichen Tafel eingefunden hatte, traf er den Forstmeister an, der ihn auch sogleich befragte, ob er seinen Antrag in V... glücklich angebracht habe? Der Graf antwortete kurz: nein! und war sehr gestimmt, ihn mit einer bitteren Wendung abzufertigen; doch um der Höflichkeit ein Genüge zu tun, setzte er nach einer Weile hinzu: er habe sich entschlossen, sich schriftlich an sie zu wenden, und werde damit in kurzem ins Reine sein. Der Forstmeister sagte: er sehe mit Bedauern, daß seine Leidenschaft für die Marquise ihn seiner Sinne beraube. Er müsse ihm inzwischen versichern, daß sie bereits auf dem Wege sei, eine andere Wahl zu treffen; klingelte nach den neuesten Zeitungen, und gab ihm das Blatt, in welchem die Aufforderung derselben an den Vater ihres Kindes eingerückt war. Der Graf durchlief, indem ihm das Blut ins Gesicht schoß, die Schrift. Ein Wechsel von Gefühlen durchkreuzte ihn. Der Forstmeister fragte, ob er nicht glaube, daß die Person, die die Frau Marquise suche, sich finden werde? – Unzweifelhaft! versetzte der Graf, indessen er mit ganzer Seele über dem Papier lag, und den Sinn desselben gierig verschlang. Darauf, nachdem er einen Augenblick, während er das Blatt zusammenlegte, an das Fenster getreten war, sagte er: nun ist es gut! nun weiß ich, was ich zu tun habe! kehrte sich sodann um; und fragte den Forstmeister noch, auf eine verbindliche Art, ob man ihn bald wiedersehen werde; empfahl sich ihm, und ging, völlig ausgesöhnt mit seinem Schicksal, fort. –

Inzwischen waren in dem Hause des Commendanten die lebhaftesten Auftritte vorgefallen. Die Obristin war über die zerstörende Heftigkeit ihres Gatten und über die Schwäche, mit welcher sie sich, bei der tyrannischen Verstoßung der Tochter, von ihm hatte unterjochen lassen, äußerst erbittert. Sie war, als der Schuß in des Commendanten Schlafgemach fiel, und die Tochter aus demselben hervorstürzte, in eine Ohnmacht gesunken, aus der sie sich zwar bald wieder erholte; doch der Commendant hatte, in dem Augenblick ihres Erwachens, weiter nichts gesagt, als, es täte ihm leid, daß sie diesen Schrecken umsonst gehabt, und das abgeschossene Pistol auf einen Tisch geworfen. Nachher, da von der Abforderung der Kinder die Rede war, wagte sie schüchtern, zu erklären, daß man zu einem solchen Schritt kein Recht habe; sie bat mit einer, durch die gehabte Anwandlung, schwachen und rührenden Stimme, heftige Auftritte im Hause zu vermeiden; doch der Commendant erwiderte weiter nichts, als, indem er sich zum Forstmeister wandte, vor Wut schäumend: geh! und schaff sie mir! Als der zweite Brief des Grafen F... ankam, hatte der Commendant befohlen, daß er nach V... zur Marquise herausgeschickt werden solle, welche ihn, wie man nachher durch den Boten erfuhr, bei Seite gelegt, und gesagt hatte, es wäre gut. Die Obristin, der in der ganzen Begebenheit so vieles, und besonders die Geneigtheit der Marquise, eine neue, ihr ganz gleichgültige Vermählung einzugehen, dunkel war, suchte vergebens, diesen Umstand zur Sprache zu bringen. Der Commendant bat immer, auf eine Art, die einem Befehle gleich sah, zu schweigen; versicherte, indem er einst, bei einer solchen Gelegenheit, ein Porträt herabnahm, das noch von ihr an der Wand hing, daß er sein Gedächtnis ihrer ganz zu vertilgen wünsche; und meinte, er hätte keine Tochter mehr. Drauf erschien der sonderbare Aufruf der Marquise in den Zeitungen. Die Obristin, die auf das lebhafteste darüber betroffen war, ging mit dem Zeitungsblatt, das sie von dem Commendanten erhalten hatte, in sein Zimmer, wo sie ihn an einem Tisch arbeitend fand, und fragte ihn, was er in aller Welt davon halte? Der Commendant sagte, indem er fortschrieb: o! sie ist unschuldig. Wie! rief Frau von G..., mit dem alleräußersten Erstaunen: unschuldig? Sie hat es im Schlaf getan, sagte der Commendant, ohne aufzusehen. Im Schlafe! versetzte Frau von G... Und ein so ungeheurer Vorfall wäre –? Die Närrin! rief der Commendant, schob die Papiere über einander, und ging weg.

Am nächsten Zeitungstage las die Obristin, da beide beim Frühstück saßen, in einem Intelligenzblatt, das eben ganz feucht von der Presse kam, folgende Antwort:

»Wenn die Frau Marquise von O.... sich, am 3ten ... 11 Uhr Morgens, im Hause des Herrn von G..., ihres Vaters, einfinden will: so wird sich derjenige, den sie sucht, ihr daselbst zu Füßen werfen.« –

Der Obristin verging, ehe sie noch auf die Hälfte dieses unerhörten Artikels gekommen war, die Sprache; sie überflog das Ende, und reichte das Blatt dem Commendanten dar. Der Obrist durchlas das Blatt dreimal, als ob er seinen eignen Augen nicht traute. Nun sage mir, um des Himmels Willen, Lorenzo, rief die Obristin, was hältst du davon? O die Schändliche! versetzte der Commendant, und stand auf; o die verschmitzte Heuchlerin! Zehnmal die Schamlosigkeit einer Hündin, mit zehnfacher List des Fuchses gepaart, reichen noch an die ihrige nicht! Solch eine Miene! Zwei solche Augen! Ein Cherub hat sie nicht treuer! – und jammerte und konnte sich nicht beruhigen. Aber was in aller Welt, fragte die Obristin, wenn es eine List ist, kann sie damit bezwecken? – Was sie damit bezweckt? Ihre nichtswürdige Betrügerei, mit Gewalt will sie sie durchsetzen, erwiderte der Obrist. Auswendig gelernt ist sie schon, die Fabel, die sie uns beide, sie und er, am 3ten 11 Uhr Morgens hier aufbürden wollen. Mein liebes Töchterchen, soll ich sagen, das wußte ich nicht, wer konnte das denken, vergib mir, nimm meinen Segen, und sei wieder gut. Aber die Kugel dem, der am 3ten Morgens über meine Schwelle tritt! Es müßte denn schicklicher sein, ihn mir durch Bedienten aus dem Hause zu schaffen. – Frau von G... sagte, nach einer nochmaligen Überlesung des Zeitungsblattes, daß wenn sie, von zwei unbegreiflichen Dingen, Einem Glauben beimessen solle, sie lieber an ein unerhörtes Spiel des Schicksals, als an diese Niederträchtigkeit ihrer sonst so vortrefflichen Tochter glauben wolle. Doch ehe sie noch vollendet hatte, rief der Commendant schon: tu mir den Gefallen und schweig! und verließ das Zimmer. Es ist mir verhaßt, wenn ich nur davon höre.

Wenige Tage nachher erhielt der Commendant, in Beziehung auf diesen Zeitungsartikel, einen Brief von der Marquise, in welchem sie ihn, da ihr die Gnade versagt wäre, in seinem Hause erscheinen zu dürfen, auf eine ehrfurchtsvolle und rührende Art bat, denjenigen, der sich am 3ten Morgens bei ihm zeigen würde, gefälligst zu ihr nach V... hinauszuschikken. Die Obristin war gerade gegenwärtig, als der Commendant diesen Brief empfing; und da sie auf seinem Gesicht deutlich bemerkte, daß er in seiner Empfindung irre geworden war: denn welch ein Motiv jetzt, falls es eine Betrügerei war, sollte er ihr unterlegen, da sie auf seine Verzeihung gar keine Ansprüche zu machen schien? so rückte sie, dadurch dreist gemacht, mit einem Plan hervor, den sie schon lange, in ihrer von Zweifeln bewegten Brust, mit sich herum getragen hatte. Sie sagte, während der Obrist noch, mit einer nichtssagenden Miene, in das Papier hineinsah: sie habe einen Einfall. Ob er ihr erlauben wolle, auf einen oder zwei Tage, nach V… hinauszufahren? Sie werde die Marquise, falls sie wirklich denjenigen, der ihr durch die Zeitungen, als ein Unbekannter, geantwortet, schon kenne, in eine Lage zu versetzen wissen, in welcher sich ihre Seele verraten müßte, und wenn sie die abgefeimteste Verräterin wäre. Der Commendant erwiderte, indem er, mit einer plötzlich heftigen Bewegung, den Brief zerriß: sie wisse, daß er mit ihr nichts zu schaffen haben wolle, und er verbiete ihr, in irgend eine Gemeinschaft mit ihr zu treten. Er siegelte die zerrissenen Stücke ein, schrieb eine Adresse an die Marquise, und gab sie dem Boten, als Antwort, zurück. Die Obristin, durch diesen hartnäckigen Eigensinn, der alle Möglichkeit der Aufklärung vernichtete, heimlich erbittert, beschloß ihren Plan jetzt, gegen seinen Willen, auszuführen. Sie nahm einen von den Jägern des Commendanten, und fuhr am nächstfolgenden Morgen, da ihr Gemahl noch im Bette lag, mit demselben nach V… hinaus. Als sie am Tore des Landsitzes angekommen war, sagte ihr der Türsteher, daß niemand bei der Frau Marquise vorgelassen würde. Frau von G… antwortete, daß sie von dieser Maßregel unterrichtet wäre, daß er aber gleichwohl nur gehen, und die Obristin von G… bei ihr anmelden mögte. Worauf dieser versetzte, daß dies zu nichts helfen würde, indem die Frau Marquise keinen Menschen auf der Welt spräche. Frau von G… antwortete, daß sie von ihr gesprochen werden würde, indem sie ihre Mutter wäre, und daß er nur nicht länger säumen, und sein Geschäft verrichten möchte. Kaum aber war noch der Türsteher zu diesem, wie er meinte, gleichwohl vergeblichen Versuche ins Haus gegangen, als man schon die Marquise daraus hervortreten, nach dem Tore eilen, und sich auf Knien vor dem Wagen der Obristin niederstürzen sah. Frau von G… stieg, von ihrem Jäger unterstützt, aus, und hob die Marquise, nicht ohne einige Bewegung, vom Boden auf. Die Marquise drückte sich, von Gefühlen überwältigt, tief auf ihre Hand hinab, und führte sie, indem ihr die Tränen häufig flossen, ehrfurchtsvoll in die Zimmer ihres Hauses. Meine teuerste Mutter! rief sie, nachdem sie ihr den Diwan angewiesen hatte, und noch vor ihr stehen blieb, und sich die Augen trocknete: welch ein glücklicher Zufall ist es, dem ich Ihre, mir unschätzbare Erscheinung verdanke? Frau von G… sagte, indem sie ihre Tochter vertraulich faßte, sie müsse ihr nur sagen, daß sie komme, sie wegen der Härte, mit welcher sie aus dem väterlichen Hause verstoßen worden sei, um Verzeihung zu bitten. Verzeihung! fiel ihr die Marquise ins Wort, und wollte ihre Hände küssen. Doch diese, indem sie den Handkuß vermied, fuhr fort: denn nicht nur, daß die, in den letzten öffentlichen Blättern eingerückte, Antwort auf die bewußte Bekanntmachung, mir sowohl als dem Vater, die Überzeugung von deiner Unschuld gegeben hat; so muß ich dir auch eröffnen, daß er sich selbst schon, zu unserm großen und freudigen Erstaunen, gestern im Hause gezeigt hat. Wer hat sich −? fragte die Marquise, und setzte sich bei ihrer Mutter nieder; − welcher er selbst hat sich gezeigt −? und Erwartung spannte jede ihrer Mienen. Er, erwiderte Frau von G…, der Verfasser jener Antwort, er persönlich selbst, an welchen dein Aufruf gerichtet war. − Nun denn, sagte die Marquise, mit unruhig arbeitender Brust: wer ist es? Und noch einmal: wer ist es? − Das, erwiderte Frau von G…, möchte ich dich erraten lassen. Denn denke, daß sich gestern, da wir beim Tee sitzen, und eben das sonderbare Zeitungsblatt lesen, ein Mensch, von unsrer genauesten Bekanntschaft, mit Gebärden der Verzweiflung ins Zimmer stürzt, und deinem Vater, und bald darauf auch mir, zu Füßen fällt. Wir, unwissend, was wir davon denken sollen, fordern ihn auf, zu reden. Darauf spricht er: sein Gewissen lasse ihm keine Ruhe; er sei der Schändliche, der die Frau Marquise betrogen, er müsse wissen, wie man sein Verbrechen beurteile, und wenn Rache über ihn verhängt werden solle, so komme er, sich ihr selbst darzubieten. Aber wer? wer? wer? versetzte die Marquise. Wie gesagt, fuhr Frau von G… fort, ein junger, sonst wohlerzogener Mensch, dem wir eine solche Nichtswürdigkeit niemals zugetraut hätten. Doch erschrecken wirst du nicht, meine Tochter, wenn du erfährst, daß er von niedrigem Stande, und von allen Forderungen, die man sonst an deinen Gemahl machen dürfte, entblößt ist. Gleichviel, meine vortreffliche Mutter, sagte die Marquise, er kann nicht ganz unwürdig sein, da er sich Ihnen früher als mir, zu Füßen geworfen hat. Aber, wer? wer? Sagen Sie mir nur: wer? Nun denn, versetzte die Mutter, es ist Leopardo, der Jäger, den sich der Vater jüngst aus Tyrol verschrieb, und den ich, wenn du ihn wahrnahmst, schon mitgebracht habe, um ihn dir als Bräutigam vorzustellen. Leopardo, der Jäger! rief die Marquise, und drückte ihre Hand, mit dem Ausdruck der Verzweiflung, vor die Stirn. Was erschreckt dich? fragte die Obristin. Hast du Gründe, daran zu zweifeln? – Wie? Wo? Wann? fragte die Marquise verwirrt. Das, antwortete jene, will er nur dir anvertrauen. Scham und Liebe, meinte er, machten es ihm unmöglich, sich einer Andern hierüber zu erklären, als dir. Doch wenn du willst, so öffnen wir das Vorzimmer, wo er, mit klopfendem Herzen, auf den Ausgang wartet; und du magst sehen, ob du ihm sein Geheimnis, indessen ich abtrete, entlockst. – Gott, mein Vater! rief die Marquise; ich war einst in der Mittagshitze eingeschlummert, und sah ihn von meinem Diwan gehen, als ich erwachte! – Und damit legte sie ihre kleinen Hände vor ihr in Scham erglühendes Gesicht. Bei diesen Worten sank die Mutter auf Knien vor ihr nieder. O meine Tochter! rief sie; o du Vortreffliche! und schlug die Arme um sie. Und o ich Nichtswürdige! und verbarg das Antlitz in ihren Schoß. Die Marquise fragte bestürzt: was ist Ihnen, meine

Mutter? Denn begreife, fuhr diese fort, o du Reinere als Engel sind, daß von Allem, was ich dir sagte, nichts wahr ist; daß meine verderbte Seele an solche Unschuld nicht, als von der du umstrahlt bist, glauben konnte, und daß ich dieser schändlichen List erst bedurfte, um mich davon zu überzeugen. Meine teuerste Mutter, rief die Marquise, und neigte sich voll froher Rührung zu ihr herab, und wollte sie aufheben. Jene versetzte darauf: nein, eher nicht von deinen Füßen weich' ich, bis du mir sagst, ob du mir die Niedrigkeit meines Verhaltens, du Herrliche, Überirdische, verzeihen kannst. Ich Ihnen verzeihen, meine Mutter! Stehen Sie auf, rief die Marquise, ich beschwöre Sie – Du hörst, sagte Frau von G…, ich will wissen, ob du mich noch lieben, und so aufrichtig verehren kannst, als sonst? Meine angebetete Mutter! rief die Marquise, und legte sich gleichfalls auf Knien vor ihr nieder; Ehrfurcht und Liebe sind nie aus meinem Herzen gewichen. Wer konnte mir, unter so unerhörten Umständen, Vertrauen schenken? Wie glücklich bin ich, daß Sie von meiner Unsträflichkeit überzeugt sind! Nun denn, versetzte Frau von G…, indem sie, von ihrer Tochter unterstützt, aufstand: so will ich dich auf Händen tragen, mein liebstes Kind. Du sollst bei mir dein Wochenlager halten; und wären die Verhältnisse so, daß ich einen jungen Fürsten von dir erwartete, mit größerer Zärtlichkeit nicht und Würdigkeit könnt ich dein pflegen. Die Tage meines Lebens nicht mehr von deiner Seite weich' ich. Ich biete der ganzen Welt Trotz; ich *will* keine andre Ehre mehr, als deine Schande: wenn du mir nur wieder gut wirst, und der Härte nicht, mit welcher ich dich verstieß, mehr gedenkst. Die Marquise suchte sie mit Liebkosungen und Beschwörungen ohne Ende zu trösten; doch der Abend kam heran, und Mitternacht schlug, ehe es ihr gelang. Am folgenden Tage, da sich der Affekt der alten Dame, der ihr während der Nacht eine Fieberhitze zugezogen hatte, ein wenig gelegt hatte, fuhren Mutter und Tochter und Enkel, wie im Triumph, wieder nach M… zurück. Sie waren äußerst vergnügt auf der Reise, scherzten über Leopardo, den Jäger, der vorn auf dem Bock saß; und die Mutter sagte zur Marquise, sie bemerke, daß sie rot würde, so oft sie seinen breiten Rücken ansähe. Die Marquise antwortete, mit einer Regung, die halb ein Seufzer, halb ein Lächeln war: wer weiß, wer zuletzt noch am 3ten 11 Uhr Morgens bei uns erscheint! – Drauf, je mehr man sich M… näherte, je ernsthafter stimmten sich wieder die Gemüter, in der Vorahndung entscheidender Auftritte, die ihnen noch bevorstanden. Frau von G…, die sich von ihren Plänen nichts merken ließ, führte ihre Tochter, da sie vor dem Hause ausgestiegen waren, wieder in ihre alten Zimmer ein; sagte, sie möchte es sich nur bequem machen, sie würde gleich wieder bei ihr sein, und schlüpfte ab. Nach einer Stunde kam sie mit einem ganz erhitzten Gesicht wieder. Nein, solch ein Thomas! sprach sie mit heimlich vergnügter Seele; solch ein ungläubiger Thomas! Hab' ich nicht eine Seigerstunde gebraucht, ihn zu überzeugen. Aber nun sitzt er, und weint. Wer? fragte die Marquise. Er, antwortete die Mutter. Wer sonst, als wer die größte Ursache dazu hat. Der Vater doch nicht? rief die Marquise. Wie ein Kind, erwiderte die Mutter; daß ich, wenn ich mir nicht selbst hätte die Tränen aus den Augen wischen müssen, gelacht hätte, so wie ich nur aus der Türe heraus war. Und das wegen meiner? fragte die Marquise, und stand auf; und ich sollte hier –? Nicht von der Stelle! sagte Frau von G… Warum diktierte er mir den Brief. Hier sucht er *dich* auf, wenn er *mich,* so lange ich lebe, wiederfinden will. Meine teuerste Mutter, flehte die Marquise – Unerbittlich! fiel ihr die Obristin ins Wort. Warum griff er nach der Pistole. – Aber ich beschwöre Sie – Du *sollst* nicht, versetzte Frau von G…, indem sie die Tochter wieder auf ihren Sessel niederdrückte. Und wenn er nicht heut vor Abend noch kommt, zieh ich morgen mit dir weiter. Die Marquise nannte dies Verfahren hart und ungerecht. Doch die Mutter erwiderte: Beruhige dich – denn eben hörte sie Jemand von Weitem heranschluchzen: er kömmt schon! Wo? fragte die Marquise, und horchte. Ist wer hier draußen vor der Tür; dies heftige –? Allerdings, versetzte Frau von G... Er will, daß wir ihm die Türe öffnen. Lassen Sie mich! rief die Marquise, und riß sich vom Stuhl empor. Doch: wenn du mir gut bist, Julietta, versetzte die Obristin, so bleib; und in dem Augenblick trat auch der Commendant schon, das Tuch vor das Gesicht haltend, ein. Die Mutter stellte sich breit vor ihre Tochter, und kehrte ihm den Rücken zu. Mein teuerster Vater! rief die Marquise, und streckte ihre Arme nach ihm aus. Nicht von der Stelle, sagte Frau von G..., du hörst! Der Commendant stand in der Stube und weinte. Er soll dir abbitten, fuhr Frau von G... fort. Warum ist er so heftig! Und warum ist er so hartnäckig! Ich liebe ihn, aber dich auch; ich ehre ihn, aber dich auch. Und muß ich eine Wahl treffen, so bist du vortrefflicher, als er, und ich bleibe bei dir. Der Commendant beugte sich ganz krumm, und heulte, daß die Wände erschallten. Aber mein Gott! rief die Marquise, gab der Mutter plötzlich nach, und nahm ihr Tuch, ihre eigenen Tränen fließen zu lassen. Frau von G... sagte: – er kann nur nicht sprechen! und wich ein wenig zur Seite aus. Hierauf erhob sich die Marquise, umarmte den Commendanten, und bat ihn, sich zu beruhigen. Sie weinte selbst heftig. Sie fragte ihn, ob er sich nicht setzen wolle? sie wollte ihn auf einen Sessel niederziehen; sie schob ihm einen Sessel hin, damit er sich darauf setze: doch er antwortete nicht; er war nicht von der Stelle zu bringen; er setzte sich auch nicht, und stand bloß, das Gesicht tief zur Erde gebeugt, und weinte. Die Marquise sagte, indem sie ihn aufrecht hielt, halb zur Mutter gewandt: er werde krank werden; die Mutter selbst schien, da er sich ganz konvulsivisch gebärdete, ihre Standhaftigkeit verlieren zu wollen. Doch da der Commendant sich endlich, auf die wiederholten Anforderungen der Tochter, niedergesetzt hatte, und diese ihm, mit unendlichen Liebkosungen, zu Füßen gesunken war: so nahm sie wieder das Wort: sagte, es geschehe ihm ganz recht, er werde nun wohl zur Vernunft kommen, entfernte sich aus dem Zimmer, und ließ sie allein.

Sobald sie draußen war, wischte sie sich selbst die Tränen ab, dachte, ob ihm die heftige Erschütterung, in welche sie ihn versetzt hatte, nicht doch gefährlich sein könnte, und ob es wohl ratsam sei, einen Arzt rufen zu lassen? Sie kochte ihm für den Abend Alles, was sie nur Stärkendes und Beruhigendes aufzutreiben wußte, in der Küche zusammen, bereitete und wärmte ihm das Bett, um ihn sogleich hineinzulegen, sobald er nur, an der Hand der Tochter, erscheinen würde, und schlich, da er immer noch nicht kam, und schon die Abendtafel gedeckt war, dem Zimmer der Marquise zu, um doch zu hören, was sich zutrage? Sie vernahm, da sie mit sanft an die Tür gelegtem Ohr horchte, ein leises, eben verhallendes Gelispel, das, wie es ihr schien, von der Marquise kam; und, wie sie durchs Schlüsselloch bemerkte, saß sie auch auf des Commendanten Schoß, was er sonst in seinem Leben nicht zugegeben hatte. Drauf endlich öffnete sie die Tür, und sah nun – und das Herz quoll ihr vor Freuden empor: die Tochter still, mit zurückgebeugtem Nacken, die Augen fest geschlossen, in des Vaters Armen liegen; indessen dieser, auf dem Lehnstuhl sitzend, lange, heiße und lechzende Küsse, das große Auge voll glänzender Tränen, auf ihren Mund drückte: gerade wie ein Verliebter! Die Tochter sprach nicht, er sprach nicht; mit über sie gebeugtem Antlitz saß er, wie über das Mädchen seiner ersten Liebe, und legte ihr den Mund zurecht, und küßte sie. Die Mutter fühlte sich, wie eine Selige; ungesehen, wie sie hinter seinem Stuhle stand, säumte sie, die Lust der himmelfrohen Versöhnung, die ihrem Hause wieder geworden war, zu stören. Sie nahte sich dem Vater endlich, und sah ihn, da er eben wieder mit Fingern und Lippen in unsäglicher Lust über den Mund seiner Tochter beschäftigt war, sich um den Stuhl herumbeugend, von der Seite an. Der Commendant schlug, bei ihrem Anblick, das Gesicht schon wieder ganz kraus nieder, und wollte etwas sagen; doch sie rief: o was für ein Gesicht ist das! küßte es jetzt auch ihrerseits in Ordnung, und machte der Rührung durch Scherzen ein Ende. Sie lud und führte beide, die wie Brautleute gingen, zur Abendtafel, an welcher der Commendant zwar sehr heiter war, aber noch von Zeit zu Zeit schluchzte, wenig aß und sprach, auf den Teller niedersah, und mit der Hand seiner Tochter spielte.

Nun galt es, beim Anbruch des nächsten Tages, die Frage: wer nur, in aller Welt, morgen um 11 Uhr sich zeigen würde; denn morgen war der gefürchtete dritte. Vater und Mutter, und auch der Bruder, der sich mit seiner Versöhnung eingefunden hatte, stimmten unbedingt, falls die Person nur von einiger Erträglichkeit sein würde, für Vermählung; Alles, was nur immer möglich war, sollte geschehen, um die Lage der Marquise glücklich zu machen. Sollten die Verhältnisse derselben jedoch so beschaffen sein, daß sie selbst dann, wenn man ihnen durch Begünstigungen zu Hülfe käme, zu weit hinter den Verhältnissen der Marquise zurückblieben, so widersetzten sich die Eltern der Heirat; sie beschlossen, die Marquise nach wie vor bei sich zu behalten, und das Kind zu adoptieren. Die Marquise hingegen schien willens, in jedem Falle, wenn die Person nur nicht ruchlos wäre, ihr gegebenes Wort in Erfüllung zu bringen, und dem Kinde, es koste was es wolle, einen Vater zu verschaffen. Am Abend fragte die Mutter, wie es denn mit dem Empfang der Person gehalten werden solle? Der Commendant meinte, daß es am schicklichsten sein würde, wenn man die Marquise um 11 Uhr allein ließe.

Die Marquise hingegen bestand darauf, daß beide Eltern, und auch der Bruder, gegenwärtig sein möchten, indem sie keine Art des Geheimnisses mit dieser Person zu teilen haben wolle. Auch meinte sie, daß dieser Wunsch sogar in der Antwort derselben, dadurch, daß sie das Haus des Commendanten zur Zusammenkunft vorgeschlagen, ausgedrückt scheine; ein Umstand, um dessentwillen ihr gerade diese Antwort, wie sie frei gestehen müsse, sehr gefallen habe. Die Mutter bemerkte die Unschicklichkeit der Rollen, die der Vater und der Bruder dabei zu spielen haben würden, bat die Tochter, die Entfernung der Männer zuzulassen, wogegen sie in ihren Wunsch willigen, und bei dem Empfang der Person gegenwärtig sein wolle. Nach einer kurzen Besinnung der Tochter ward dieser letzte Vorschlag endlich angenommen. Drauf nun erschien, nach einer, unter den gespanntesten Erwartungen zugebrachten, Nacht der Morgen des gefürchteten dritten. Als die Glocke eilf Uhr schlug, saßen beide Frauen, festlich, wie zur Verlobung angekleidet, im Besuchzimmer; das Herz klopfte ihnen, daß man es gehört haben würde, wenn das Geräusch des Tages geschwiegen hätte. Der eilfte Glockenschlag summte noch, als Leopardo, der Jäger, eintrat, den der Vater aus Tyrol verschrieben hatte. Die Weiber erblaßten bei diesem Anblick. Der Graf F..., sprach er, ist vorgefahren, und läßt sich anmelden. Der Graf F...! riefen beide zugleich, von einer Art der Bestürzung in die andre geworfen. Die Marquise rief: Verschließt die Türen! Wir sind für ihn nicht zu Hause; stand auf, das Zimmer gleich selbst zu verriegeln, und wollte eben den Jäger, der ihr im Wege stand, hinausdrängen, als der Graf schon, in genau demselben Kriegsrock, mit Orden und Waffen, wie er sie bei der Eroberung des Forts getragen hatte, zu ihr eintrat. Die Marquise glaubte vor Verwirrung in die Erde zu sinken; sie griff nach einem Tuch, das sie auf dem Stuhl hatte liegen lassen, und wollte eben in ein Seitenzimmer

entfliehn; doch Frau von G…, indem sie die Hand derselben
ergriff, rief: Julietta –! und wie erstickt von Gedanken, ging
ihr die Sprache aus. Sie heftete die Augen fest auf den Grafen
und wiederholte: ich bitte dich, Julietta! indem sie sie nach
sich zog: wen erwarten wir denn –? Die Marquise rief, indem sie sich plötzlich wandte: nun? doch ihn nicht –? und
schlug mit einem Blick funkelnd, wie ein Wetterstrahl, auf
ihn ein, indessen Blässe des Todes ihr Antlitz überflog. Der
Graf hatte ein Knie vor ihr gesenkt; die rechte Hand lag auf
seinem Herzen, das Haupt sanft auf seine Brust gebeugt, lag er,
und blickte hochglühend vor sich nieder, und schwieg. Wen
sonst, rief die Obristin mit beklemmter Stimme, wen sonst,
wir Sinnberaubten, als ihn –? Die Marquise stand starr über
ihm, und sagte: ich werde wahnsinnig werden, meine Mutter!
Du Törin, erwiderte die Mutter, zog sie zu sich, und flüsterte
ihr etwas in das Ohr. Die Marquise wandte sich, und stürzte, beide Hände vor das Gesicht, auf den Sopha nieder. Die
Mutter rief: Unglückliche! Was fehlt dir? Was ist geschehn,
worauf du nicht vorbereitet warst? – Der Graf wich nicht von
der Seite der Obristin; er faßte, immer noch auf seinen Knien
liegend, den äußersten Saum ihres Kleides, und küßte ihn.
Liebe! Gnädige! Verehrungswürdigste! flüsterte er: eine Träne
rollte ihm die Wangen herab. Die Obristin sagte: stehn Sie
auf, Herr Graf, stehn Sie auf! Trösten Sie jene; so sind wir Alle
versöhnt, so ist Alles vergeben und vergessen. Der Graf erhob
sich weinend. Er ließ sich von Neuem vor der Marquise nieder, er faßte leise ihre Hand, als ob sie von Gold wäre, und der
Duft der seinigen sie trüben könnte. Doch diese –: gehn Sie!
gehn Sie! gehn Sie! rief sie, indem sie aufstand; auf einen Lasterhaften war ich gefaßt, aber auf keinen – – – Teufel! öffnete,
indem sie ihm dabei, gleich einem Pestvergifteten, auswich,
die Tür des Zimmers, und sagte: ruft den Obristen! Julietta!
rief die Obristin mit Erstaunen. Die Marquise blickte, mit

tötender Wildheit, bald auf den Grafen, bald auf die Mutter ein; ihre Brust flog, ihr Antlitz loderte: eine Furie blickt nicht schrecklicher. Der Obrist und der Forstmeister kamen. Diesem Mann, Vater, sprach sie, als jene noch unter dem Eingang waren, kann ich mich nicht vermählen! griff in ein Gefäß mit Weihwasser, das an der hinteren Tür befestigt war, besprengte, in einem großen Wurf, Vater und Mutter und Bruder damit, und verschwand.

Der Commendant, von dieser seltsamen Erscheinung betroffen, fragte, was vorgefallen sei; und erblaßte, da er, in diesem entscheidenden Augenblick, den Grafen F... im Zimmer erblickte. Die Mutter nahm den Grafen bei der Hand und sagte: frage nicht; dieser junge Mann bereut von Herzen Alles, was geschehen ist; gib deinen Segen, gib, gib: so wird sich Alles noch glücklich endigen. Der Graf stand wie vernichtet. Der Commendant legte seine Hand auf ihn; seine Augenwimpern zuckten, seine Lippen waren weiß, wie Kreide. Möge der Fluch des Himmels von diesen Scheiteln weichen! rief er: wann gedenken Sie zu heiraten? – Morgen, antwortete die Mutter für ihn, denn er konnte kein Wort hervorbringen, morgen oder heute, wie du willst; dem Herrn Grafen, der so viel schöne Beeiferung gezeigt hat, sein Vergehen wieder gut zu machen, wird immer die nächste Stunde die liebste sein. – So habe ich das Vergnügen, Sie morgen um 11 Uhr in der Augustinerkirche zu finden! sagte der Commendant; verneigte sich gegen ihn, rief Frau und Sohn ab, um sich in das Zimmer der Marquise zu verfügen, und ließ ihn stehen.

Man bemühte sich vergebens, von der Marquise den Grund ihres sonderbaren Betragens zu erfahren; sie lag im heftigsten Fieber, wollte durchaus von Vermählung nichts wissen, und bat, sie allein zu lassen. Auf die Frage: warum sie denn ihren Entschluß plötzlich geändert habe? und was ihr den Grafen gehässiger mache, als einen andern? sah sie den Vater mit großen Augen zerstreut an, und antwortete nichts. Die Obristin sprach: ob sie vergessen habe, daß sie Mutter sei? worauf sie erwiderte, daß sie, in diesem Falle, mehr an sich, als ihr Kind, denken müsse, und nochmals, indem sie alle Engel und Heiligen zu Zeugen anrief, versicherte, daß sie nicht heiraten würde. Der Vater, der sie offenbar in einem überreizten Gemütszustande sah, erklärte, daß sie ihr Wort halten müsse; verließ sie, und ordnete Alles, nach gehöriger schriftlicher Rücksprache mit dem Grafen, zur Vermählung an. Er legte demselben einen Heiratskontrakt vor, in welchem dieser auf alle Rechte eines Gemahls Verzicht tat, dagegen sich zu allen Pflichten, die man von ihm fordern würde, verstehen sollte. Der Graf sandte das Blatt, ganz von Tränen durchfeuchtet, mit seiner Unterschrift zurück. Als der Commendant am andern Morgen der Marquise dieses Papier überreichte, hatten sich ihre Geister ein wenig beruhigt. Sie durchlas es, noch im Bette sitzend, mehrere Male, legte es sinnend zusammen, öffnete es, und durchlas es wieder; und erklärte hierauf, daß sie sich um 11 Uhr in der Augustinerkirche einfinden würde. Sie stand auf, zog sich, ohne ein Wort zu sprechen, an, stieg, als die Glocke schlug, mit allen Ihrigen in den Wagen, und fuhr dahin ab.

Erst an dem Portal der Kirche war es dem Grafen erlaubt, sich an die Familie anzuschließen. Die Marquise sah, während der Feierlichkeit, starr auf das Altarbild; nicht ein flüchtiger Blick ward dem Manne zu Teil, mit welchem sie die Ringe wechselte. Der Graf bot ihr, als die Trauung vorüber war, den Arm; doch sobald sie wieder aus der Kirche heraus waren, verneigte sich die Gräfin vor ihm: der Commendant fragte, ob er die Ehre haben würde, ihn zuweilen in den Gemächern seiner Tochter zu sehen, worauf der Graf etwas stammelte, das niemand verstand, den Hut vor der Gesellschaft abnahm, und verschwand. Er bezog eine Wohnung in M..., in welcher er mehrere Monate zubrachte, ohne auch nur den Fuß in des Commendanten Haus zu setzen, bei welchem die Gräfin zurückgeblieben war. Nur seinem zarten, würdigen und völlig musterhaften Betragen überall, wo er mit der Familie in irgend eine Berührung kam, hatte er es zu verdanken, daß er, nach der nunmehr erfolgten Entbindung der Gräfin von einem jungen Sohne, zur Taufe desselben eingeladen ward. Die Gräfin, die, mit Teppichen bedeckt, auf dem Wochenbette saß, sah ihn nur auf einen Augenblick, da er unter die Tür trat, und sie von weitem ehrfurchtsvoll grüßte. Er warf unter den Geschenken, womit die Gäste den Neugebornen bewillkommten, zwei Papiere auf die Wiege desselben, deren eines, wie sich nach seiner Entfernung auswies, eine Schenkung von 20000 Rubel an den Knaben, und das andere ein Testament war, in dem er die Mutter, falls er stürbe, zur Erbin seines ganzen Vermögens einsetzte. Von diesem Tage an ward er, auf Veranstaltung der Frau von G..., öfter eingeladen; das Haus stand seinem Eintritt offen, es verging bald kein Abend, da er sich nicht darin gezeigt hätte. Er fing, da sein Gefühl ihm sagte, daß ihm von allen Seiten, um der gebrechlichen Einrichtung der Welt willen, verziehen sei, seine Bewerbung um die Gräfin, seine Gemahlin, von neuem an, erhielt, nach Verlauf eines Jahres, ein zweites Jawort von ihr, und auch eine zweite Hochzeit ward gefeiert, froher, als die erste, nach deren Abschluß die ganze Familie nach V... hinauszog. Eine ganze Reihe von jungen Russen folgte jetzt noch dem ersten; und da der Graf, in einer glücklichen Stunde, seine Frau einst fragte, warum sie, an jenem fürchterlichen dritten, da sie auf jeden Lasterhaften gefaßt schien, vor ihm, gleich einem Teufel, geflohen wäre, antwortete sie, indem sie ihm um den Hals fiel: er würde ihr damals nicht wie ein Teufel erschienen sein, wenn er ihr nicht, bei seiner ersten Erscheinung, wie ein Engel vorgekommen wäre.

DAS BETTELWEIB VON LOCARNO

Am Fuße der Alpen, bei Locarno im oberen Italien, befand sich ein altes, einem Marchese gehöriges Schloß, das man jetzt, wenn man vom St. Gotthardt kommt, in Schutt und Trümmern liegen sieht: ein Schloß mit hohen und weitläufigen Zimmern, in deren einem einst, auf Stroh, das man ihr unterschüttete, eine alte kranke Frau, die sich bettelnd vor der Tür eingefunden hatte, von der Hausfrau aus Mitleiden gebettet worden war. Der Marchese, der, bei der Rückkehr von der Jagd, zufällig in das Zimmer trat, wo er seine Büchse abzusetzen pflegte, befahl der Frau unwillig, aus dem Winkel, in welchem sie lag, aufzustehen, und sich hinter den Ofen zu verfügen. Die Frau, da sie sich erhob, glitschte mit der Krücke auf dem glatten Boden aus, und beschädigte sich, auf gefährliche Weise, das Kreuz; dergestalt, daß sie zwar noch mit unsäglicher Mühe aufstand und quer, wie es vorgeschrieben war, über das Zimmer ging, hinter den Ofen aber, unter Stöhnen und Ächzen, niedersank und verschied.

Mehrere Jahre nachher, da der Marchese, durch Krieg und Mißwachs, in bedenkliche Vermögensumstände geraten war, fand sich ein florentinischer Ritter bei ihm ein, der das Schloß, seiner schönen Lage wegen, von ihm kaufen wollte. Der Marchese, dem viel an dem Handel gelegen war, gab seiner Frau auf, den Fremden in dem obenerwähnten, leerstehenden Zimmer, das sehr schön und prächtig eingerichtet war, unterzubringen. Aber wie betreten war das Ehepaar, als der Ritter mitten in der Nacht, verstört und bleich, zu ihnen herunter kam, hoch und teuer versichernd, daß es in dem Zimmer spuke, indem etwas, das dem Blick unsichtbar gewesen, mit einem Geräusch, als ob es auf Stroh gelegen, im Zimmerwinkel aufgestanden, mit vernehmlichen Schritten, langsam und gebrechlich, quer über das Zimmer gegangen, und hinter dem Ofen, unter Stöhnen und Ächzen, niedergesunken sei.

Der Marchese erschrocken, er wußte selbst nicht recht warum, lachte den Ritter mit erkünstelter Heiterkeit aus, und sagte, er wolle sogleich aufstehen, und die Nacht zu seiner Beruhigung, mit ihm in dem Zimmer zubringen. Doch der Ritter bat um die Gefälligkeit, ihm zu erlauben, daß er auf einem Lehnstuhl, in seinem Schlaf-Zimmer übernachte, und als der Morgen kam, ließ er anspannen, empfahl sich und reiste ab.

Dieser Vorfall, der außerordentliches Aufsehen machte, schreckte auf eine dem Marchese höchst unangenehme Weise, mehrere Käufer ab; dergestalt, daß, da sich unter seinem eigenen Hausgesinde, befremdend und unbegreiflich, das Gerücht erhob, daß es in dem Zimmer, zur Mitternachtsstunde, umgehe, er, um es mit einem entscheidenden Verfahren niederzuschlagen, beschloß, die Sache in der nächsten Nacht selbst zu untersuchen. Demnach ließ er, beim Einbruch der Dämmerung, sein Bett in dem besagten Zimmer aufschlagen, und erharrte, ohne zu schlafen, die Mitternacht. Aber wie erschüttert war er, als er in der Tat, mit dem Schlage der Geisterstunde, das unbegreifliche Geräusch wahrnahm; es war, als ob ein Mensch sich von Stroh, das unter ihm knisterte, erhob, quer über das Zimmer ging, und hinter dem Ofen, unter Geseufz und Geröchel niedersank. Die Marquise, am andern Morgen, da er herunter kam, fragte ihn, wie die Untersuchung abgelaufen; und da er sich, mit scheuen und ungewissen Blicken, umsah, und, nachdem er die Tür verriegelt, versicherte, daß es mit dem Spuck seine Richtigkeit habe: so erschrack sie, wie sie in ihrem Leben nicht getan, und bat ihn, bevor er die Sache verlauten ließe, sie noch einmal, in ihrer Gesellschaft, einer kaltblütigen Prüfung zu unterwerfen. Sie hörten aber, samt einem treuen Bedienten, den sie mitgenommen hatten, in der Tat, in der nächsten Nacht, dasselbe unbegreifliche, gespensterartige Geräusch; und nur der dringende Wunsch, das Schloß, es koste was es wolle, los zu werden, vermogte sie, das Entsetzen, das sie ergriff, in Gegenwart ihres Dieners zu unterdrücken, und dem Vorfall irgend eine gleichgültige und zufällige Ursache, die sich entdecken lassen müsse, unterzuschieben. Am Abend des dritten Tages, da beide, um der Sache auf den Grund zu kommen, mit Herzklopfen wieder die Treppe zu dem Fremdenzimmer bestiegen, fand sich zufällig der Haushund, den man von der Kette losgelassen hatte, vor der Tür desselben ein; dergestalt, daß beide, ohne sich bestimmt zu erklären, vielleicht in der unwillkürlichen Absicht, außer sich selbst noch etwas Drittes, Lebendiges, bei sich zu haben, den Hund mit sich in das Zimmer nahmen. Das Ehepaar, zwei Lichter auf dem Tisch, die Marquise unausgezogen, der Marchese Degen und Pistolen, die er aus dem Schrank genommen, neben sich, setzen sich, gegen eilf Uhr, jeder auf sein Bett; und während sie sich mit Gesprächen, so gut sie vermögen, zu unterhalten suchen, legt sich der Hund, Kopf und Beine zusammen gekauert, in der Mitte des Zimmers nieder und schläft ein. Drauf, in dem Augenblick der Mitternacht, läßt sich das entsetzliche Geräusch wieder hören; jemand, den kein Mensch mit Augen sehen kann, hebt sich, auf Krücken, im Zimmerwinkel empor; man hört das Stroh, das unter ihm rauscht; und mit dem ersten Schritt: tapp! tapp! erwacht der Hund, hebt sich plötzlich, die Ohren spitzend, vom Boden empor, und knurrend und bellend, grad' als ob ein Mensch auf ihn eingeschritten käme, rückwärts gegen den Ofen weicht er aus. Bei diesem Anblick stürzt die Marquise, mit sträubenden Haaren, aus dem Zimmer; und während der Marquis, der den Degen ergriffen: wer da? ruft, und da ihm niemand antwortet, gleich einem Rasenden, nach allen Richtungen die Luft durchhaut, läßt sie anspannen, entschlossen, augenblicklich, nach der Stadt abzufahren. Aber ehe sie noch einige Sachen zusammengepackt und aus dem Tore herausgerasselt, sieht sie schon das Schloß ringsum in Flammen aufgehen. Der Marchese, von Entsetzen überreizt, hatte eine Kerze genommen, und dasselbe, überall mit Holz getäfelt, wie es war, an allen vier Ecken, müde seines Lebens, angesteckt. Vergebens schickte sie Leute hinein, den Unglücklichen zu retten; er war auf die elendiglichste Weise bereits umgekommen, und noch jetzt liegen, von den Landleuten zusammengetragen, seine weißen Gebeine in dem Winkel des Zimmers, von welchem er das Bettelweib von Locarno hatte aufstehen heißen.

DIE HEILIGE CÄCILIE
ODER
DIE GEWALT DER MUSIK

Eine Legende

Um das Ende des sechzehnten Jahrhunderts, als die Bilderstürmerei in den Niederlanden wütete, trafen drei Brüder,
junge in Wittenberg studierende Leute, mit einem vierten,
der in Antwerpen als Prädikant angestellt war, in der Stadt
Aachen zusammen. Sie wollten daselbst eine Erbschaft erheben, die ihnen von Seiten eines alten, ihnen allen unbekannten Oheims zugefallen war, und kehrten, weil niemand
in dem Ort war, an den sie sich hätten wenden können, in
einem Gasthof ein. Nach Verlauf einiger Tage, die sie damit
zugebracht hatten, den Prädikanten über die merkwürdigen
Auftritte, die in den Niederlanden vorgefallen waren, anzu-
hören, traf es sich, daß von den Nonnen im Kloster der heiligen Cäcilie, das damals vor den Toren dieser Stadt lag, der
Fronleichnamstag festlich begangen werden sollte; dergestalt,
daß die vier Brüder, von Schwärmerei, Jugend und dem Beispiel der Niederländer erhitzt, beschlossen, auch der Stadt
Aachen das Schauspiel einer Bilderstürmerei zu geben. Der
Prädikant, der dergleichen Unternehmungen mehr als einmal
schon geleitet hatte, versammelte, am Abend zuvor, eine Anzahl junger, der neuen Lehre ergebener Kaufmannssöhne und
Studenten, welche, in dem Gasthofe, bei Wein und Speisen,
unter Verwünschungen des Papsttums, die Nacht zubrachten;
und, da der Tag über die Zinnen der Stadt aufgegangen, ver-
sahen sie sich mit Äxten und Zerstörungswerkzeugen aller
Art, um ihr ausgelassenes Geschäft zu beginnen. Sie verabre-

deten frohlockend ein Zeichen, auf welches sie damit anfangen wollten, die Fensterscheiben, mit biblischen Geschichten bemalt, einzuwerfen; und eines großen Anhangs, den sie unter dem Volk finden würden, gewiß, verfügten sie sich, entschlossen, keinen Stein auf dem andern zu lassen, in der Stunde, da die Glocken läuteten, in den Dom. Die Äbtissin, die, schon beim Anbruch des Tages, durch einen Freund von der Gefahr, in welcher das Kloster schwebte, benachrichtigt worden war, schickte vergebens, zu wiederholten Malen, zu dem kaiserlichen Offizier, der in der Stadt kommandierte, und bat sich, zum Schutz des Klosters, eine Wache aus; der Offizier, der selbst ein Feind des Papsttums, und als solcher, wenigstens unter der Hand, der neuen Lehre zugetan war, wußte ihr unter dem staatsklugen Vorgeben, daß sie Geister sähe, und für ihr Kloster auch nicht der Schatten einer Gefahr vorhanden sei, die Wache zu verweigern. Inzwischen brach die Stunde an, da die Feierlichkeiten beginnen sollten, und die Nonnen schickten sich, unter Angst und Beten, und jammervoller Erwartung der Dinge, die da kommen sollten, zur Messe an. Niemand beschützte sie, als ein alter, siebenzigjähriger Klostervogt, der sich, mit einigen bewaffneten Troßknechten, am Eingang der Kirche aufstellte. In den Nonnenklöstern führen, auf das Spiel jeder Art der Instrumente geübt, die Nonnen, wie bekannt, ihre Musiken selber auf; oft mit einer Präzision, einem Verstand und einer Empfindung, die man in männlichen Orchestern (vielleicht wegen der weiblichen Geschlechtsart dieser geheimnisvollen Kunst) vermißt. Nun fügte es sich, zur Verdoppelung der Bedrängnis, daß die Kapellmeisterin, Schwester Antonia, welche die Musik auf dem Orchester zu dirigieren pflegte, wenige Tage zuvor, an einem Nervenfieber heftig erkrankte; dergestalt, daß abgesehen von den vier gotteslästerlichen Brüdern, die man bereits, in Mänteln gehüllt, unter den Pfeilern der Kirche erblickte, das Kloster auch, wegen Aufführung eines schicklichen Musikwerks, in der lebhaftesten Verlegenheit war. Die Äbtissin, die am Abend des vorhergehenden Tages befohlen hatte, daß eine uralte von einem unbekannten Meister herrührende, italienische Messe aufgeführt werden möchte, mit welcher die Kapelle mehrmals schon, einer besondern Heiligkeit und Herrlichkeit wegen, mit welcher sie gedichtet war, die größesten Wirkungen hervorgebracht hatte, schickte, mehr als jemals auf ihren Willen beharrend, noch einmal zur Schwester Antonia herab, um zu hören, wie sich dieselbe befinde; die Nonne aber, die dies Geschäft übernahm, kam mit der Nachricht zurück, daß die Schwester in gänzlich bewußtlosem Zustande daniederliege, und daß an ihre Direktionsführung, bei der vorhabenden Musik, auf keine Weise zu denken sei. Inzwischen waren in dem Dom, in welchem sich nach und nach mehr denn hundert, mit Beilen und Brechstangen versehene Frevler, von allen Ständen und Altern, eingefunden hatten, bereits die bedenklichsten Auftritte vorgefallen; man hatte einige Troßknechte, die an den Portälen standen, auf die unanständigste Weise geneckt, und sich die frechsten und unverschämtesten Äußerungen gegen die Nonnen erlaubt, die sich hin und wieder, in frommen Geschäften, einzeln in den Hallen blicken ließen: dergestalt, daß der Klostervogt sich in die Sakristei verfügte, und die Äbtissin auf Knien beschwor, das Fest einzustellen und sich in die Stadt, unter den Schutz des Commendanten zu begeben. Aber die Äbtissin bestand unerschütterlich darauf, daß das zur Ehre des höchsten Gottes angeordnete Fest begangen werden müsse; sie erinnerte den Klostervogt an seine Pflicht, die Messe und den feierlichen Umgang, der in dem Dom gehalten werden würde, mit Leib und Leben zu beschirmen; und befahl, weil eben die Glocke schlug, den Nonnen, die sie, unter Zittern und Beben, umringten, ein Oratorium, gleichviel welches und von welchem

Wert es sei, zu nehmen, und mit dessen Aufführung sofort den Anfang zu machen.

Eben schickten sich die Nonnen auf dem Altan der Orgel dazu an; die Partitur eines Musikwerks, das man schon häufig gegeben hatte, ward verteilt, Geigen, Hoboen und Bässe geprüft und gestimmt: als Schwester Antonia plötzlich, frisch und gesund, ein wenig bleich im Gesicht, von der Treppe her erschien; sie trug die Partitur der uralten, italienischen Messe, auf deren Aufführung die Äbtissin so dringend bestanden hatte, unter dem Arm. Auf die erstaunte Frage der Nonnen: »wo sie herkomme? und wie sie sich plötzlich so erholt habe?« antwortete sie: gleichviel, Freundinnen, gleichviel! verteilte die Partitur, die sie bei sich trug, und setzte sich selbst, von Begeisterung glühend, an die Orgel, um die Direktion des vortrefflichen Musikstücks zu übernehmen. Demnach kam es, wie ein wunderbarer, himmlischer Trost, in die Herzen der frommen Frauen; sie stellten sich augenblicklich mit ihren Instrumenten an die Pulte; die Beklemmung selbst, in der sie sich befanden, kam hinzu, um ihre Seelen, wie auf Schwingen, durch alle Himmel des Wohlklangs zu führen; das Oratorium ward mit der höchsten und herrlichsten musikalischen Pracht ausgeführt; es regte sich, während der ganzen Darstellung, kein Odem in den Hallen und Bänken; besonders bei dem Salve regina und noch mehr bei dem Gloria in excelsis, war es, als ob die ganze Bevölkerung der Kirche tot sei: dergestalt, daß den vier gottverdammten Brüdern und ihrem Anhang zum Trotz, auch der Staub auf dem Estrich nicht verweht ward, und das Kloster noch bis an den Schluß des dreißigjährigen Krieges bestanden hat, wo man es, vermöge eines Artikels im westfälischen Frieden, gleichwohl säkularisierte.

Sechs Jahre darauf, da diese Begebenheit längst vergessen war, kam die Mutter dieser vier Jünglinge aus dem Haag an, und stellte, unter dem betrübten Vorgeben, daß dieselben gänzlich verschollen wären, bei dem Magistrat zu Aachen, wegen der Straße, die sie von hier aus genommen haben mogten, gerichtliche Untersuchungen an. Die letzten Nachrichten, die man von ihnen in den Niederlanden, wo sie eigentlich zu Hause gehörten, gehabt hatte, war, wie sie meldete, ein vor dem angegebenen Zeitraum, am Vorabend eines Fronleichnamsfestes, geschriebener Brief des Prädikanten, an seinen Freund, einen Schullehrer in Antwerpen, worin er demselben, mit vieler Heiterkeit oder vielmehr Ausgelassenheit, von einer gegen das Kloster der heiligen Cäcilie entworfenen Unternehmung, über welche sich die Mutter jedoch nicht näher auslassen wollte, auf vier dichtgedrängten Seiten vorläufige Anzeige machte. Nach mancherlei vergeblichen Bemühungen, die Personen, welche diese bekümmerte Frau suchte, auszumitteln, erinnerte man sich endlich, daß sich schon seit einer Reihe von Jahren, welche ohngefähr auf die Angabe paßte, vier junge Leute, deren Vaterland und Herkunft unbekannt sei, in dem durch des Kaisers Vorsorge unlängst gestifteten lrrenhause der Stadt befanden. Da dieselben jedoch an der Ausschweifung einer religiösen Idee krank lagen, und ihre Aufführung, wie das Gericht dunkel gehört zu haben meinte, äußerst trübselig und melancholisch war; so paßte dies zu wenig auf den, der Mutter nur leider zu wohl bekannten Gemütsstand ihrer Söhne, als daß sie auf diese Anzeige, besonders da es fast herauskam, als ob die Leute katholisch wären, viel hätte geben sollen. Gleichwohl, durch mancherlei Kennzeichen, womit man sie beschrieb, seltsam getroffen, begab sie sich eines Tages, in Begleitung eines Gerichtsboten, in das Irrenhaus, und bat die Vorsteher um die Gefälligkeit, ihr zu den vier unglücklichen, sinnverwirrten Männern, die man daselbst aufbewahre, einen prüfenden Zutritt zu gestatten. Aber wer beschreibt das Entsetzen der armen Frau, als sie gleich auf den ersten Blick, so wie sie in die Tür trat, ihre Söhne erkannte: sie saßen, in langen, schwarzen Talaren, um einen Tisch, auf welchem ein Kruzifix stand, und schienen, mit gefalteten Händen schweigend auf die Platte gestützt, dasselbe anzubeten. Auf die Frage der Frau, die ihrer Kräfte beraubt, auf einen Stuhl niedergesunken war: was sie daselbst machten? antworteten ihr die Vorsteher: »daß sie bloß in der Verherrlichung des Heilands begriffen wären, von dem sie, nach ihrem Vorgeben, besser als andre, einzusehen glaubten, daß er der wahrhaftige Sohn des alleinigen Gottes sei.« Sie setzten hinzu: »daß die Jünglinge, seit nun schon sechs Jahren, dies geisterartige Leben führten; daß sie wenig schliefen und wenig genössen; daß kein Laut über ihre Lippen käme; daß sie sich bloß in der Stunde der Mitternacht einmal von ihren Sitzen erhöben; und daß sie alsdann, mit einer Stimme, welche die Fenster des Hauses bersten machte, das Gloria in excelsis intonierten.« Die Vorsteher schlossen mit der Versicherung: daß die jungen Männer dabei körperlich vollkommen gesund wären; daß man ihnen sogar eine gewisse, obschon sehr ernste und feierliche, Heiterkeit nicht absprechen könnte; daß sie, wenn man sie für verrückt erklärte, mitleidig die Achseln zuckten, und daß sie schon mehr als einmal geäußert hätten: »wenn die gute Stadt Aachen wüßte, was sie, so würde dieselbe ihre Geschäfte bei Seite legen, und sich gleichfalls, zur Absingung des Gloria, um das Kruzifix des Herrn niederlassen.«

Die Frau, die den schauderhaften Anblick dieser Unglücklichen nicht ertragen konnte und sich bald darauf, auf wankenden Knien, wieder hatte zu Hause führen lassen, begab sich, um über die Veranlassung dieser ungeheuren Begebenheit Auskunft zu erhalten, am Morgen des folgenden Tages, zu Herrn Veit Gotthelf, berühmten Tuchhändler der Stadt; denn dieses Mannes erwähnte der von dem Prädikanten geschriebene Brief, und es ging daraus hervor, daß derselbe an dem Projekt, das Kloster der heiligen Cäcilie am Tage des

Fronleichnamsfestes zu zerstören, eifrigen Anteil genommen habe. Veit Gotthelf, der Tuchhändler, der sich inzwischen verheiratet, mehrere Kinder gezeugt, und die beträchtliche Handlung seines Vaters übernommen hatte, empfing die Fremde sehr liebreich: und da er erfuhr, welch ein Anliegen sie zu ihm führe, so verriegelte er die Tür, und ließ sich, nachdem er sie auf einen Stuhl niedergenötigt hatte, folgendermaßen vernehmen: »Meine liebe Frau! Wenn ihr mich, der mit euren Söhnen vor sechs Jahren in genauer Verbindung gestanden, in keine Untersuchung deshalb verwickeln wollt, so will ich euch offenherzig und ohne Rückhalt gestehen: ja, wir haben den Vorsatz gehabt, dessen der Brief erwähnt! Wodurch diese Tat, zu deren Ausführung alles, auf das Genaueste, mit wahrhaft gottlosem Scharfsinn, angeordnet war, gescheitert ist, ist mir unbegreiflich; der Himmel selbst scheint das Kloster der frommen Frauen in seinen heiligen Schutz genommen zu haben. Denn wißt, daß sich eure Söhne bereits, zur Einleitung entscheidenderer Auftritte, mehrere mutwillige, den Gottesdienst störende Possen erlaubt hatten: mehr denn dreihundert, mit Beilen und Pechkränzen versehene Bösewichter, aus den Mauern unserer damals irregeleiteten Stadt, erwarteten nichts als das Zeichen, das der Prädikant geben sollte, um den Dom der Erde gleich zu machen. Dagegen, bei Anhebung der Musik, nehmen eure Söhne plötzlich, in gleichzeitiger Bewegung, und auf eine uns auffallende Weise, die Hüte ab; sie legen, nach und nach, wie in tiefer unaussprechlicher Rührung, die Hände vor ihr herabgebeugtes Gesicht, und der Prädikant, indem er sich, nach einer erschütternden Pause, plötzlich umwendet, ruft uns Allen mit lauter fürchterlicher Stimme zu: gleichfalls unsere Häupter zu entblößen! Vergebens fordern ihn einige Genossen flüsternd, indem sie ihn mit ihren Armen leichtfertig anstoßen, auf, das zur Bilderstürmerei verabredete Zeichen zu geben: der Prädikant, statt zu antworten, läßt sich, mit kreuzweis auf die Brust gelegten Händen, auf Knien nieder und murmelt, samt den Brüdern, die Stirn inbrünstig in den Staub herab gedrückt, die ganze Reihe noch kurz vorher von ihm verspotteter Gebete ab. Durch diesen Anblick tief im Innersten verwirrt, steht der Haufen der jämmerlichen Schwärmer, seiner Anführer beraubt, in Unschlüssigkeit und Untätigkeit, bis an den Schluß des, vom Altan wunderbar herabrauschenden Oratoriums da; und da, auf Befehl des Commendanten, in eben diesem Augenblick mehrere Arretierungen verfügt, und einige Frevler, die sich Unordnungen erlaubt hatten, von einer Wache aufgegriffen und abgeführt wurden, so bleibt der elenden Schar nichts übrig, als sich schleunigst, unter dem Schutz der gedrängt aufbrechenden Volksmenge, aus dem Gotteshause zu entfernen. Am Abend, da ich in dem Gasthofe vergebens mehrere Mal nach euren Söhnen, welche nicht wiedergekehrt waren, gefragt hatte, gehe ich, in der entsetzlichsten Unruhe, mit einigen Freunden wieder nach dem Kloster hinaus, um mich bei den Türstehern, welche der kaiserlichen Wache hülfreich an die Hand gegangen waren, nach ihnen zu erkundigen. Aber wie schildere ich euch mein Entsetzen, edle Frau, da ich diese vier Männer nach wie vor, mit gefalteten Händen, den Boden mit Brust und Scheiteln küssend, als ob sie zu Stein erstarrt wären, heißer Inbrunst voll vor dem Altar der Kirche daniedergestreckt liegen sehe! Umsonst forderte sie der Klostervogt, der in eben diesem Augenblick herbeikommt, indem er sie am Mantel zupft und an den Armen rüttelt, auf, den Dom, in welchem es schon ganz finster werde, und kein Mensch mehr gegenwärtig sei, zu verlassen: sie hören, auf träumerische Weise halb aufstehend, nicht eher auf ihn, als bis er sie durch seine Knechte unter den Arm nehmen, und vor das Portal hinaus führen läßt: wo sie uns endlich, obschon unter Seufzern und häufigem herzzerreißenden Umsehen nach der Kathedrale, die hinter uns im

Glanz der Sonne prächtig funkelte, nach der Stadt folgen. Die Freunde und ich, wir fragen sie, zu wiederholten Malen, zärtlich und liebreich auf dem Rückwege, was ihnen in aller Welt Schreckliches, fähig, ihr innerstes Gemüt dergestalt umzukehren, zugestoßen sei; sie drücken uns, indem sie uns freundlich ansehen, die Hände, schauen gedankenvoll auf den Boden nieder und wischen sich – ach! von Zeit zu Zeit, mit einem Ausdruck, der mir noch jetzt das Herz spaltet, die Tränen aus den Augen. Drauf, in ihre Wohnungen angekommen, binden sie sich ein Kreuz, sinnreich und zierlich von Birkenreisern zusammen, und setzen es, einem kleinen Hügel von Wachs eingedrückt, zwischen zwei Lichtern, womit die Magd erscheint, auf dem großen Tisch in des Zimmers Mitte nieder, und während die Freunde, deren Schar sich von Stunde zu Stunde vergrößert, händeringend zur Seite stehen, und in zerstreuten Gruppen, sprachlos vor Jammer, ihrem stillen, gespensterartigen Treiben zusehen: lassen sie sich, gleich als ob ihre Sinne vor jeder andern Erscheinung verschlossen wären, um den Tisch nieder, und schicken sich still, mit gefalteten Händen, zur Anbetung an. Weder des Essens begehren sie, das ihnen, zur Bewirtung der Genossen, ihrem am Morgen gegebenen Befehl gemäß, die Magd bringt, noch späterhin, da die Nacht sinkt, des Lagers, das sie ihnen, weil sie müde scheinen, im Nebengemach aufgestapelt hat; die Freunde, um die Entrüstung des Wirts, den diese Aufführung befremdet, nicht zu reizen, müssen sich an einen, zur Seite üppig gedeckten Tisch niederlassen, und die, für eine zahlreiche Gesellschaft zubereiteten Speisen, mit dem Salz ihrer bitterlichen Tränen gebeizt, einnehmen. Jetzt plötzlich schlägt die Stunde der Mitternacht; eure vier Söhne, nachdem sie einen Augenblick gegen den dumpfen Klang der Glocke aufgehorcht, heben sich plötzlich in gleichzeitiger Bewegung, von ihren Sitzen empor; und während wir, mit niedergelegten Tischtüchern, zu ihnen hinüberschauen, ängstlicher Erwartung voll, was auf so seltsames und befremdendes Beginnen erfolgen werde: fangen sie, mit einer entsetzlichen und gräßlichen Stimme, das Gloria in excelsis zu intonieren an. So mögen sich Leoparden und Wölfe anhören lassen, wenn sie zur eisigen Winterzeit, das Firmament anbrüllen: die Pfeiler des Hauses, versichere ich euch, erschütterten, und die Fenster, von ihrer Lungen sichtbarem Atem getroffen, drohten klirrend, als ob man Hände voll schweren Sandes gegen ihre Flächen würfe, zusammen zu brechen. Bei diesem grausenhaften Auftritt stürzen wir besinnungslos, mit sträubenden Haaren aus einander; wir zerstreuen uns, Mäntel und Hüte zurücklassend, durch die umliegenden Straßen, welche in kurzer Zeit, statt unsrer, von mehr denn hundert, aus dem Schlaf geschreckter Menschen, angefüllt waren; das Volk drängt sich, die Haustüre sprengend, über die Stiege dem Saale zu, um die Quelle dieses schauderhaften und empörenden Gebrülls, das, wie von den Lippen ewig verdammter Sünder, aus dem tiefsten Grund der flammenvollen Hölle, jammervoll um Erbarmung zu Gottes Ohren heraufdrang, aufzusuchen. Endlich, mit dem Schlage der Glocke Eins, ohne auf das Zürnen des Wirts, noch auf die erschütterten Ausrufungen des sie umringenden Volks gehört zu haben, schließen sie den Mund; sie wischen sich mit einem Tuch den Schweiß von der Stirn, der ihnen, in großen Tropfen, auf Kinn und Brust niederträuft; und breiten ihre Mäntel aus, und legen sich, um eine Stunde von so quallvollen Geschäften auszuruhen, auf das Getäfel des Bodens nieder. Der Wirt, der sie gewähren läßt, schlägt, so bald er sie schlummern sieht, ein Kreuz über sie; und froh, des Elends für den Augenblick erledigt zu sein, bewegt er, unter der Versicherung, der Morgen werde eine heilsame Veränderung herbeiführen, den Männerhaufen, der gegenwärtig ist, und der geheimnisvoll mit einander murmelt, das Zimmer zu verlassen. Aber leider! schon mit dem ersten Schrei des Hahns, stehen die Unglücklichen wieder auf, um dem auf dem Tisch befindlichen Kreuz gegenüber, dasselbe öde, gespensterartige Klosterleben, das nur Erschöpfung sie auf einen Augenblick auszusetzen zwang, wieder anzufangen. Sie nehmen von dem Wirt, dessen Herz ihr jammervoller Anblick schmelzt, keine Ermahnung, keine Hülfe an; sie bitten ihn, die Freunde liebreich abzuweisen, die sich sonst regelmäßig am Morgen jedes Tages bei ihnen zu versammeln pflegten; sie begehren nichts von ihm, als Wasser und Brot, und eine Streu, wenn es sein kann, für die Nacht: dergestalt, daß dieser Mann, der sonst viel Geld von ihrer Heiterkeit zog, sich genötigt sah, den ganzen Vorfall den Gerichten anzuzeigen und sie zu bitten, ihm diese vier Menschen, in welchen ohne Zweifel der böse Geist walten müsse, aus dem Hause zu schaffen. Worauf sie, auf Befehl des Magistrats, in ärztliche Untersuchung genommen, und, da man sie verrückt befand, wie ihr wißt, in die Gemächer des Irrenhauses untergebracht wurden, das die Milde des letzt verstorbenen Kaisers, zum Besten der Unglücklichen dieser Art, innerhalb der Mauern unserer Stadt gegründet hat.« Dies und noch Mehreres sagte Veit Gotthelf, der Tuchhändler, das wir hier, weil wir zur Einsicht in den inneren Zusammenhang der Sache genug gesagt zu haben meinen, unterdrücken; und forderte die Frau nochmals auf, ihn auf keine Weise, falls es zu gerichtlichen Nachforschungen über diese Begebenheit kommen sollte, darin zu verstricken.

Drei Tage darauf, da die Frau, durch diesen Bericht tief im Innersten erschüttert, am Arm einer Freundin nach dem Kloster hinausgegangen war, in der wehmütigen Absicht, auf einem Spaziergang, weil eben das Wetter schön war, den entsetzlichen Schauplatz in Augenschein zu nehmen, auf welchem Gott ihre Söhne wie durch unsichtbare Blitze zu Grunde gerichtet hatte: fanden die Weiber den Dom, weil eben gebaut wurde, am

Eingang durch Planken versperrt, und konnten, wenn sie sich mühsam erhoben, durch die Öffnungen der Bretter hindurch von dem Inneren nichts, als die prächtig funkelnde Rose im Hintergrund der Kirche wahrnehmen. Viele hundert Arbeiter, welche fröhliche Lieder sangen, waren auf schlanken, vielfach verschlungenen Gerüsten beschäftigt, die Türme noch um ein gutes Dritteil zu erhöhen, und die Dächer und Zinnen derselben, welche bis jetzt nur mit Schiefer bedeckt gewesen waren, mit starkem, hellen, im Strahl der Sonne glänzigen Kupfer zu belegen. Dabei stand ein Gewitter, dunkelschwarz, mit vergoldeten Rändern, im Hintergrunde des Baus; dasselbe hatte schon über die Gegend von Aachen ausgedonnert, und nachdem es noch einige kraftlose Blitze, gegen die Richtung, wo der Dom stand, geschleudert hatte, sank es, zu Dünsten aufgelöst, mißvergnügt murmelnd in Osten herab. Es traf sich, daß, da die Frauen von der Treppe des weitläufigen klösterlichen Wohngebäudes herab, in mancherlei Gedanken vertieft, dies doppelte Schauspiel betrachteten, eine Klosterschwester, welche vorüberging, zufällig erfuhr, wer die unter dem Portal stehende Frau sei; dergestalt, daß die Äbtissin, die von einem, den Fronleichnamstag betreffenden Brief, den dieselbe bei sich trug, gehört hatte, unmittelbar darauf die Schwester zu ihr herabschickte, und die niederländische Frau ersuchen ließ, zu ihr herauf zu kommen. Die Niederländerin, obschon einen Augenblick dadurch betroffen, schickte sich nichts desto weniger ehrfurchtsvoll an, dem Befehl, den man ihr angekündigt hatte, zu gehorchen; und während die Freundin, auf die Einladung der Nonne, in ein dicht an dem Eingang befindliches Nebenzimmer abtrat, öffnete man der Fremden, welche die Treppe hinaufsteigen mußte, die Flügeltüren des schön gebildeten Söllers selbst. Daselbst fand sie die Äbtissin, welches eine edle Frau, von stillem königlichen Ansehn war, auf einem Sessel sitzen, den Fuß auf einem Schemel gestützt, der auf Drachenklauen ruhte; ihr zur Seite, auf einem Pulte, lag die Partitur einer Musik. Die Äbtissin, nachdem sie befohlen hatte, der Fremden einen Stuhl hinzusetzen, entdeckte ihr, daß sie bereits durch den Bürgermeister von ihrer Ankunft in der Stadt gehört; und nachdem sie sich, auf menschenfreundliche Weise, nach dem Befinden ihrer unglücklichen Söhne erkundigt, auch sie ermuntert hatte, sich über das Schicksal, das dieselben betroffen, weil es einmal nicht zu ändern sei, möglichst zu fassen: eröffnete sie ihr den Wunsch, den Brief zu sehen, den der Prädikant an seinen Freund, den Schullehrer in Antwerpen geschrieben hatte. Die Frau, welche Erfahrung genug besaß, einzusehen, von welchen Folgen dieser Schritt sein konnte, fühlte sich dadurch auf einen Augenblick in Verlegenheit gestürzt; da jedoch das ehrwürdige Antlitz der Dame unbedingtes Vertrauen erforderte, und auf keine Weise schicklich war, zu glauben, daß ihre Absicht sein könne, von dem Inhalt desselben einen öffentlichen Gebrauch zu machen; so nahm sie, nach einer kurzen Besinnung, den Brief aus ihrem Busen, und reichte ihn, unter einem heißen Kuß auf ihre Hand, der fürstlichen Dame dar. Die Frau, während die Äbtissin den Brief überlas, warf nunmehr einen Blick auf die nachlässig über dem Pult aufgeschlagene Partitur; und da sie, durch den Bericht des Tuchhändlers, auf den Gedanken gekommen war, es könne wohl die Gewalt der Töne gewesen sein, die, an jenem schauerlichen Tage, das Gemüt ihrer armen Söhne zerstört und verwirrt habe: so fragte sie die Klosterschwester, die hinter ihrem Stuhle stand, indem sie sich zu ihr umkehrte, schüchtern: »ob dies das Musikwerk wäre, das vor sechs Jahren, am Morgen jenes merkwürdigen Fronleichnamsfestes, in der Kathedrale aufgeführt worden sei?« Auf die Antwort der jungen Klosterschwester: ja! sie erinnere sich davon gehört zu haben, und es pflege seitdem, wenn man es nicht brauche, im Zimmer der hochwürdigsten Frau zu liegen: stand, lebhaft erschüttert, die Frau auf, und stellte sich, von mancherlei Gedanken durchkreuzt, vor den Pult. Sie betrachtete die unbekannten zauberischen Zeichen, womit sich ein fürchterlicher Geist geheimnisvoll den Kreis abzustecken schien, und meinte, in die Erde zu sinken, da sie grade das Gloria in excelsis aufgeschlagen fand. Es war ihr, als ob das ganze Schrecken der Tonkunst, das ihre Söhne verderbt hatte, über ihrem Haupte rauschend daherzöge; sie glaubte, bei dem bloßen Anblick ihre Sinne zu verlieren, und nachdem sie schnell, mit einer unendlichen Regung von Demut und Unterwerfung unter die göttliche Allmacht, das Blatt an ihre Lippen gedrückt hatte, setzte sie sich wieder auf ihren Stuhl zurück. Inzwischen hatte die Äbtissin den Brief ausgelesen und sagte, indem sie ihn zusammen faltete: »Gott selbst hat das Kloster, an jenem wunderbaren Tage, gegen den Übermut eurer schwer verirrten Sohne beschirmt. Welcher Mittel er sich dabei bedient, kann euch, die ihr eine Protestantin seid, gleichgültig sein: ihr würdet auch das, was ich euch darüber sagen könnte, schwerlich begreifen. Denn vernehmt, daß schlechterdings niemand weiß, wer eigentlich das Werk, das ihr dort aufgeschlagen findet, im Drang der schreckenvollen Stunde, da die Bilderstürmerei über uns hereinbrechen sollte, ruhig auf dem Sitz der Orgel dirigiert habe. Durch ein Zeugnis, das am Morgen des folgenden Tages, in Gegenwart des Klostervogts und mehrerer anderen Männer aufgenommen und im Archiv niedergelegt ward, ist erwiesen, daß Schwester Antonia, die einzige, die das Werk dirigieren konnte, während des ganzen Zeitraums seiner Aufführung, krank, bewußtlos, ihrer Glieder schlechthin unmächtig, im Winkel ihrer Klosterzelle darniedergelegen habe; eine Klosterschwester, die ihr als leibliche Verwandte zur Pflege ihres Körpers beigeordnet war, ist während des ganzen Vormittags, da das Fronleichnamsfest in der Kathedrale gefeiert worden, nicht von ihrem Bette gewichen.

Ja, Schwester Antonia würde ohnfehlbar selbst den Umstand, daß sie es nicht gewesen sei, die, auf so seltsame und befremdende Weise, auf dem Altan der Orgel erschien, bestätigt und bewahrheitet haben: wenn ihr gänzlich sinnberaubter Zustand erlaubt hätte, sie darum zu befragen und die Kranke nicht noch am Abend desselben Tages, an dem Nervenfieber, an dem sie danieder lag, und welches früherhin gar nicht lebensgefährlich schien, verschieden wäre. Auch hat der Erzbischof von Trier, an den dieser Vorfall berichtet ward, bereits das Wort ausgesprochen, das ihn allein erklärt, nämlich, »daß die heilige Cäcilie selbst dieses zu gleicher Zeit schreckliche und herrliche Wunder vollbracht habe; und von dem Papst habe ich so eben ein Breve erhalten, wodurch er dies bestätigt.« Und damit gab sie der Frau den Brief, den sie sich bloß von ihr erbeten hatte, um über das, was sie schon wußte, nähere Auskunft zu erhalten, unter dem Versprechen, daß sie davon keinen Gebrauch machen würde, zurück; und nachdem sie dieselbe noch gefragt hatte, ob zur Wiederherstellung ihrer Söhne Hoffnung sei, und ob sie ihr vielleicht mit irgend etwas, Geld oder eine andere Unterstützung, zu diesem Zweck dienen könne, welches die Frau, indem sie ihr den Rock küßte, weinend verneinte: grüßte sie dieselbe freundlich mit der Hand und entließ sie.

Hier endigt diese Legende. Die Frau, deren Anwesenheit in Aachen gänzlich nutzlos war, ging mit Zurücklassung eines kleinen Kapitals, das sie zum Besten ihrer armen Söhne bei den Gerichten niederlegte, nach dem Haag zurück, wo sie ein Jahr darauf, durch diesen Vorfall tief bewegt, in den Schoß der katholischen Kirche zurückkehrte: die Söhne aber starben, im späten Alter, eines heitern und vergnügten Todes, nachdem sie noch einmal, ihrer Gewohnheit gemäß, das Gloria in excelsis abgesungen hatten.

DIE VERLOBUNG IN ST. DOMINGO

Zu Port au Prince, auf dem französischen Anteil der Insel
St. Domingo, lebte, zu Anfange dieses Jahrhunderts, als die
Schwarzen die Weißen ermordeten, auf der Pflanzung des
Hrn. Guillaume von Villeneuve, ein fürchterlicher alter Neger, Namens Congo Hoango. Dieser von der Goldküste von
Afrika herstammende Mensch, der in seiner Jugend von treuer
und rechtschaffener Gemütsart schien, war von seinem Herrn,
weil er ihm einst auf einer Überfahrt nach Cuba das Leben
gerettet hatte, mit unendlichen Wohltaten überhäuft worden.
Nicht nur, daß Hr. Guillaume ihm auf der Stelle seine Freiheit
schenkte, und ihm, bei seiner Rückkehr nach St. Domingo,
Haus und Hof anwies; er machte ihn sogar, einige Jahre darauf, gegen die Gewohnheit des Landes, zum Aufseher seiner
beträchtlichen Besitzung, und legte ihm, weil er nicht wieder
heiraten wollte, an Weibes Statt eine alte Mulattin, Namens
Babekan, aus seiner Pflanzung bei, mit welcher er durch seine
erste verstorbene Frau weitläuftig verwandt war. Ja, als der
Neger sein sechzigstes Jahr erreicht hatte, setzte er ihn mit einem ansehnlichen Gehalt in den Ruhestand und krönte seine
Wohltaten noch damit, daß er ihm in seinem Vermächtnis sogar
ein Legat auswarf; und doch konnten alle diese Beweise von
Dankbarkeit Hrn. Villeneuve vor der Wut dieses grimmigen
Menschen nicht schützen. Congo Hoango war, bei dem allgemeinen Taumel der Rache, der auf die unbesonnenen Schritte
des National-Konvents in diesen Pflanzungen aufloderte, einer
der Ersten, der die Büchse ergriff, und, eingedenk der Tyrannei, die ihn seinem Vaterlande entrissen hatte, seinem Herrn
die Kugel durch den Kopf jagte. Er steckte das Haus, worein
die Gemahlin desselben mit ihren drei Kindern und den übri-

gen Weißen der Niederlassung sich geflüchtet hatte, in Brand, verwüstete die ganze Pflanzung, worauf die Erben, die in Port au Prince wohnten, hätten Anspruch machen können, und zog, als sämtliche zur Besitzung gehörige Etablissements der Erde gleich gemacht waren, mit den Negern, die er versammelt und bewaffnet hatte, in der Nachbarschaft umher, um seinen Mitbrüdern in dem Kampfe gegen die Weißen beizustehen. Bald lauerte er den Reisenden auf, die in bewaffneten Haufen das Land durchkreuzten; bald fiel er am hellen Tage die in ihren Niederlassungen verschanzten Pflanzer selbst an, und ließ Alles, was er darin vorfand, über die Klinge springen. Ja, er forderte, in seiner unmenschlichen Rachsucht, sogar die alte Babekan mit ihrer Tochter, einer jungen fünfzehnjährigen Mestize, Namens Toni, auf, an diesem grimmigen Kriege, bei dem er sich ganz verjüngte, Anteil zu nehmen; und weil das Hauptgebäude der Pflanzung, das er jetzt bewohnte, einsam an der Landstraße lag und sich häufig, während seiner Abwesenheit, weiße oder kreolische Flüchtlinge einfanden, welche darin Nahrung oder ein Unterkommen suchten, so unterrichtete er die Weiber, diese weißen Hunde, wie er sie nannte, mit Unterstützungen und Gefälligkeiten bis zu seiner Wiederkehr hinzuhalten. Babekan, welche in Folge einer grausamen Strafe, die sie in ihrer Jugend erhalten hatte, an der Schwindsucht litt, pflegte in solchen Fällen die junge Toni, die, wegen ihrer ins Gelbliche gehenden Gesichtsfarbe, zu dieser gräßlichen List besonders brauchbar war, mit ihren besten Kleidern auszuputzen; sie ermunterte dieselbe, den Fremden keine Liebkosung zu versagen, bis auf die letzte, die ihr bei Todesstrafe verboten war: und wenn Congo Hoango mit seinem Negertrupp von den Streifereien, die er in der Gegend gemacht hatte, wiederkehrte, war unmittelbarer Tod das Los der Armen, die sich durch diese Künste hatten täuschen lassen.

Nun weiß jedermann, daß im Jahr 1803, als der General

Dessalines mit 30 000 Negern gegen Port au Prince vorrückte, Alles, was die weiße Farbe trug, sich in diesen Platz warf, um ihn zu verteidigen. Denn er war der letzte Stützpunkt der französischen Macht auf dieser Insel, und wenn er fiel, waren alle Weißen, die sich darauf befanden, sämtlich ohne Rettung verloren. Demnach traf es sich, daß gerade in der Abwesenheit des alten Hoango, der mit den Schwarzen, die er um sich hatte, aufgebrochen war, um dem General Dessalines mitten durch die französischen Posten einen Transport von Pulver und Blei zuzuführen, in der Finsternis einer stürmischen und regnigten Nacht, jemand an die hintere Tür seines Hauses klopfte. Die alte Babekan, welche schon im Bette lag, erhob sich, öffnete, einen bloßen Rock um die Hüften geworfen, das Fenster, und fragte: wer da sei? »Bei Maria und allen Heiligen«, sagte der Fremde leise, indem er sich unter das Fenster stellte: »beantwortet mir, ehe ich euch dies entdecke, eine Frage!« Und damit streckte er, durch die Dunkelheit der Nacht, seine Hand aus, um die Hand der Alten zu ergreifen, und fragte: »seid ihr eine Negerin?« Babekan sagte: nun, ihr seid gewiß ein Weißer, daß ihr dieser stockfinstern Nacht lieber ins Antlitz schaut, als einer Negerin! Kommt herein, setzte sie hinzu, und fürchtet nichts; hier wohnt eine Mulattin, und die Einzige, die sich außer mir noch im Hause befindet, ist meine Tochter, eine Mestize! Und damit machte sie das Fenster zu, als wollte sie hinabsteigen und ihm die Tür öffnen; schlich aber, unter dem Vorwand, daß sie den Schlüssel nicht sogleich finden könne, mit einigen Kleidern, die sie schnell aus dem Schrank zusammenraffte, in die Kammer hinauf und weckte ihre Tochter. »Toni!« sprach sie: »Toni!« – Was gibts, Mutter? – »Geschwind!« sprach sie. »Aufgestanden und dich angezogen! Hier sind Kleider, weiße Wäsche und Strümpfe! Ein Weißer, der verfolgt wird, ist vor der Tür und begehrt eingelassen zu werden!« – Toni fragte: ein Weißer? indem sie sich halb im

Bett aufrichtete. Sie nahm die Kleider, welche die Alte in der Hand hielt, und sprach: ist er auch allein, Mutter? Und haben wir, wenn wir ihn einlassen, nichts zu befürchten? – »Nichts, nichts!« versetzte die Alte, indem sie Licht anmachte: »er ist ohne Waffen und allein, und Furcht, daß wir über ihn herfallen möchten, zittert in allen seinen Gebeinen!« Und damit, während Toni aufstand und sich Rock und Strümpfe anzog, zündete sie die große Laterne an, die in dem Winkel des Zimmers stand, band dem Mädchen geschwind das Haar, nach der Landesart, über dem Kopf zusammen, bedeckte sie, nachdem sie ihr den Latz zugeschnürt hatte, mit einem Hut, gab ihr die Laterne in die Hand und befahl ihr, auf den Hof hinab zu gehen und den Fremden herein zu holen.

Inzwischen war auf das Gebell einiger Hofhunde ein Knabe, Namens Nanky, den Hoango auf unehelichem Wege mit einer Negerin erzeugt hatte, und der mit seinem Bruder Seppy in den Nebengebäuden schlief, erwacht; und da er beim Schein des Mondes einen einzelnen Mann auf der hinteren Treppe des Hauses stehen sah: so eilte er sogleich, wie er in solchen Fällen angewiesen war, nach dem Hoftor, durch welches derselbe hereingekommen war, um es zu verschließen. Der Fremde, der nicht begriff, was diese Anstalten zu bedeuten hatten, fragte den Knaben, den er mit Entsetzen, als er ihm nahe stand, für einen Negerknaben erkannte: wer in dieser Niederlassung wohne? und schon war er auf die Antwort desselben: »daß die Besitzung, seit dem Tode Hrn. Villeneuves dem Neger Hoango anheim gefallen«, im Begriff, den Jungen niederzuwerfen, ihm den Schlüssel der Hofpforte, den er in der Hand hielt, zu entreißen und das weite Feld zu suchen, als Toni, die Laterne in der Hand, vor das Haus hinaus trat. »Geschwind!« sprach sie, indem sie seine Hand ergriff und ihn nach der Tür zog: »hier herein!« Sie trug Sorge, indem sie dies sagte, das Licht so zu stellen, daß der volle Strahl davon auf ihr

Gesicht fiel. – Wer bist Du? rief der Fremde sträubend; indem er, um mehr als einer Ursache willen betroffen, ihre junge liebliche Gestalt betrachtete. Wer wohnt in diesem Hause, in welchem ich, wie Du vorgibst, meine Rettung finden soll? – »Niemand, bei dem Licht der Sonne«, sprach das Mädchen, »als meine Mutter und ich!« und bestrebte und beeiferte sich, ihn mit sich fortzureißen. Was, niemand! rief der Fremde, indem er, mit einem Schritt rückwärts, seine Hand losriß: hat mir dieser Knabe nicht eben gesagt, daß ein Neger, Namens Hoango, darin befindlich sei? – »Ich sage, nein!« sprach das Mädchen, indem sie, mit einem Ausdruck von Unwillen, mit dem Fuß stampfte; »und wenn gleich einem Wüterich, der diesen Namen führt, das Haus gehört: abwesend ist er in diesem Augenblick und auf zehn Meilen davon entfernt!« Und damit zog sie den Fremden mit ihren beiden Händen in das Haus hinein, befahl dem Knaben, keinem Menschen zu sagen, wer angekommen sei, ergriff, nachdem sie die Tür erreicht, des Fremden Hand und führte ihn die Treppe hinauf, nach dem Zimmer ihrer Mutter.

»Nun«, sagte die Alte, welche das ganze Gespräch, von dem Fenster herab, mit angehört und bei dem Schein des Lichts bemerkt hatte, daß er ein Offizier war: »was bedeutet der Degen, den ihr so schlagfertig unter eurem Arme tragt? ... Wir haben euch«, setzte sie hinzu, indem sie sich die Brille aufdrückte, »mit Gefahr unseres Lebens eine Zuflucht in unserm Hause gestattet; seid ihr herein gekommen, um diese Wohltat, nach der Sitte eurer Landsleute, mit Verräterei zu vergelten?« – Behüte der Himmel! erwiderte der Fremde, der dicht vor ihren Sessel getreten war. Er ergriff die Hand der Alten, drückte sie an sein Herz, und indem er, nach einigen im Zimmer schüchtern umhergeworfenen Blicken, den Degen, den er an der Hüfte trug, abschnallte, sprach er: Ihr seht den elendesten der Menschen, aber keinen undankbaren und schlechten vor

euch! – »Wer seid ihr?« fragte die Alte; und damit schob sie
ihm mit dem Fuß einen Stuhl hin, und befahl dem Mädchen,
in die Küche zu gehen, und ihm, so gut es sich in der Eil tun
ließ, ein Abendbrot zu bereiten. Der Fremde erwiderte: ich
bin ein Offizier von der französischen Macht, obschon, wie
ihr wohl selbst urteilt, kein Franzose; mein Vaterland ist die
Schweiz und mein Name Gustav von der Ried. Ach, hätte ich
es niemals verlassen und gegen dies unselige Eiland vertauscht!
Ich komme von Fort Dauphin, wo, wie ihr wißt, alle Weißen
ermordet worden sind, und meine Absicht ist, Port au Prince
zu erreichen, bevor es dem General Dessalines noch gelungen
ist, es mit den Truppen, die er anführt, einzuschließen und zu
belagern. – »Von Fort Dauphin!« rief die Alte. »Und es ist euch
mit eurer Gesichtsfarbe geglückt, diesen ungeheuren Weg,
mitten durch ein in Empörung begriffenes Mohrenland, zu-
rückzulegen?« Gott und alle Heiligen, erwiderte der Fremde,
haben mich beschützt! – Und ich bin nicht allein, gutes Mütterchen; in meinem Gefolge, das ich zurückgelassen, befindet
sich ein ehrwürdiger alter Greis, mein Oheim, mit seiner Gemahlin und fünf Kindern; mehrere Bediente und Mägde, die
zur Familie gehören, nicht zu erwähnen; ein Troß von zwölf
Menschen, den ich, mit Hülfe zweier elenden Maulesel, in
unsäglich mühevollen Nachtwanderungen, da wir uns bei
Tage auf der Heerstraße nicht zeigen dürfen, mit mir fortfüh-
ren muß. »Ei, mein Himmel!« rief die Alte, indem sie, unter
mitleidigem Kopfschütteln, eine Prise Tabak nahm. »Wo befindet sich denn in diesem Augenblick eure Reisegesellschaft?«
– Euch, versetzte der Fremde, nachdem er sich ein wenig be-
sonnen hatte: euch kann ich mich anvertrauen; aus der Farbe
eures Gesichts schimmert mir ein Strahl von der meinigen
entgegen. Die Familie befindet sich, daß ihr es wißt, eine
Meile von hier, zunächst dem Möwenweiher, in der Wildnis
der angrenzenden Gebirgswaldung: Hunger und Durst zwan-

gen uns vorgestern, diese Zuflucht aufzusuchen. Vergebens schickten wir in der verflossenen Nacht unsere Bedienten aus, um ein wenig Brot und Wein bei den Einwohnern des Landes aufzutreiben; Furcht, ergriffen und getötet zu werden, hielt sie ab, die entscheidenden Schritte deshalb zu tun, dergestalt, daß ich mich selbst heute mit Gefahr meines Lebens habe aufmachen müssen, um mein Glück zu versuchen. Der Himmel, wenn mich nicht Alles trügt, fuhr er fort, indem er die Hand der Alten drückte, hat mich mitleidigen Menschen zugeführt, die jene grausame und unerhörte Erbitterung, welche alle Einwohner dieser Insel ergriffen hat, nicht teilen. Habt die Gefälligkeit, mir für reichlichen Lohn einige Körbe mit Lebensmitteln und Erfrischungen anzufüllen; wir haben nur noch fünf Tagereisen bis Port au Prince, und wenn ihr uns die Mittel verschafft, diese Stadt zu erreichen, so werden wir euch ewig als die Retter unseres Lebens ansehen. – »Ja, diese rasende Erbitterung«, heuchelte die Alte. »Ist es nicht, als ob die Hände Eines Körpers, oder die Zähne Eines Mundes gegen einander wüten wollten, weil das Eine Glied nicht geschaffen ist, wie das andere? Was kann ich, deren Vater aus St. Jago, von der Insel Cuba war, für den Schimmer von Licht, der auf meinem Antlitz, wenn es Tag wird, erdämmert? Und was kann meine Tochter, die in Europa empfangen und geboren ist, dafür, daß der volle Tag jenes Weltteils von dem ihrigen widerscheint?« – Wie? rief der Fremde. Ihr, die ihr nach eurer ganzen Gesichtsbildung eine Mulattin, und mithin afrikanischen Ursprungs seid, ihr wäret samt der lieblichen jungen Mestize, die mir das Haus aufmachte, mit uns Europäern in Einer Verdammnis? – »Beim Himmel!« erwiderte die Alte, indem sie die Brille von der Nase nahm; »meint ihr, daß das kleine Eigentum, das wir uns in mühseligen und jammervollen Jahren durch die Arbeit unserer Hände erworben haben, dies grimmige, aus der Hölle stammende Räubergesindel nicht reizt?

Wenn wir uns nicht durch List und den ganzen Inbegriff jener
Künste, die die Notwehr dem Schwachen in die Hände gibt,
vor ihrer Verfolgung zu sichern wüßten: der Schatten von
Verwandtschaft, die über unsere Gesichter ausgebreitet ist, der,
könnt ihr sicher glauben, tut es nicht!« – Es ist nicht möglich!
rief der Fremde; und wer auf dieser Insel verfolgt euch? »Der
Besitzer dieses Hauses«, antwortete die Alte: »der Neger Congo Hoango! Seit dem Tode Hrn. Guillaumes, des vormaligen
Eigentümers dieser Pflanzung, der durch seine grimmige
Hand beim Ausbruch der Empörung fiel, sind wir, die wir
ihm als Verwandte die Wirtschaft führen, seiner ganzen Will-
kür und Gewalttätigkeit preis gegeben. Jedes Stück Brot, jeden Labetrunk, den wir aus Menschlichkeit Einem oder dem
Andern der weißen Flüchtlinge, die hier zuweilen die Straße
vorüberziehen, gewähren, rechnet er uns mit Schimpfwörtern
und Mißhandlungen an; und nichts wünscht er mehr, als die
Rache der Schwarzen über uns weiße und kreolische Halb-
hunde, wie er uns nennt, hereinhetzen zu können, teils, um
unserer überhaupt, die wir seine Wildheit gegen die Weißen
tadeln, los zu werden, teils, um das kleine Eigentum, das wir
hinterlassen würden, in Besitz zu nehmen.« – Ihr Unglücklichen! sagte der Fremde; ihr Bejammernswürdigen! – Und wo
befindet sich in diesem Augenblick dieser Wüterich? »Bei dem
Heere des Generals Dessalines«, antwortete die Alte, »dem er,
mit den übrigen Schwarzen, die zu dieser Pflanzung gehören,
einen Transport von Pulver und Blei zuführt, dessen der General bedürftig war. Wir erwarten ihn, falls er nicht auf neue
Unternehmungen auszieht, in zehn oder zwölf Tagen zurück;
und wenn er alsdann, was Gott verhüten wolle, erführe, daß
wir einem Weißen, der nach Port au Prince wandert, Schutz
und Obdach gegeben, während er aus allen Kräften an dem
Geschäft Teil nimmt, das ganze Geschlecht derselben von der
Insel zu vertilgen, wir wären Alle, das könnt ihr glauben, Kin-

der des Todes.« Der Himmel, der Menschlichkeit und Mitleiden liebt, antwortete der Fremde, wird euch in dem, was ihr einem Unglücklichen tut, beschützen! – Und weil ihr euch, setzte er, indem er der Alten näher rückte, hinzu, einmal in diesem Falle des Negers Unwillen zugezogen haben würdet, und der Gehorsam, wenn ihr auch dazu zurückkehren wolltet, euch fürderhin zu nichts helfen würde; könnt ihr euch wohl, für jede Belohnung, die ihr nur verlangen mögt, entschließen, meinem Oheim und seiner Familie, die durch die Reise aufs Äußerste angegriffen sind, auf einen oder zwei Tage in eurem Hause Obdach zu geben, damit sie sich ein wenig erholten? – »Junger Herr!« sprach die Alte betroffen, »was verlangt ihr da? Wie ist es, in einem Hause, das an der Landstraße liegt, möglich, einen Troß von solcher Größe, als der eurige ist, zu beherbergen, ohne daß er den Einwohnern des Landes verraten würde?« – Warum nicht? versetzte der Fremde dringend: wenn ich sogleich selbst an den Möwenweiher hinausginge, und die Gesellschaft, noch vor Anbruch des Tages, in die Niederlassung einführte; wenn man Alles, Herrschaft und Dienerschaft, in einem und demselben Gemach des Hauses unterbrächte, und, für den schlimmsten Fall, etwa noch die Vorsicht gebrauchte, Türen und Fenster desselben sorgfältig zu verschließen? – Die Alte erwiderte, nachdem sie den Vorschlag während einiger Zeit erwogen hatte: »daß, wenn er, in der heutigen Nacht, unternehmen wollte, den Troß aus seiner Bergschlucht in die Niederlassung einzuführen, er, bei der Rückkehr von dort, unfehlbar auf einen Trupp bewaffneter Neger stoßen würde, der, durch einige vorangeschickte Schützen, auf der Heerstraße angesagt worden wäre.« – Wohlan! versetzte der Fremde: so begnügen wir uns, für diesen Augenblick, den Unglücklichen einen Korb mit Lebensmitteln zuzusenden, und sparen das Geschäft, sie in die Niederlassung einzuführen, für die nächstfolgende Nacht auf. Wollt ihr, gutes Mütterchen, das tun? – »Nun«, sprach die Alte, unter vielfachen Küssen, die von den Lippen des Fremden auf ihre knöcherne Hand niederregneten: »um des Europäers, meiner Tochter Vater willen, will ich euch, seinen bedrängten Landsleuten, diese Gefälligkeit erweisen. Setzt euch beim Anbruch des morgenden Tages hin, und ladet die Eurigen in einem Schreiben ein, sich zu mir in die Niederlassung zu verfügen; der Knabe, den ihr im Hofe gesehen, mag ihnen das Schreiben mit einigem Mundvorrat überbringen, die Nacht über zu ihrer Sicherheit in den Bergen verweilen, und dem Trosse beim Anbruch des nächstfolgenden Tages, wenn die Einladung angenommen wird, auf seinem Wege hierher zum Führer dienen.«

Inzwischen war Toni mit einem Mahl, das sie in der Küche bereitet hatte, wiedergekehrt, und fragte die Alte mit einem Blick auf den Fremden, schäkernd, indem sie den Tisch deckte: Nun, Mutter, sagt an! Hat sich der Herr von dem Schreck, der ihn vor der Tür ergriff, erholt? Hat er sich überzeugt, daß weder Gift noch Dolch auf ihn warten, und daß der Neger Hoango nicht zu Hause ist? Die Mutter sagte mit einem Seufzer: »mein Kind, der Gebrannte scheut, nach dem Sprichwort, das Feuer. Der Herr würde töricht gehandelt haben, wenn er sich früher in das Haus hineingewagt hätte, als bis er sich von dem Volksstamm, zu welchem seine Bewohner gehören, überzeugt hatte.« Das Mädchen stellte sich vor die Mutter, und erzählte ihr: wie sie die Laterne so gehalten, daß ihr der volle Strahl davon ins Gesicht gefallen wäre. Aber seine Einbildung, sprach sie, war ganz von Mohren und Negern erfüllt; und wenn ihm eine Dame von Paris oder Marseille die Türe geöffnet hätte, er würde sie für eine Negerin gehalten haben. Der Fremde, indem er den Arm sanft um ihren Leib schlug, sagte verlegen: daß der Hut, den sie aufgehabt, ihn verhindert hätte, ihr ins Gesicht zu schaun. Hätte ich dir, fuhr er fort, indem er sie lebhaft an seine Brust drückte, ins Auge sehen können, so wie ich es jetzt kann: so hätte ich, auch wenn alles übrige an dir schwarz gewesen wäre, aus einem vergifteten Becher mit dir trinken wollen. Die Mutter nötigte ihn, der bei diesen Worten rot geworden war, sich zu setzen, worauf Toni sich neben ihm an der Tafel niederließ, und mit aufgestützten Armen, während der Fremde aß, in sein Antlitz sah. Der Fremde fragte sie: wie alt sie wäre? und wie ihre Vaterstadt hieße? worauf die Mutter das Wort nahm und ihm sagte: »daß Toni vor funfzehn Jahren auf einer Reise, welche sie mit der Frau des Hrn. Villeneuve, ihres vormaligen Prinzipals, nach Europa gemacht hätte, in Paris von ihr empfangen und geboren worden wäre. Sie setzte hinzu, daß der Neger Komar, den sie nachher geheiratet, sie zwar an Kindes statt angenommen hätte, daß ihr Vater aber eigentlich ein reicher Marseiller Kaufmann, Namens Bertrand wäre, von dem sie auch Toni Bertrand hieße.« – Toni fragte ihn: ob er einen solchen Herrn in Frankreich kenne? Der Fremde erwiderte: nein! das Land wäre groß, und während des kurzen Aufenthalts, den er bei seiner Einschiffung nach Westindien darin genommen, sei ihm keine Person dieses Namens vorgekommen. Die Alte versetzte, daß Hr. Bertrand auch, nach ziemlich sicheren Nachrichten, die sie eingezogen, nicht mehr in Frankreich befindlich sei. Sein ehrgeiziges und aufstrebendes Gemüt, sprach sie, gefiel sich in dem Kreis bürgerlicher Tätigkeit nicht; er mischte sich beim Ausbruch der Revolution in die öffentlichen Geschäfte, und ging im Jahr 1795 mit einer französischen Gesandtschaft an den türkischen Hof, von wo er, meines Wissens, bis diesen Augenblick noch nicht zurückgekehrt ist. Der Fremde sagte lächelnd zu Toni, indem er ihre Hand faßte: daß sie ja in diesem Falle ein vornehmes und reiches Mädchen wäre. Er munterte sie auf, diese Vorteile geltend zu machen, und meinte, daß sie Hoffnung hätte, noch einmal an der Hand ihres Vaters in glänzendere Verhältnisse, als in denen sie jetzt lebte, eingeführt zu werden! »Schwerlich«, versetzte die Alte mit unterdrückter Empfindlichkeit. »Herr Bertrand leugnete mir, während meiner Schwangerschaft zu Paris, aus Scham vor einer jungen reichen Braut, die er heiraten wollte, die Vaterschaft zu diesem Kinde vor Gericht ab. Ich werde den Eidschwur, den er die Frechheit hatte, mir ins Gesicht zu leisten, niemals vergessen, ein Gallenfieber war die Folge davon, und bald darauf noch sechzig Peitschenhiebe, die mir Hr. Villeneuve geben ließ, und in deren Folge ich noch bis auf diesen Tag an der Schwindsucht leide.« – – Toni, welche den Kopf gedankenvoll auf ihre Hand gelegt hatte, fragte den Fremden: wer er denn wäre? wo er herkäme und wo er hinginge? worauf dieser nach einer kurzen Verlegenheit, worin ihn die erbitterte Rede der Alten versetzt hatte, erwiderte: daß er mit Hrn. Strömlis, seines Oheims Familie, die er, unter dem Schutze zweier jungen Vettern, in der Bergwaldung am Möwenweiher zurückgelassen, vom Fort Dauphin käme. Er erzählte, auf des Mädchens Bitte, mehrere Züge der in dieser Stadt ausgebrochenen Empörung; wie zur Zeit der Mitternacht, da alles geschlafen, auf ein verräterisch gegebenes Zeichen, das Gemetzel der Schwarzen gegen die Weißen losgegangen wäre; wie der Chef der Negern, ein Sergeant bei dem französischen Pionierkorps, die Bosheit gehabt, sogleich alle Schiffe im Hafen in Brand zu stecken, um den Weißen die Flucht nach Europa abzuschneiden; wie die Familie kaum Zeit gehabt, sich mit einigen Habseligkeiten vor die Tore der Stadt zu retten, und wie ihr, bei dem gleichzeitigen Auflodern der Empörung in allen Küstenplätzen, nichts übrig geblieben wäre, als mit Hülfe zweier Maulesel, die sie aufgetrieben, den Weg quer durch das ganze Land nach Port au Prince einzuschlagen, das allein noch, von einem starken französischen Heere beschützt, der überhand nehmenden Macht der Negern in diesem Augenblick Widerstand leiste. – Toni fragte: wodurch sich denn die Weißen daselbst so verhaßt gemacht hätten? – Der Fremde erwiderte betroffen: durch das allgemeine Verhältnis, das sie, als Herren der Insel, zu den Schwarzen hatten, und das ich, die Wahrheit zu gestehen, mich nicht unterfangen will, in Schutz zu nehmen; das aber schon seit vielen Jahrhunderten auf diese Weise bestand! Der Wahnsinn der Freiheit, der alle diese Pflanzungen ergriffen hat, trieb die Negern und Kreolen, die Ketten, die sie drückten, zu brechen, und an den Weißen wegen vielfacher und tadelnswürdiger Mißhandlungen, die sie von einigen schlechten Mitgliedern derselben erlitten, Rache zu nehmen. – Besonders, fuhr er nach einem kurzen Stillschweigen fort, war mir die Tat eines jungen Mädchens schauderhaft und merkwürdig. Dieses Mädchen, vom Stamm der Negern, lag gerade zur Zeit, da die Empörung aufloderte, an dem gelben Fieber krank, das zur Verdoppelung des Elends in der Stadt ausgebrochen war. Sie hatte drei Jahre zuvor einem Pflanzer vom Geschlecht der Weißen als Sklavin gedient, der sie aus Empfindlichkeit, weil sie sich seinen Wünschen nicht willfährig gezeigt hatte, hart behandelt und nachher an einen kreolischen Pflanzer verkauft hatte. Da nun das Mädchen an dem Tage des allgemeinen Aufruhrs erfuhr, daß sich der Pflanzer, ihr ehemaliger Herr, vor der Wut der Negern, die ihn verfolgten, in einen nahegelegenen Holzstall geflüchtet hatte: so schickte sie, jener Mißhandlungen eingedenk, beim Anbruch der Dämmerung, ihren Bruder zu ihm, mit der Einladung, bei ihr zu übernachten. Der Unglückliche, der weder wußte, daß das Mädchen unpäßlich war, noch an welcher Krankheit sie litt, kam und schloß sie voll Dankbarkeit, da er sich gerettet glaubte, in seine Arme: doch kaum hatte er eine halbe Stunde unter Liebkosungen und Zärtlichkeiten in ihrem Bette zugebracht, als sie sich plötzlich mit dem Ausdruck wilder und kalter Wut, darin erhob und sprach: eine Pestkranke, die den Tod in der Brust trägt, hast du geküßt: geh und gib das gelbe Fieber allen denen, die dir gleichen! – Der Offizier, während die Alte mit lauten Worten ihren Abscheu hierüber zu erkennen gab, fragte Toni: ob *sie* wohl einer solchen Tat fähig wäre? Nein! sagte Toni, indem sie verwirrt vor sich niedersah. Der Fremde, indem er das Tuch auf dem Tische legte, versetzte: daß, nach dem Gefühl seiner Seele, keine Tyrannei, die die Weißen je verübt, einen Verrat, so niederträchtig und abscheulich, rechtfertigen könnte. Die Rache des Himmels, meinte er, indem er sich mit einem leidenschaftlichen Ausdruck erhob, würde dadurch entwaffnet: die Engel selbst, dadurch empört, stellten sich auf Seiten derer, die Unrecht hätten, und nähmen, zur Aufrechthaltung menschlicher und göttlicher Ordnung, ihre Sache! Er trat bei diesen Worten auf einen Augenblick an das Fenster, und sah in die Nacht hinaus, die mit stürmischen Wolken über den Mond und die Sterne vorüber zog; und da es ihm schien, als ob Mutter und Tochter einander ansähen, obschon er auf keine Weise merkte, daß sie sich Winke zugeworfen hätten: so übernahm ihn ein widerwärtiges und verdrießliches Gefühl; er wandte sich und bat, daß man ihm das Zimmer anweisen mögte, wo er schlafen könne.

Die Mutter bemerkte, indem sie nach der Wanduhr sah, daß es überdies nahe an Mitternacht sei, nahm ein Licht in die Hand, und forderte den Fremden auf, ihr zu folgen. Sie führte ihn durch einen langen Gang in das für ihn bestimmte Zimmer; Toni trug den Überrock des Fremden und mehrere andere Sachen, die er abgelegt hatte; die Mutter zeigte ihm ein von Polstern bequem aufgestapeltes Bett, worin er schlafen sollte, und nachdem sie Toni noch befohlen hatte, dem Herrn ein Fußbad zu bereiten, wünschte sie ihm eine gute Nacht und empfahl sich. Der Fremde stellte seinen Degen in den Winkel und legte ein Paar Pistolen, die er im Gürtel trug, auf den Tisch. Er sah sich, während Toni das Bett vorschob und ein weißes Tuch darüber breitete, im Zimmer um; und da er gar bald, aus der Pracht und dem Geschmack, die darin herrschten, schloß, daß es dem vormaligen Besitzer der Pflanzung angehört haben müsse: so legte sich ein Gefühl der Unruhe wie ein Geier um sein Herz, und er wünschte sich, hungrig und durstig, wie er gekommen war, wieder in die Waldung zu den Seinigen zurück. Das Mädchen hatte mittlerweile, aus der nahgelegenen Küche, ein Gefäß mit warmem Wasser, von wohlriechenden Kräutern duftend, hereingeholt, und forderte den Offizier, der sich in das Fenster gelehnt hatte, auf, sich darin zu erquicken. Der Offizier ließ sich, während er sich schweigend von der Halsbinde und der Weste befreite, auf den Stuhl nieder; er schickte sich an, sich die Füße zu entblößen, und während das Mädchen, auf ihre Knie vor ihm hingekauert, die kleinen Vorkehrungen zum Bade besorgte, betrachtete er ihre einnehmende Gestalt. Ihr Haar, in dunkeln Locken schwellend, war ihr, als sie niederkniete, auf ihre jungen Brüste herabgerollt; ein Zug von ausnehmender Anmut spielte um ihre Lippen und über ihre langen, über die gesenkten Augen hervorragenden Augenwimpern; er hätte, bis auf die Farbe, die ihm anstößig war, schwören mögen, daß er nie etwas Schöneres gesehen. Dabei fiel ihm eine entfernte Ähnlichkeit, er wußte noch selbst nicht recht mit wem, auf, die er schon bei seinem Eintritt in das Haus bemerkt hatte, und die seine ganze Seele für sie in Anspruch nahm. Er ergriff sie, als sie in den Geschäften, die sie betrieb, aufstand, bei der Hand, und da er gar richtig schloß, daß es nur ein Mittel gab, zu erprüfen, ob das Mädchen ein Herz habe oder nicht, so zog er sie auf seinen Schoß nieder und fragte sie: »ob sie schon einem Bräutigam verlobt wäre?« Nein! lispelte das Mädchen, indem sie ihre großen schwarzen Augen in lieblicher Verschämtheit zur Erde schlug. Sie setzte, ohne sich auf seinem Schoß zu rühren, hinzu: Konelly, der junge Neger aus der Nachbarschaft, hätte zwar vor drei Monaten um sie angehalten; sie hätte ihn aber, weil sie noch zu jung wäre, ausgeschlagen. Der Fremde, der, mit seinen beiden Händen, ihren schlanken Leib umfaßt hielt, sagte: »in seinem Vaterlande wäre, nach einem daselbst herrschenden Sprichwort, ein Mädchen von vierzehn Jahren und sieben Wochen bejahrt genug, um zu heiraten.« Er fragte, während sie ein kleines, goldenes Kreuz, das er auf der Brust trug, betrachtete: »wie alt sie wäre?« – Funfzehn Jahre, erwiderte Toni. »Nun also!« sprach der Fremde. – »Fehlt es ihm denn an Vermögen, um sich häuslich, wie du es wünschest, mit dir niederzulassen?« Toni, ohne die Augen zu ihm aufzuschlagen, erwiderte: o nein! – Vielmehr, sprach sie, indem sie das Kreuz, das sie in der Hand hielt, fahren ließ: Konelly ist, seit der letzten Wendung der Dinge, ein reicher Mann geworden; seinem Vater ist die ganze Niederlassung, die sonst dem Pflanzer, seinem Herrn, gehörte, zugefallen. – »Warum lehntest du denn seinen Antrag ab?« fragte der Fremde. Er streichelte ihr freundlich das Haar von der Stirn und sprach: »gefiel er dir etwa nicht?« Das Mädchen, indem sie kurz mit dem Kopf schüttelte, lachte; und auf die Frage des Fremden, ihr scherzend ins Ohr geflüstert: ob es vielleicht ein Weißer sein müsse, der ihre Gunst davon tragen solle? legte sie sich plötzlich, nach einem flüchtigen, träumerischen Bedenken, unter einem überaus reizenden Erröten, das über ihr verbranntes Gesicht aufloderte, an seine Brust. Der Fremde, von ihrer Anmut und Lieblichkeit gerührt, nannte sie sein liebes Mädchen, und schloß sie, wie durch göttliche Hand von jeder Sorge erlöst, in seine Arme. Es war ihm unmöglich zu glauben, daß alle diese Bewegungen, die er an ihr wahrnahm, der bloße elende Ausdruck einer kalten und gräßlichen Verräterei sein sollten. Die Gedanken, die ihn beunruhigt hatten, wichen, wie ein Heer schauerlicher Vögel, von ihm; er schalt sich, ihr Herz nur einen Augenblick verkannt zu haben, und während er sie auf seinen Knien schaukelte, und den süßen Atem einsog, den sie ihm heraufsandte, drückte er gleichsam zum Zeichen der Aussöhnung und Vergebung, einen Kuß auf ihre Stirn. Inzwischen hatte sich das Mädchen, unter einem sonderbar plötzlichen Aufhorchen, als ob jemand von dem Gange her der Tür nahte, emporgerichtet; sie rückte sich gedankenvoll und träumerisch das Tuch, das sich über ihrer Brust verschoben hatte, zurecht; und erst als sie sah, daß sie von einem Irrtum getäuscht worden war, wandte sie sich mit einigem Ausdruck von Heiterkeit wieder zu dem Fremden zurück und erinnerte ihn: daß sich das Wasser, wenn er nicht bald Gebrauch davon machte, abkälten würde. – Nun? sagte sie betreten, da der Fremde schwieg und sie gedankenvoll betrachtete: was seht ihr mich so aufmerksam an? Sie suchte, indem sie sich mit ihrem Latz beschäftigte, die Verlegenheit, die sie ergriffen, zu verbergen, und rief lachend: wunderlicher Herr, was fällt euch in meinem Anblick so auf? Der Fremde, der sich mit der Hand über die Stirn gefahren war, sagte, einen Seufzer unterdrückend, indem er sie von seinem Schoß herunterhob: »eine wunderbare Ähnlichkeit zwischen dir und einer Freundin!« – Toni, welche sichtbar bemerkte, daß sich seine Heiterkeit zerstreut hatte, nahm ihn freundlich und teilnehmend bei der Hand, und fragte: mit welcher? worauf jener, nach einer kurzen Besinnung das Wort nahm und sprach: »Ihr Name war Mariane Congreve und ihre Vaterstadt Straßburg. Ich hatte sie in dieser Stadt, wo ihr Vater Kaufmann war, kurz vor dem Ausbruch der Revolution kennen gelernt, und war glücklich genug gewesen, ihr Jawort und vorläufig auch ihrer Mutter Zustimmung zu erhalten. Ach, es war die treuste Seele unter der Sonne; und die schrecklichen und rührenden Umstände, unter denen ich sie verlor, werden mir, wenn ich dich ansehe, so gegenwärtig, daß ich mich vor Wehmut der

Tränen nicht enthalten kann.« Wie? sagte Toni, indem sie sich herzlich und innig an ihn drückte: sie lebt nicht mehr? – »Sie starb«, antwortete der Fremde, »und ich lernte den Inbegriff aller Güte und Vortrefflichkeit erst mit ihrem Tode kennen. Gott weiß«, fuhr er fort, indem er sein Haupt schmerzlich an ihre Schulter lehnte, »wie ich die Unbesonnenheit so weit treiben konnte, mir eines Abends an einem öffentlichen Ort Äußerungen über das eben errichtete furchtbare Revolutionstribunal zu erlauben. Man verklagte, man suchte mich; ja, in Ermangelung meiner, der glücklich genug gewesen war, sich in die Vorstadt zu retten, lief die Rotte meiner rasenden Verfolger, die ein Opfer haben mußte, nach der Wohnung meiner Braut, und durch ihre wahrhaftige Versicherung, daß sie nicht wisse, wo ich sei, erbittert, schleppte man dieselbe, unter dem Vorwand, daß sie mit mir im Einverständnis sei, mit unerhörter Leichtfertigkeit statt meiner auf den Richtplatz. Kaum war mir diese entsetzliche Nachricht hinterbracht worden, als ich sogleich aus dem Schlupfwinkel, in welchen ich mich geflüchtet hatte, hervortrat, und indem ich, die Menge durchbrechend, nach dem Richtplatz eilte, laut ausrief: Hier, ihr Unmenschlichen, hier bin ich! Doch sie, die schon auf dem Gerüste der Guillotine stand, antwortete auf die Frage einiger Richter, denen ich unglücklicher Weise fremd sein mußte, indem sie sich mit einem Blick, der mir unauslöschlich in die Seele geprägt ist, von mir abwandte: diesen Menschen kenne ich nicht! – worauf unter Trommeln und Lärmen, von den ungeduldigen Blutmenschen angezettelt, das Eisen, wenige Augenblicke nachher, herabfiel, und ihr Haupt von seinem Rumpfe trennte. – Wie ich gerettet worden bin, das weiß ich nicht; ich befand mich, eine Viertelstunde darauf, in der Wohnung eines Freundes, wo ich aus einer Ohnmacht in die andere fiel, und halbwahnwitzig gegen Abend auf einen Wagen geladen und über den Rhein geschafft wurde.« – Bei diesen

Worten trat der Fremde, indem er das Mädchen losließ, an das Fenster; und da diese sah, daß er sein Gesicht sehr gerührt in ein Tuch drückte: so übernahm sie, von manchen Seiten geweckt, ein menschliches Gefühl; sie folgte ihm mit einer plötzlichen Bewegung, fiel ihm um den Hals, und mischte ihre Tränen mit den seinigen.

Was weiter erfolgte, brauchen wir nicht zu melden, weil es jeder, der an diese Stelle kommt, von selbst liest. Der Fremde, als er sich wieder gesammlet hatte, wußte nicht, wohin ihn die Tat, die er begangen, führen würde; inzwischen sah er so viel ein, daß er gerettet, und in dem Hause, in welchem er sich befand, für ihn nichts von dem Mädchen zu befürchten war. Er versuchte, da er sie mit verschränkten Armen auf dem Bett weinen sah, alles nur Mögliche, um sie zu beruhigen. Er nahm sich das kleine goldene Kreuz, ein Geschenk der treuen Mariane, seiner abgeschiedenen Braut, von der Brust; und, indem er sich unter unendlichen Liebkosungen über sie neigte, hing er es ihr als ein Brautgeschenk, wie er es nannte, um den Hals. Er setzte sich, da sie in Tränen zerfloß und auf seine Worte nicht hörte, auf den Rand des Bettes nieder, und sagte ihr, indem er ihre Hand bald streichelte, bald küßte: daß er bei ihrer Mutter am Morgen des nächsten Tages um sie anhalten wolle. Er beschrieb ihr, welch ein kleines Eigentum, frei und unabhängig, er an den Ufern der Aar besitze; eine Wohnung, bequem und geräumig genug, sie und auch ihre Mutter, wenn ihr Alter die Reise zulasse, darin aufzunehmen; Felder, Gärten, Wiesen und Weinberge; und einen alten ehrwürdigen Vater, der sie dankbar und liebreich daselbst, weil sie seinen Sohn gerettet, empfangen würde. Er schloß sie, da ihre Tränen in unendlichen Ergießungen auf das Bettkissen niederflossen, in seine Arme, und fragte sie, von Rührung selber ergriffen: was er ihr zu Leide getan und ob sie ihm nicht vergeben könne? Er schwor ihr, daß die Liebe für sie nie aus seinem Herzen weichen würde, und daß nur, im Taumel wunderbar verwirrter Sinne, eine Mischung von Begierde und Angst, die sie ihm eingeflößt, ihn zu einer solchen Tat habe verführen können. Er erinnerte sie zuletzt, daß die Morgensterne funkelten, und daß, wenn sie länger im Bette verweilte, die Mutter kommen und sie darin überraschen würde; er forderte sie, ihrer Gesundheit wegen, auf, sich zu erheben und noch einige Stunden auf ihrem eignen Lager auszuruhen; er fragte sie, durch ihren Zustand in die entsetzlichsten Besorgnisse gestürzt, ob er sie vielleicht in seinen Armen aufheben und in ihre Kammer tragen solle; doch da sie auf Alles, was er vorbrachte, nicht antwortete, und, ihr Haupt stilljammernd, ohne sich zu rühren, in ihre Arme gedrückt, auf den verwirrten Kissen des Bettes dalag: so blieb ihm zuletzt, hell wie der Tag schon durch beide Fenster schimmerte, nichts übrig, als sie, ohne weitere Rücksprache, aufzuheben; er trug sie, die wie eine Leblose von seiner Schulter niederhing, die Treppe hinauf in ihre Kammer, und nachdem er sie auf ihr Bette niedergelegt, und ihr unter tausend Liebkosungen noch einmal Alles, was er ihr schon gesagt, wiederholt hatte, nannte er sie noch einmal seine liebe Braut, drückte einen Kuß auf ihre Wangen, und eilte in sein Zimmer zurück.

Sobald der Tag völlig angebrochen war, begab sich die alte Babekan zu ihrer Tochter hinauf, und eröffnete ihr, indem sie, sich an ihr Bett niedersetzte, welch' einen Plan sie mit dem Fremden sowohl, als seiner Reisegesellschaft vor habe. Sie meinte, daß, da der Neger Congo Hoango erst in zwei Tagen wiederkehre, Alles darauf ankäme, den Fremden während dieser Zeit in dem Hause hinzuhalten, ohne die Familie seiner Angehörigen, deren Gegenwart, ihrer Menge wegen, gefährlich werden könnte, darin zuzulassen. Zu diesem Zweck, sprach sie, habe sie erdacht, dem Fremden vorzuspiegeln, daß, einer so eben eingelaufenen Nachricht zufolge, der General

Dessalines sich mit seinem Heer in diese Gegend wenden werde, und daß man mithin, wegen allzugroßer Gefahr, erst am dritten Tage, wenn er vorüber wäre, würde möglich machen können, die Familie, seinem Wunsche gemäß, in dem Hause aufzunehmen. Die Gesellschaft selbst, schloß sie, müsse inzwischen, damit sie nicht weiter reise, mit Lebensmitteln versorgt, und gleichfalls, um sich ihrer späterhin zu bemächtigen, in dem Wahn, daß sie eine Zuflucht in dem Hause finden werde, hingehalten werden. Sie bemerkte, daß die Sache wichtig sei, indem die Familie wahrscheinlich beträchtliche Habseligkeiten mit sich führe; und forderte die Tochter auf, sie aus allen Kräften in dem Vorhaben, das sie ihr angegeben, zu unterstützen. Toni, halb im Bette aufgerichtet, indem die Röte des Unwillens ihr Gesicht überflog, versetzte: »daß es schändlich und niederträchtig wäre, das Gastrecht an Personen, die man in das Haus gelockt, also zu verletzen. Sie meinte, daß ein Verfolgter, der sich ihrem Schutz anvertraut, doppelt sicher bei ihnen sein sollte; und versicherte, daß, wenn sie den blutigen Anschlag, den sie ihr geäußert, nicht aufgäbe, sie auf der Stelle hingehen und dem Fremden anzeigen würde, welch eine Mördergrube das Haus sei, in welchem er geglaubt habe, seine Rettung zu finden.« Toni! sagte die Mutter, indem sie die Arme in die Seite stämmte, und dieselbe mit großen Augen ansah. – »Gewiß!« erwiderte Toni, indem sie die Stimme senkte. »Was hat uns dieser Jüngling, der von Geburt gar nicht einmal ein Franzose, sondern, wie wir gesehen haben, ein Schweizer ist, zu leide getan, daß wir, nach Art der Räuber, über ihn herfallen, ihn töten und ausplündern wollen? Gelten die Beschwerden, die man hier gegen die Pflanzer führt, auch in der Gegend der Insel, aus welcher er herkömmt? Zeigt nicht vielmehr Alles, daß er der edelste und vortrefflichste Mensch ist, und gewiß das Unrecht, das die Schwarzen seiner Gattung vorwerfen mögen, auf keine Weise teilt?« – Die Alte, während sie den sonderbaren Ausdruck des Mädchens betrachtete, sagte bloß mit bebenden Lippen: daß sie erstaune. Sie fragte, was der junge Portugiese verschuldet, den man unter dem Torweg kürzlich mit Keulen zu Boden geworfen habe? Sie fragte, was die beiden Holländer verbrochen, die vor drei Wochen durch die Kugeln der Neger im Hofe gefallen wären? Sie wollte wissen, was man den drei Franzosen und so vielen andern einzelnen Flüchtlingen, vom Geschlecht der Weißen, zur Last gelegt habe, die mit Büchsen, Spießen und Dolchen, seit dem Ausbruch der Empörung, im Hause hingerichtet worden wären? »Beim Licht der Sonne«, sagte die Tochter, indem sie wild aufstand, »du hast sehr Unrecht, mich an diese Greueltaten zu erinnern! Die Unmenschlichkeiten, an denen ihr mich Teil zu nehmen zwingt, empörten längst mein innerstes Gefühl; und um mir Gottes Rache wegen Alles, was vorgefallen, zu versöhnen, so schwöre ich dir, daß ich eher zehnfachen Todes sterben, als zugeben werde, daß diesem Jüngling, so lange er sich in unserm Hause befindet, auch nur ein Haar gekrümmt werde.« – Wohlan, sagte die Alte, mit einem plötzlichen Ausdruck von Nachgiebigkeit: so mag der Fremde reisen! Aber wenn Congo Hoango zurückkömmt, setzte sie hinzu, indem sie, um das Zimmer zu verlassen, aufstand, und erfährt, daß ein Weißer in unserm Hause übernachtet hat, so magst du das Mitleiden, das dich bewog, ihn gegen das ausdrückliche Gebot wieder abziehen zu lassen, verantworten.

Auf diese Äußerung, bei welcher, trotz aller scheinbaren Milde, der Ingrimm der Alten heimlich hervorbrach, blieb das Mädchen in nicht geringer Bestürzung im Zimmer zurück. Sie kannte den Haß der Alten gegen die Weißen zu gut, als daß sie hätte glauben können, sie werde eine solche Gelegenheit, ihn zu sättigen, ungenutzt vorüber gehen lassen. Furcht, daß sie sogleich in die benachbarten Pflanzungen schicken und die Neger zur Überwältigung des Fremden herbeirufen möchte, bewog sie, sich anzukleiden und ihr unverzüglich in das untere Wohnzimmer zu folgen. Sie stellte sich, während diese verstört den Speiseschrank, bei welchem sie ein Geschäft zu haben schien, verließ, und sich an einen Spinnrocken niedersetzte, vor das an die Tür geschlagene Mandat, in welchem allen Schwarzen bei Lebensstrafe verboten war, den Weißen Schutz und Obdach zu geben; und gleichsam als ob sie, von Schrecken ergriffen, das Unrecht, das sie begangen, einsähe, wandte sie sich plötzlich, und fiel der Mutter, die sie, wie sie wohl wußte, von hinten beobachtet hatte, zu Füßen. Sie bat, die Knie derselben umklammernd, ihr die rasenden Äußerungen, die sie sich zu Gunsten des Fremden erlaubt, zu vergeben; entschuldigte sich mit dem Zustand, halb träumend, halb wachend, in welchem sie von ihr mit den Vorschlägen zu seiner Überlistung, da sie noch im Bette gelegen, überrascht worden sei, und meinte, daß sie ihn ganz und gar der Rache der bestehenden Landesgesetze, die seine Vernichtung einmal beschlossen, Preis gäbe. Die Alte, nach einer Pause, in der sie das Mädchen unverwandt betrachtete, sagte: »Beim Himmel, diese deine Erklärung rettet ihm für heute das Leben! Denn die Speise, da du ihn in deinen Schutz zu nehmen drohtest, war schon vergiftet, die ihn der Gewalt Congo Hoango's, seinem Befehl gemäß, wenigstens tot überliefert haben würde.« Und damit stand sie auf und schüttete einen Topf mit Milch, der auf dem Tisch stand, aus dem Fenster. Toni, welche ihren Sinnen nicht traute, starrte, von Entsetzen ergriffen, die Mutter an. Die Alte, während sie sich wieder niedersetzte, und das Mädchen, das noch immer auf den Knien dalag, vom Boden aufhob, fragte: »was denn im Lauf einer einzigen Nacht ihre Gedanken so plötzlich umgewandelt hätte? Ob sie gestern, nachdem sie ihm das Bad bereitet, noch lange bei ihm gewesen wäre? Und ob sie viel mit dem Fremden gesprochen hätte?« Doch Toni, deren Brust flog, antwortete hierauf nicht, oder nichts Bestimmtes; das Auge zu Boden geschlagen, stand sie, indem sie sich den Kopf hielt, und berief sich auf einen Traum; ein Blick jedoch auf die Brust ihrer unglücklichen Mutter, sprach sie, indem sie sich rasch bückte und ihre Hand küßte, rufe ihr die ganze Unmenschlichkeit der Gattung, zu der dieser Fremde gehöre, wieder ins Gedächtnis zurück: und beteuerte, indem sie sich umkehrte und das Gesicht in ihre Schürze drückte, daß, sobald der Neger Hoango eingetroffen wäre, sie sehen würde, was sie an ihr für eine Tochter habe.

Babekan saß noch in Gedanken versenkt, und erwog, woher wohl die sonderbare Leidenschaftlichkeit des Mädchens entspringe: als der Fremde mit einem in seinem Schlafgemach geschriebenen Zettel, worin er die Familie einlud, einige Tage in der Pflanzung des Negers Hoango zuzubringen, in das Zimmer trat. Er grüßte sehr heiter und freundlich die Mutter und die Tochter, und bat, indem er der Alten den Zettel übergab: daß man sogleich in die Waldung schicken und für die Gesellschaft, dem ihm gegebenen Versprechen gemäß, Sorge tragen möchte. Babekan stand auf und sagte, mit einem Ausdruck von Unruhe, indem sie den Zettel in den Wandschrank legte: »Herr, wir müssen euch bitten, euch sogleich in euer Schlafzimmer zurück zu verfügen. Die Straße ist voll von einzelnen Negertrupps, die vorüberziehen und uns anmelden, daß sich der General Dessalines mit seinem Heer in diese Gegend wenden werde. Dies Haus, das jedem offen steht, gewährt euch keine Sicherheit, falls ihr euch nicht in eurem, auf den Hof hinausgehenden, Schlafgemach verbergt, und die Türen sowohl, als auch die Fensterladen, auf das Sorgfältigste verschließt.« – Wie? sagte der Fremde betroffen: der General Dessalines – »Fragt nicht!« unterbrach ihn die Alte, indem sie mit einem Stock dreimal auf den Fußboden klopfte: »in eurem Schlafgemach, wohin ich euch folgen werde, will ich euch Alles erklären.« Der Fremde, von der Alten mit ängstlichen Gebärden aus dem Zimmer gedrängt, wandte sich noch einmal unter der Tür und rief: aber wird man der Familie, die meiner harrt, nicht wenigstens einen Boten zusenden müssen, der sie –? »Es wird Alles besorgt werden«, fiel ihm die Alte ein, während, durch ihr Klopfen gerufen, der Bastardknabe, den wir schon kennen, hereinkam; und damit befahl sie Toni, die, dem Fremden den Rücken zukehrend, vor den Spiegel getreten war, einen Korb mit Lebensmitteln, der in dem Winkel stand, aufzunehmen; und Mutter, Tochter, der Fremde und der Knabe begaben sich in das Schlafzimmer hinauf.

Hier erzählte die Alte, indem sie sich auf gemächliche Weise auf den Sessel niederließ, wie man die ganze Nacht über auf den, den Horizont abschneidenden Bergen, die Feuer des Generals Dessalines schimmern gesehen: ein Umstand, der in der Tat gegründet war, obschon sich bis diesen Augenblick noch kein einziger Neger von seinem Heer, das südwestlich gegen Port au Prince anrückte, in dieser Gegend gezeigt hatte. Es gelang ihr, den Fremden dadurch in einen Wirbel von Unruhe zu stürzen, den sie jedoch nachher wieder durch die Versicherung, daß sie alles Mögliche, selbst in dem schlimmen Fall, daß sie Einquartierung bekäme, zu seiner Rettung beitragen würde, zu stillen wußte. Sie nahm, auf die wiederholte inständige Erinnerung desselben, unter diesen Umständen seiner Familie wenigstens mit Lebensmitteln beizuspringen, der Tochter den Korb aus der Hand, und indem sie ihn dem Knaben gab, sagte sie ihm: »er solle an den Möwenweiher in die nahgelegnen Waldberge hinaus gehen, und ihn der daselbst befindlichen Familie des fremden Offiziers überbringen. Der Offizier selbst«, solle er hinzusetzen, »befinde sich wohl; Freunde der Weißen, die selbst viel der Partei wegen, die sie ergriffen, von den Schwarzen leiden müßten, hätten ihn in ihrem Hause mitleidig aufgenommen.« Sie schloß, daß sobald die Landstraße nur von den bewaffneten Negerhaufen, die man erwartete, befreit wäre, man sogleich Anstalten treffen würde, auch ihr, der Familie, ein Unterkommen in diesem Hause zu verschaffen. – Hast du verstanden? fragte sie, da sie geendet hatte. Der Knabe, indem er den Korb auf seinen Kopf setzte, antwortete: daß er den ihm beschriebenen Möwenweiher, an dem er zuweilen mit seinen Kameraden zu fischen pflege, gar wohl kenne, und daß er Alles, wie man es ihm aufgetragen, an die daselbst übernachtende Familie des fremden Herrn bestellen würde. Der Fremde zog sich, auf die Frage der Alten: ob er noch etwas hinzuzusetzen hätte? noch einen Ring vom Finger, und händigte ihn dem Knaben ein, mit dem Auftrag, ihn zum Zeichen, daß es mit den überbrachten Meldungen seine Richtigkeit habe, dem Oberhaupt der Familie, Hrn. Strömli, zu übergeben. Hierauf traf die Mutter mehrere, die Sicherheit des Fremden, wie sie sagte, abzweckende Veranstaltungen; befahl Toni, die Fensterladen zu verschließen, und zündete selbst, um die Nacht, die dadurch in dem Zimmer herrschend geworden war, zu zerstreuen, an einem auf dem Kaminsims befindlichen Feuerzeug, nicht ohne Mühseligkeit, indem der Zunder nicht fangen wollte, ein Licht an. Der Fremde benutzte diesen Augenblick, um den Arm sanft um Toni's Leib zu legen, und ihr ins Ohr zu flüstern: wie sie geschlafen? und: ob er die Mutter nicht von dem, was vorgefallen, unterrichten solle? doch auf die erste Frage antwortete Toni nicht, und auf die andere versetzte sie, indem sie sich aus seinem Arm loswand: nein, wenn ihr mich liebt, kein Wort! Sie unterdrückte die Angst, die alle diese lügenhaften Anstalten in ihr erweckten; und unter dem Vorwand, dem Fremden ein Frühstück zu bereiten, stürzte sie eilig in das untere Wohnzimmer herab.

Sie nahm aus dem Schrank der Mutter den Brief, worin der Fremde in seiner Unschuld die Familie eingeladen hatte, dem Knaben in die Niederlassung zu folgen: und auf gut Glück hin, ob die Mutter ihn vermissen würde, entschlossen, im schlimmsten Falle den Tod mit ihm zu leiden, flog sie damit dem schon auf der Landstraße wandernden Knaben nach. Denn sie sah den Jüngling, vor Gott und ihrem Herzen, nicht mehr als einen bloßen Gast, dem sie Schutz und Obdach gegeben, sondern als ihren Verlobten und Gemahl an, und war Willens, sobald nur seine Partei im Hause stark genug sein würde, dies der Mutter, auf deren Bestürzung sie unter diesen Umständen rechnete, ohne Rückhalt zu erklären. »Nanky«, sprach sie, da sie den Knaben atemlos und eilfertig auf der Landstraße erreicht hatte: »die Mutter hat ihren Plan, die Familie Hrn. Strömli's anbetreffend, umgeändert. Nimm diesen Brief! Er lautet an Hrn. Strömli, das alte Oberhaupt der Familie, und enthält die Einladung, einige Tage mit Allem, was zu ihm gehört, in unserer Niederlassung zu verweilen. – Sei klug und trage selbst alles Mögliche dazu bei, diesen Entschluß zur Reife zu bringen; Congo Hoango, der Neger, wird, wenn er wiederkömmt, es dir lohnen!« Gut, gut, Base Toni, antwortete der Knabe. Er fragte, indem er den Brief sorgsam eingewickelt in seine Tasche steckte: und ich soll dem Zuge, auf seinem Wege hierher, zum Führer dienen? »Allerdings«, versetzte Toni; »das versteht sich, weil sie die Gegend nicht kennen, von selbst. Doch wirst du, möglicher Truppenmärsche wegen, die auf der Landstraße statt finden könnten, die Wanderung eher nicht, als um Mitternacht antreten; aber dann dieselbe auch so beschleunigen, daß du vor der Dämmerung des Tages hier eintriffst. – Kann man sich auf dich verlassen?« fragte sie. Verlaßt euch auf Nanky! antwortete der Knabe; ich weiß, warum ihr diese weißen Flüchtlinge in die Pflanzung lockt, und der Neger Hoango soll mit mir zufrieden sein!

Hierauf trug Toni dem Fremden das Frühstück auf; und nachdem es wieder abgenommen war, begaben sich Mutter und Tochter, ihrer häuslichen Geschäfte wegen, in das vordere Wohnzimmer zurück. Es konnte nicht fehlen, daß die Mutter einige Zeit darauf an den Schrank trat, und, wie es natürlich war, den Brief vermißte. Sie legte die Hand, ungläubig gegen ihr Gedächtnis, einen Augenblick an den Kopf, und fragte Toni: wo sie den Brief, den ihr der Fremde gegeben, wohl hingelegt haben könne? Toni antwortete nach einer kurzen Pause, in der sie auf den Boden niedersah: daß ihn der Fremde ja, ihres Wissens, wieder eingesteckt und oben im Zimmer, in ihrer beider Gegenwart, zerrissen habe! Die Mutter schaute das Mädchen mit großen Augen an; sie meinte, sich bestimmt zu erinnern, daß sie den Brief aus seiner Hand empfangen und in den Schrank gelegt habe; doch da sie ihn nach vielem vergeblichen Suchen darin nicht fand, und ihrem Gedächtnis, mehrerer ähnlichen Vorfälle wegen, mißtraute: so blieb ihr zuletzt nichts übrig, als der Meinung, die ihr die Tochter geäußert, Glauben zu schenken. Inzwischen konnte sie ihr lebhaftes Mißvergnügen über diesen Umstand nicht unterdrükken, und meinte, daß der Brief dem Neger Hoango, um die Familie in die Pflanzung hereinzubringen, von der größten Wichtigkeit gewesen sein würde. Am Mittag und Abend, da Toni den Fremden mit Speisen bediente, nahm sie, zu seiner Unterhaltung an der Tischecke sitzend, mehreremal Gelegenheit, ihn nach dem Briefe zu fragen; doch Toni war geschickt genug, das Gespräch, so oft es auf diesen gefährlichen Punkt kam, abzulenken oder zu verwirren; dergestalt, daß die Mutter durch die Erklärungen des Fremden über das eigentliche Schicksal des Briefes auf keine Weise ins Reine kam. So verfloß der Tag; die Mutter verschloß nach dem Abendessen aus Vorsicht, wie sie sagte, des Fremden Zimmer; und nachdem sie noch mit Toni überlegt hatte, durch welche List sie sich von neuem, am folgenden Tage, in den Besitz eines solchen Briefes setzen könne, begab sie sich zur Ruhe, und befahl dem Mädchen gleichfalls, zu Bette zu gehen.

Sobald Toni, die diesen Augenblick mit Sehnsucht erwartet

hatte, ihre Schlafkammer erreicht und sich überzeugt hatte, daß die Mutter entschlummert war, stellte sie das Bildnis der heiligen Jungfrau, das neben ihrem Bette hing, auf einen Sessel, und ließ sich mit verschränkten Händen auf Knien davor nieder. Sie flehte den Erlöser, ihren göttlichen Sohn, in einem Gebet voll unendlicher Inbrunst, um Mut und Standhaftigkeit an, dem Jüngling, dem sie sich zu eigen gegeben, das Geständnis der Verbrechen, die ihren jungen Busen beschwerten, abzulegen. Sie gelobte, diesem, was es ihrem Herzen auch kosten würde, nichts, auch nicht die Absicht, erbarmungslos und entsetzlich, in der sie ihn gestern in das Haus gelockt, zu verbergen; doch um der Schritte willen, die sie bereits zu seiner Rettung getan, wünschte sie, daß er ihr vergeben, und sie als sein treues Weib mit sich nach Europa führen möchte. Durch dies Gebet wunderbar gestärkt, ergriff sie, indem sie aufstand, den Hauptschlüssel, der alle Gemächer des Hauses schloß, und schritt damit langsam, ohne Licht, über den schmalen Gang, der das Gebäude durchschnitt, dem Schlafgemach des Fremden zu. Sie öffnete das Zimmer leise und trat vor sein Bett, wo er in tiefen Schlaf versenkt ruhte. Der Mond beschien sein blühendes Antlitz, und der Nachtwind, der durch die geöffneten Fenster eindrang, spielte mit dem Haar auf seiner Stirn. Sie neigte sich sanft über ihn und rief ihn, seinen süßen Atem einsaugend, beim Namen; aber ein tiefer Traum, von dem sie der Gegenstand zu sein schien, beschäftigte ihn: wenigstens hörte sie, zu wiederholten Malen, von seinen glühenden, zitternden Lippen das geflüsterte Wort: Toni! Wehmut, die nicht zu beschreiben ist, ergriff sie; sie konnte sich nicht entschließen, ihn aus den Himmeln lieblicher Einbildung in die Tiefe einer gemeinen und elenden Wirklichkeit herabzureißen; und in der Gewißheit, daß er ja früh oder spät von selbst erwachen müsse, kniete sie an seinem Bette nieder und überdeckte seine teure Hand mit Küssen.

Aber wer beschreibt das Entsetzen, das wenige Augenblicke darauf ihren Busen ergriff, als sie plötzlich, im Innern des Hofraums, ein Geräusch von Menschen, Pferden und Waffen hörte, und darunter ganz deutlich die Stimme des Negers Congo Hoango erkannte, der unvermuteter Weise mit seinem ganzen Troß aus dem Lager des Generals Dessalines zurückgekehrt war. Sie stürzte, den Mondschein, der sie zu verraten drohte, sorgsam vermeidend, hinter die Vorhänge des Fensters, und hörte auch schon die Mutter, welche dem Neger von Allem, was während dessen vorgefallen war, auch von der Anwesenheit des europäischen Flüchtlings im Hause, Nachricht gab. Der Neger befahl den Seinigen, mit gedämpfter Stimme, im Hofe still zu sein. Er fragte die Alte, wo der Fremde in diesem Augenblicke befindlich sei? worauf diese ihm das Zimmer bezeichnete, und sogleich auch Gelegenheit nahm, ihn von dem sonderbaren und auffallenden Gespräch, das sie, den Flüchtling betreffend, mit der Tochter gehabt hatte, zu unterrichten. Sie versicherte dem Neger, daß das Mädchen eine Verräterin, und der ganze Anschlag, desselben habhaft zu werden, in Gefahr sei, zu scheitern. Wenigstens sei die Spitzbübin, wie sie bemerkt, heimlich beim Anbruch der Nacht in sein Bette geschlichen, wo sie noch bis diesen Augenblick in guter Ruhe befindlich sei; und wahrscheinlich, wenn der Fremde nicht schon entflohen sei, werde derselbe eben jetzt gewarnt, und die Mittel, wie seine Flucht zu bewerkstelligen sei, mit ihm verabredet. Der Neger, der die Treue des Mädchens schon in ähnlichen Fällen erprobt hatte, antwortete: es wäre wohl nicht möglich? Und: Kelly! rief er wütend, und: Omra! Nehmt eure Büchsen! Und damit, ohne weiter ein Wort zu sagen, stieg er, im Gefolge aller seiner Neger, die Treppe hinauf, und begab sich in das Zimmer des Fremden.

Toni, vor deren Augen sich, während weniger Minuten, dieser ganze Auftritt abgespielt hatte, stand, gelähmt an allen Gliedern, als ob sie ein Wetterstrahl getroffen hätte, da. Sie dachte einen Augenblick daran, den Fremden zu wecken; doch teils war, wegen Besetzung des Hofraums, keine Flucht für ihn möglich, teils auch sah sie voraus, daß er zu den Waffen greifen, und somit bei der Überlegenheit der Neger, Zubodenstreckung unmittelbar sein Los sein würde. Ja, die entsetzlichste Rücksicht, die sie zu nehmen genötigt war, war diese, daß der Unglückliche sie selbst, wenn er sie in dieser Stunde bei seinem Bette finde, für eine Verräterin halten, und, statt auf ihren Rat zu hören, in der Raserei eines so heillosen Wahns, dem Neger Hoango völlig besinnungslos in die Arme laufen würde. In dieser unaussprechlichen Angst fiel ihr ein Strick in die Augen, welcher, der Himmel weiß durch welchen Zufall, an dem Riegel der Wand hing. Gott selbst, meinte sie, indem sie ihn herabriß, hätte ihn zu ihrer und des Freundes Rettung dahin geführt. Sie umschlang den Jüngling, vielfache Knoten schürzend, an Händen und Füßen damit; und nachdem sie, ohne darauf zu achten, daß er sich rührte und sträubte, die Enden angezogen und an das Gestell des Bettes festgebunden hatte: drückte sie, froh, des Augenblicks mächtig geworden zu sein, einen Kuß auf seine Lippen, und eilte dem Neger Hoango, der schon auf der Treppe klirrte, entgegen.

Der Neger, der dem Bericht der Alten, Toni anbetreffend, immer noch keinen Glauben schenkte, stand, als er sie aus dem bezeichneten Zimmer hervortreten sah, bestürzt und verwirrt, im Korridor mit seinem Troß von Fackeln und Bewaffneten still. Er rief: »die Treulose! die Bundbrüchige!« und indem er sich zu Babekan wandte, welche einige Schritte vorwärts gegen die Tür des Fremden getan hatte, fragte er: »ist der Fremde entflohn?« Babekan, welche die Tür, ohne hineinzusehen, offen gefunden hatte, rief, indem sie als eine Wütende zurückkehrte: Die Gaunerin! Sie hat ihn entwischen lassen! Eilt, und besetzt die Ausgänge, ehe er das weite Feld erreicht!

»Was gibt's?« fragte Toni, indem sie mit dem Ausdruck des Erstaunens den Alten und die Neger, die ihn umringten, ansah. Was es gibt? erwiderte Hoango; und damit ergriff er sie bei der Brust und schleppte sie nach dem Zimmer hin. »Seid ihr rasend?« rief Toni, indem sie den Alten, der bei dem sich ihm darbietenden Anblick erstarrte, von sich stieß: »da liegt der Fremde, von mir in seinem Bette festgebunden; und, beim Himmel, es ist nicht die schlechteste Tat, die ich in meinem Leben getan!« Bei diesen Worten kehrte sie ihm den Rücken zu, und setzte sich, als ob sie weinte, an einen Tisch nieder. Der Alte wandte sich gegen die in Verwirrung zur Seite stehende Mutter und sprach: o Babekan, mit welchem Märchen hast du mich getäuscht? »Dem Himmel sei Dank«, antwortete die Mutter, indem sie die Stricke, mit welchen der Fremde gebunden war, verlegen untersuchte; »der Fremde ist da, obschon ich von dem Zusammenhang nichts begreife.« Der Neger trat, das Schwert in die Scheide steckend, an das Bett und fragte den Fremden: wer er sei? woher er komme und wohin er reise? Doch da dieser, unter krampfhaften Anstrengungen sich loszuwinden, nichts hervorbrachte, als, auf jämmerlich schmerzhafte Weise: o Toni! o Toni! – so nahm die Mutter das Wort und bedeutete ihm, daß er ein Schweizer sei, Namens Gustav von der Ried, und daß er mit einer ganzen Familie europäischer Hunde, welche in diesem Augenblick in den Berghöhlen am Möwenweiher versteckt sei, von dem Küstenplatz Fort Dauphin komme. Hoango, der das Mädchen, den Kopf schwermütig auf ihre Hände gestützt, dasitzen sah, trat zu ihr und nannte sie sein liebes Mädchen; klopfte ihr die Wangen, und forderte sie auf, ihm den übereilten Verdacht, den er ihr geäußert, zu vergeben. Die Alte, die gleichfalls vor das Mädchen hingetreten war, stämmte die Arme kopfschüttelnd in die Seite und fragte: weshalb sie denn den Fremden, der doch von der Gefahr, in der er sich befunden, gar nichts gewußt, mit Stricken in dem Bette festgebunden habe? Toni, vor Schmerz und Wut in der Tat weinend, antwortete, plötzlich zur Mutter gekehrt: »weil du keine Augen und Ohren hast! Weil er die Gefahr, in der er schwebte, gar wohl begriff! Weil er entfliehen wollte; weil er mich gebeten hatte, ihm zu seiner Flucht behülflich zu sein; weil er einen Anschlag auf dein eignes Leben gemacht hatte, und sein Vorhaben bei Anbruch des Tages ohne Zweifel, wenn ich ihn nicht schlafend gebunden hätte, in Ausführung gebracht haben würde.« Der Alte liebkoste und beruhigte das Mädchen, und befahl Babekan, von dieser Sache zu schweigen. Er rief ein Paar Schützen mit Büchsen vor, um das Gesetz, dem der Fremdling verfallen war, augenblicklich an demselben zu vollstrecken; aber Babekan flüsterte ihm heimlich zu: »nein, um's Himmels willen, Hoango!« – Sie nahm ihn auf die Seite und bedeutete ihm: »Der Fremde müsse, bevor er hingerichtet werde, eine Einladung aufsetzen, um vermittelst derselben die Familie, deren Bekämpfung im Walde manchen Gefahren ausgesetzt sei, in die Pflanzung zu locken.« – Hoango, in Erwägung, daß die Familie wahrscheinlich nicht unbewaffnet sein werde, gab diesem Vorschlage seinen Beifall; er stellte, weil es zu spät war, den Brief verabredeter Maßen schreiben zu lassen, zwei Wachen bei dem weißen Flüchtling aus; und nachdem er noch, der Sicherheit wegen, die Stricke untersucht, auch, weil er sie zu locker befand, ein Paar Leute herbeigerufen hatte, um sie noch enger zusammenzuziehen, verließ er mit seinem ganzen Troß das Zimmer, und Alles nach und nach begab sich zur Ruh.

Aber Toni, welche nur scheinbar dem Alten, der ihr noch einmal die Hand gereicht, gute Nacht gesagt und sich zu Bette gelegt hatte, stand, sobald sie Alles im Hause still sah, wieder auf, schlich sich durch eine Hinterpforte des Hauses auf das freie Feld hinaus, und lief, die wildeste Verzweiflung im Herzen, auf dem, die Landstraße durchkreuzenden, Wege der Gegend zu, von welcher die Familie Hrn. Strömli's herankommen mußte. Denn die Blicke voll Verachtung, die der Fremde von seinem Bette aus auf sie geworfen hatte, waren ihr empfindlich, wie Messerstiche, durchs Herz gegangen; es mischte sich ein Gefühl heißer Bitterkeit in ihre Liebe zu ihm, und sie frohlockte bei dem Gedanken, in dieser zu seiner Rettung angeordneten Unternehmung zu sterben. Sie stellte sich, in der Besorgnis, die Familie zu verfehlen, an den Stamm einer Pinie, bei welcher, falls die Einladung angenommen worden war, die Gesellschaft vorüberziehen mußte, und kaum war auch, der Verabredung gemäß, der erste Strahl der Dämmerung am Horizont angebrochen, als Nankys, des Knaben, Stimme, der dem Trosse zum Führer diente, schon fernher unter den Bäumen des Waldes hörbar ward.

Der Zug bestand aus Hrn. Strömli und seiner Gemahlin, welche letztere auf einem Maulesel ritt; fünf Kindern desselben, deren zwei, Adelbert und Gottfried, Jünglinge von 18 und 17 Jahren, neben dem Maulesel hergingen; drei Dienern und zwei Mägden, wovon die eine, einen Säugling an der Brust, auf dem andern Maulesel ritt; in allem aus zwölf Personen. Er bewegte sich langsam über die den Weg durchflechtenden Kienwurzeln, dem Stamm der Pinie zu: wo Toni, so geräuschlos, als niemand zu erschrecken nötig war, aus dem Schatten des Baums hervortrat, und dem Zuge zurief: Halt! Der Knabe kannte sie sogleich; und auf ihre Frage: wo Herr Strömli sei? während Männer, Weiber und Kinder sie umringten, stellte dieser sie freudig dem alten Oberhaupt der Familie, Herrn Strömli, vor. »Edler Herr!« sagte Toni, indem sie die Begrüßungen desselben mit fester Stimme unterbrach: »der Neger Hoango ist, auf überraschende Weise, mit seinem ganzen Troß in die Niederlassung zurück gekommen. Ihr könnt jetzt, ohne die größeste Lebensgefahr, nicht darin einkehren;

ja, euer Vetter, der zu seinem Unglück eine Aufnahme darin fand, ist verloren, wenn ihr nicht zu den Waffen greift, und mir, zu seiner Befreiung aus der Haft, in welcher ihn der Neger Hoango gefangen hält, in die Pflanzung folgt!« Gott im Himmel! riefen, von Schrecken erfaßt, alle Mitglieder der Familie; und die Mutter, die krank und von der Reise erschöpft war, fiel von dem Maultier ohnmächtig auf den Boden nieder. Toni, während, auf den Ruf Herrn Strömli's die Mägde herbeieilten, um ihrer Frau zu helfen, führte, von den Jünglingen mit Fragen bestürmt, Herrn Strömli und die übrigen Männer, aus Furcht vor dem Knaben Nanky, auf die Seite. Sie erzählte den Männern, ihre Tränen vor Scham und Reue nicht zurückhaltend, Alles, was vorgefallen; wie die Verhältnisse, in dem Augenblick, da der Jüngling eingetroffen, im Hause bestanden; wie das Gespräch, das sie unter vier Augen mit ihm gehabt, dieselben auf ganz unbegreifliche Weise verändert; was sie bei der Ankunft des Negers, fast wahnsinnig vor Angst, getan, und wie sie nun Tod und Leben daran setzen wolle, ihn aus der Gefangenschaft, worin sie ihn selbst gestürzt, wieder zu befreien. – Meine Waffen! rief Herr Strömli, indem er zu dem Maultier seiner Frau eilte und seine Büchse herabnahm. Er sagte, während auch Adelbert und Gottfried, seine rüstigen Söhne, und die drei wackern Diener sich bewaffneten: Vetter Gustav hat mehr als Einem von uns das Leben gerettet; jetzt ist es an uns, ihm den gleichen Dienst zu tun; und damit hob er seine Frau, welche sich erholt hatte, wieder auf das Maultier, ließ dem Knaben Nanky, aus Vorsicht, als eine Art von Geißel, die Hände binden; schickte den ganzen Troß, Weiber und Kinder, unter dem bloßen Schutz seines dreizehnjährigen, gleichfalls bewaffneten Sohnes, Ferdinand, an den Möwenweiher zurück; und nachdem er noch Toni, welche selbst einen Helm und einen Spieß genommen hatte, über die Stärke der Neger und ihre Verteilung im Hofraume ausgefragt und ihr versprochen hatte, Hoango's sowohl, als ihrer Mutter, so viel es sich tun ließ, bei dieser Unternehmung zu schonen: stellte er sich mutig, und auf Gott vertrauend, an die Spitze seines kleinen Haufens, und brach, von Toni geführt, in die Niederlassung auf.

Toni, sobald der Haufen durch die hintere Pforte eingeschlichen war, zeigte Herrn Strömli das Zimmer, in welchem Hoango und Babekan ruhten; und während Herr Strömli geräuschlos mit seinen Leuten in das offne Haus eintrat, und sich sämtlicher zusammengesetzter Gewehre der Neger bemächtigte, schlich sie zur Seite ab in den Stall, in welchem der fünfjährige Halbbruder des Nanky, Seppy, schlief. Denn Nanky und Seppy, Bastardkinder des alten Hoango, waren diesem, besonders der letzte, dessen Mutter kürzlich gestorben war, sehr teuer; und da, selbst in dem Fall, daß man den gefangenen Jüngling befreite, der Rückzug an den Möwenweiher und die Flucht von dort nach Port au Prince, der sie sich anzuschließen gedachte, noch mancherlei Schwierigkeiten ausgesetzt war: so schloß sie nicht unrichtig, daß der Besitz beider Knaben, als einer Art von Unterpfand, dem Zuge, bei etwaiger Verfolgung der Negern, von großem Vorteil sein würde. Es gelang ihr, den Knaben ungesehen aus seinem Bette zu heben, und in ihren Armen, halb schlafend, halb wachend, in das Hauptgebäude hinüberzutragen. Inzwischen war Herr Strömli, so heimlich, als es sich tun ließ, mit seinem Haufen in Hoango's Stubentüre eingetreten; aber statt ihn und Babekan, wie er glaubte, im Bette zu finden, standen, durch das Geräusch geweckt, beide, obschon halbnackt und hülflos, in der Mitte des Zimmers da. Herr Strömli, indem er seine Büchse in die Hand nahm, rief: sie sollten sich ergeben, oder sie wären des Todes! doch Hoango, statt aller Antwort, riß ein Pistol von der Wand und platzte es, Herrn Strömli am Kopf streifend, unter die Menge los. Herrn Strömli's Haufen, auf dies Signal, fiel wütend über ihn her; Hoango, nach einem zweiten Schuß, der einem Diener die Schulter durchbohrte, ward durch einen Säbelhieb an der Hand verwundet, und beide, Babekan und er, wurden niedergeworfen und mit Stricken am Gestell eines großen Tisches fest gebunden. Mittlerweile waren, durch die Schüsse geweckt, die Neger des Hoango, zwanzig und mehr an der Zahl, aus ihren Ställen hervorgestürzt, und drangen, da sie die alte Babekan im Hause schreien hörten, wütend gegen dasselbe vor, um ihre Waffen wieder zu erobern. Vergebens postierte Herr Strömli, dessen Wunde von keiner Bedeutung war, seine Leute an die Fenster des Hauses, und ließ, um die Kerle im Zaum zu halten, mit Büchsen unter sie feuern; sie achteten zweier Toten nicht, die schon auf dem Hofe umher lagen, und waren im Begriff, Äxte und Brechstangen zu holen, um die Haustür, welche Hr. Strömli verriegelt hatte, einzusprengen, als Toni, zitternd und bebend, den Knaben Seppy auf dem Arm, in Hoangos Zimmer trat. Herr Strömli, dem diese Erscheinung äußerst erwünscht war, riß ihr den Knaben vom Arm; er wandte sich, indem er seinen Hirschfänger zog, zu Hoango, und schwor, daß er den Jungen augenblicklich töten würde, wenn er den Negern nicht zuriefe, von ihrem Vorhaben abzustehen. Hoango, dessen Kraft durch den Hieb über die drei Finger der Hand gebrochen war, und der sein eignes Leben, im Fall einer Weigerung, ausgesetzt haben würde, erwiderte nach einigen Bedenken, indem er sich vom Boden aufheben ließ: »daß er dies tun wolle;« er stellte sich, von Herrn Strömli geführt, an das Fenster, und mit einem Schnupftuch, das er in die linke Hand nahm, über den Hof hinauswinkend, rief er den Negern zu: »daß sie die Tür, indem es, sein Leben zu retten, keiner Hülfe bedürfe, unberührt lassen sollten und in ihre Ställe zurückkehren möchten!« Hierauf beruhigte sich der Kampf ein wenig; Hoango schickte, auf Verlangen Herrn Strömli's, einen im Hause eingefangenen

Neger, mit der Wiederholung dieses Befehls, zu dem im Hofe noch verweilenden und sich beratschlagenden Haufen hinab; und da die Schwarzen, so wenig sie auch von der Sache begriffen, den Worten dieses förmlichen Botschafters Folge leisten mußten, so gaben sie ihren Anschlag, zu dessen Ausführung schon Alles in Bereitschaft war, auf, und verfügten sich, nach und nach, obschon murrend und schimpfend, in ihre Ställe zurück. Herr Strömli, indem er dem Knaben Seppy vor den Augen Hoango's die Hände binden ließ, sagte diesem: »daß seine Absicht keine andere sei, als den Offizier, seinen Vetter aus der in der Pflanzung über ihn verhängten Haft zu befreien, und daß, wenn seiner Flucht nach Port au Prince keine Hindernisse in den Weg gelegt würden, weder für sein, Hoango's, noch für seiner Kinder Leben, die er ihm wiedergeben würde, etwas zu befürchten sein würde.« Babekan, welcher Toni sich näherte und zum Abschied in einer Rührung, die sie nicht unterdrücken konnte, die Hand geben wollte, stieß diese heftig von sich. Sie nannte sie eine Niederträchtige und Verräterin, und meinte, indem sie sich am Gestell des Tisches, an dem sie lag, umkehrte: die Rache Gottes würde sie, noch ehe sie ihrer Schandtat froh geworden, ereilen. Toni antwortete: »ich habe euch nicht verraten; ich bin eine Weiße, und dem Jüngling, den ihr gefangen haltet, verlobt; ich gehöre zu dem Geschlecht derer, mit denen ihr im offenen Kriege liegt, und werde vor Gott, daß ich mich auf ihre Seite stellte, zu verantworten wissen.« Hierauf gab Herr Strömli dem Neger Hoango, den er zur Sicherheit wieder hatte fesseln und an die Pfosten der Tür festbinden lassen, eine Wache; er ließ den Diener, der, mit zersplittertem Schulterknochen, ohnmächtig am Boden lag, aufheben und wegtragen; und nachdem er dem Hoango noch gesagt hatte, daß er beide Kinder, den Nanky sowohl als den Seppy, nach Verlauf einiger Tage, in Sainte Lüze, wo die ersten französischen Vorposten stünden, abholen lassen könne, nahm er Toni, die, von mancherlei Gefühlen bestürmt, sich nicht enthalten konnte zu weinen, bei der Hand, und führte sie, unter den Flüchen Babekans und des alten Hoango, aus dem Schlafzimmer fort.

Inzwischen waren Adelbert und Gottfried, Hrn. Strömli's Söhne, schon nach Beendigung des ersten, an den Fenstern gefochtenen Hauptkampfs, auf Befehl des Vaters, in das Zimmer ihres Vetters Gustav geeilt, und waren glücklich genug gewesen, die beiden Schwarzen, die diesen bewachten, nach einem hartnäckigen Widerstand zu überwältigen. Der eine lag tot im Zimmer; der andere hatte sich mit einer schweren Schußwunde bis auf den Korridor hinausgeschleppt. Die Brüder, deren einer, der Ältere, dabei selbst, obschon nur leicht, am Schenkel verwundet worden war, banden den teuren lieben Vetter los: sie umarmten und küßten ihn, und forderten ihn jauchzend, indem sie ihm Gewehr und Waffen gaben, auf, ihnen nach dem vorderen Zimmer, in welchem, da der Sieg entschieden, Herr Strömli wahrscheinlich Alles schon zum Rückzug anordne, zu folgen. Aber Vetter Gustav, halb im Bette aufgerichtet, drückte ihnen freundlich die Hand; im übrigen war er still und zerstreut, und statt die Pistolen, die sie ihm darreichten, zu ergreifen, hob er die Rechte, und strich sich, mit einem unaussprechlichen Ausdruck von Gram, damit über die Stirn. Die Jünglinge, die sich bei ihm niedergesetzt hatten, fragten: was ihm fehle? und schon, da er sie mit seinem Arm umschloß, und sich mit dem Kopf schweigend an die Schulter des Jüngern lehnte, wollte Adelbert sich erheben, und ihm im Wahn, daß ihn eine Ohnmacht anwandle, einen Trunk Wasser herbeiholen: als Toni, den Knaben Seppy auf dem Arm, an der Hand Herrn Strömli's, in das Zimmer trat. Gustav wechselte bei diesem Anblick die Farbe; er hielt sich, indem er aufstand, als ob er umsinken wollte, an den Leibern der Freunde fest; und ehe die Jünglinge noch wußten, was er mit dem Pistol, das er ihnen jetzt aus der Hand nahm, anfangen wollte: drückte er dasselbe schon, knirschend vor Wut, gegen Toni ab. Der Schuß war ihr mitten durch die Brust gegangen; und da sie, mit einem gebrochenen Laut des Schmerzes, noch einige Schritte gegen ihn tat, und sodann, indem sie den Knaben an Herrn Strömli gab, vor ihm niedersank: schleuderte er das Pistol über sie, stieß sie mit dem Fuß von sich, und warf sich, indem er sie eine Hure nannte, wieder auf das Bette nieder. »Du ungeheurer Mensch!« riefen Herr Strömli und seine beiden Söhne. Die Jünglinge warfen sich über das Mädchen, und riefen, indem sie es aufhoben, einen der alten Diener herbei, der dem Zuge schon in manchen ähnlichen, verzweiflungsvollen Fällen die Hülfe eines Arztes geleistet hatte; aber das Mädchen, das sich mit der Hand krampfhaft die Wunde hielt, drückte die Freunde hinweg, und: »sagt ihm –!« stammelte sie röchelnd, auf ihn, der sie erschossen, hindeutend, und wiederholte: »sagt ihm – –!« »Was sollen wir ihm sagen?« fragte Herr Strömli, da der Tod ihr die Sprache raubte. Adelbert und Gottfried standen auf und riefen dem unbegreiflich gräßlichen Mörder zu: ob er wisse, daß das Mädchen seine Retterin sei; daß sie ihn liebe und daß es ihre Absicht gewesen sei, mit ihm, dem sie Alles, Eltern und Eigentum, aufgeopfert, nach Port au Prince zu entfliehen? – Sie donnerten ihm: Gustav! in die Ohren, und fragten ihn: ob er nichts höre? und schüttelten ihn und griffen ihn in die Haare, da er unempfindlich, und ohne auf sie zu achten, auf dem Bette lag. Gustav richtete sich auf. Er warf einen Blick auf das in seinem Blut sich wälzende Mädchen; und die Wut, die diese Tat veranlaßt hatte, machte, auf natürliche Weise, einem Gefühl gemeinen Mitleidens Platz. Hr. Strömli, heiße Tränen auf sein Schnupftuch niederweinend, fragte: warum, Elender, hast du das getan? Vetter Gustav, der von dem Bette aufgestanden war, und das Mädchen, indem er sich den Schweiß von

der Stirn abwischte, betrachtete, antwortete: daß sie ihn
schändlicher Weise zur Nachtzeit gebunden, und dem Neger
Hoango übergeben habe. »Ach!« rief Toni, und streckte, mit
einem unbeschreiblichen Blick, ihre Hand nach ihm aus: »dich,
liebsten Freund, band ich, weil – –!« Aber sie konnte nicht
reden und ihn auch mit der Hand nicht erreichen; sie fiel, mit
einer plötzlichen Erschlaffung der Kraft, wieder auf den Schoß
Herrn Strömli's zurück. Weshalb? fragte Gustav blaß, indem er
zu ihr niederkniete. Herr Strömli, nach einer langen, nur
durch das Röcheln Toni's unterbrochenen Pause, in welcher
man vergebens auf eine Antwort von ihr gehofft hatte, nahm
das Wort und sprach: weil, nach der Ankunft Hoango's, dich,
Unglücklichen, zu retten, kein anderes Mittel war; weil sie
den Kampf, den du unfehlbar eingegangen wärest, vermeiden,
weil sie Zeit gewinnen wollte, bis wir, die wir schon vermöge
ihrer Veranstaltung herbeieilten, deine Befreiung mit den
Waffen in der Hand erzwingen konnten. Gustav legte die
Hände vor sein Gesicht. Oh! rief er, ohne aufzusehen, und
meinte, die Erde versänke unter seinen Füßen: ist das, was ihr
mir sagt, wahr? Er legte seine Arme um ihren Leib und sah ihr
mit jammervoll zerrissenem Herzen ins Gesicht. »Ach«, rief
Toni, und dies waren ihre letzten Worte: »du hättest mir nicht
mißtrauen sollen!« Und damit hauchte sie ihre schöne Seele
aus. Gustav raufte sich die Haare. Gewiß! sagte er, da ihn die
Vettern von der Leiche wegrissen: ich hätte dir nicht mißtrau-
en sollen; denn du warst mir durch einen Eidschwur verlobt,
obschon wir keine Worte darüber gewechselt hatten! Herr
Strömli drückte jammernd den Latz, der des Mädchens Brust
umschloß, nieder. Er ermunterte den Diener, der mit einigen
unvollkommenen Rettungs-Werkzeugen neben ihm stand,
die Kugel, die, wie er meinte, in dem Brustknochen stecken
müsse, auszuziehen; aber alle Bemühung, wie gesagt, war vergebens, sie war von dem Blei ganz durchbohrt, und ihre See-

le schon zu besseren Sternen entflohn. – Inzwischen war Gustav ans Fenster getreten; und während Herr Strömli und seine Söhne unter stillen Tränen beratschlagten, was mit der Leiche anzufangen sei, und ob man nicht die Mutter herbeirufen solle: jagte Gustav sich die Kugel, womit das andere Pistol geladen war, durchs Hirn. Diese neue Schreckenstat raubte den Verwandten völlig alle Besinnung. Die Hülfe wandte sich jetzt auf ihn; aber des Ärmstem Schädel war ganz zerschmettert, und hing, da er sich das Pistol in den Mund gesetzt hatte, zum Teil an den Wänden umher. Herr Strömli war der Erste, der sich wieder sammelte. Denn da der Tag schon ganz hell durch die Fenster schien, und auch Nachrichten einliefen, daß die Neger sich schon wieder auf dem Hofe zeigten: so blieb nichts übrig, als ungesäumt an den Rückzug zu denken. Man legte die beiden Leichen, die man nicht der mutwilligen Gewalt der Neger überlassen wollte, auf ein Brett, und nachdem die Büchsen von neuem geladen waren, brach der traurige Zug nach dem Möwenweiher auf. Herr Strömli, den Knaben Seppy auf dem Arm, ging voran; ihm folgten die beiden stärksten Diener, welche auf ihren Schultern die Leichen trugen; der Verwundete schwankte an einem Stabe hinterher; und Adelbert und Gottfried gingen mit gespannten Büchsen dem langsam fortschreitenden Leichenzuge zur Seite. Die Neger, da sie den Haufen so schwach erblickten, traten mit Spießen und Gabeln aus ihren Wohnungen hervor, und schienen Miene zu machen, angreifen zu wollen; aber Hoango, den man die Vorsicht beobachtet hatte, loszubinden, trat auf die Treppe des Hauses hinaus, und winkte den Negern, zu ruhen. »In Sainte Lüze!« rief er Herrn Strömli zu, der schon mit den Leichen unter dem Torweg war. »In Sainte Lüze!« antwortete dieser: worauf der Zug, ohne verfolgt zu werden, auf das Feld hinauskam und die Waldung erreichte. Am Möwenweiher, wo man die Familie fand, grub man, unter vielen Tränen, den Leichen ein Grab; und nachdem man noch die Ringe, die sie an der Hand trugen, gewechselt hatte, senkte man sie unter stillen Gebeten in die Wohnungen des ewigen Friedens ein. Herr Strömli war glücklich genug, mit seiner Frau und seinen Kindern, fünf Tage darauf, Sainte Lüze zu erreichen, wo er die beiden Negerknaben, seinem Versprechen gemäß, zurückließ. Er traf kurz vor Anfang der Belagerung in Port au Prince ein, wo er noch auf den Wällen für die Sache der Weißen focht; und als die Stadt nach einer hartnäckigen Gegenwehr an den General Dessalines überging, rettete er sich mit dem französischen Heer auf die englische Flotte, von wo die Familie nach Europa überschiffte, und ohne weitere Unfälle ihr Vaterland, die Schweiz, erreichte. Herr Strömli kaufte sich daselbst mit dem Rest seines kleinen Vermögens, in der Gegend des Rigi, an; und noch im Jahr 1807 war unter den Büschen seines Gartens das Denkmal zu sehen, das er Gustav, seinem Vetter, und der Verlobten desselben, der treuen Toni, hatte setzen lassen.

DER FINDLING

Antonio Piachi, ein wohlhabender Güterhändler in Rom, war genötigt, in seinen Handelsgeschäften zuweilen große Reisen zu machen. Er pflegte dann gewöhnlich *Elvire*, seine junge Frau, unter dem Schutz ihrer Verwandten, daselbst zurückzulassen. Eine dieser Reisen führte ihn mit seinem Sohn *Paolo*, einem eilfjährigen Knaben, den ihm seine erste Frau geboren hatte, nach Ragusa. Es traf sich, daß hier eben eine pestartige Krankheit ausgebrochen war, welche die Stadt und Gegend umher in großes Schrecken setzte. Piachi, dem die Nachricht davon erst auf der Reise zu Ohren gekommen war, hielt in der Vorstadt an, um sich nach der Natur derselben zu erkundigen: Doch da er hörte, daß das Übel von Tage zu Tage bedenklicher werde, und daß man damit umgehe, die Tore zu sperren; so überwand die Sorge für seinen Sohn alle kaufmännischen Interessen: er nahm Pferde und reisete wieder ab.

Er bemerkte, da er im Freien war, einen Knaben neben seinem Wagen, der, nach Art der Flehenden, die Hände zu ihm ausstreckte und in großer Gemütsbewegung zu sein schien. Piachi ließ halten; und auf die Frage: was er wolle? antwortete der Knabe in seiner Unschuld: er sei angesteckt; die Häscher verfolgten ihn, um ihn ins Krankenhaus zu bringen, wo sein Vater und seine Mutter schon gestorben wären; er bitte um aller Heiligen willen, ihn mitzunehmen, und nicht in der Stadt umkommen zu lassen. Dabei faßte er des Alten Hand, drückte und küßte sie und weinte darauf nieder. Piachi wollte in der ersten Regung des Entsetzens, den Jungen weit von sich schleudern; doch da dieser, in eben diesem Augenblick, seine Farbe veränderte und ohnmächtig auf den Boden niedersank, so regte sich des guten Alten Mitleid: er stieg mit seinem Sohn aus, legte den Jungen in den Wagen, und fuhr mit ihm fort, obschon er auf der Welt nicht wußte, was er mit demselben anfangen sollte.

Er unterhandelte noch, in der ersten Station, mit den Wirtsleuten, über die Art und Weise, wie er seiner wieder los werden könne: als er schon auf Befehl der Polizei, welche davon Wind bekommen hatte, arretiert und unter einer Bedeckung, er, sein Sohn und Nicolo, so hieß der kranke Knabe, wieder nach Ragusa zurück transportiert ward. Alle Vorstellungen von Seiten Piachis, über die Grausamkeit dieser Maßregel, halfen zu nichts; in Ragusa angekommen, wurden nunmehr alle drei, unter Aufsicht eines Häschers, nach dem Krankenhause abgeführt, wo er zwar, Piachi, gesund blieb, und Nicolo, der Knabe, sich von dem Übel wieder erholte: sein Sohn aber, der eilfjährige Paolo, von demselben angesteckt ward, und in drei Tagen starb.

Die Tore wurden nun wieder geöffnet und Piachi, nachdem er seinen Sohn begraben hatte, erhielt von der Polizei Erlaubnis, zu reisen. Er bestieg eben, sehr von Schmerz bewegt, den Wagen und nahm, bei dem Anblick des Platzes, der neben ihm leer blieb, sein Schnupftuch heraus, um seine Tränen fließen zu lassen: als Nicolo, mit der Mütze in der Hand, an seinen Wagen trat und ihm eine glückliche Reise wünschte. Piachi beugte sich aus dem Schlage heraus und fragte ihn, mit einer von heftigem Schluchzen unterbrochenen Stimme: ob er mit ihm reisen wollte? Der Junge, sobald er den Alten nur verstanden hatte, nickte und sprach: o ja! sehr gern; und da die Vorsteher des Krankenhauses, auf die Frage des Güterhändlers: ob es dem Jungen wohl erlaubt wäre, einzusteigen? lächelten und versicherten: daß er Gottes Sohn wäre und niemand ihn vermissen würde; so hob ihn Piachi, in einer großen Bewegung, in den Wagen, und nahm ihn, an seines Sohnes statt, mit sich nach Rom.

Auf der Straße, vor den Toren der Stadt, sah sich der Land-
mäkler den Jungen erst recht an. Er war von einer besondern,
etwas starren Schönheit, seine schwarzen Haare hingen ihm,
in schlichten Spitzen, von der Stirn herab, ein Gesicht be-
schattend, das, ernst und klug, seine Mienen niemals veränderte. Der Alte tat mehrere Fragen an ihn, worauf jener aber
nur kurz antwortete: ungesprächig und in sich gekehrt saß er,
die Hände in die Hosen gesteckt, im Winkel da, und sah sich,
mit gedankenvoll scheuen Blicken, die Gegenstände an, die
an dem Wagen vorüberflogen. Von Zeit zu Zeit holte er sich,
mit stillen und geräuschlosen Bewegungen, eine Handvoll
Nüsse aus der Tasche, die er bei sich trug; und während Piachi
sich die Tränen vom Auge wischte, nahm er sie zwischen die
Zähne und knackte sie auf.

Im Rom stellte ihn Piachi, unter einer kurzen Erzählung
des Vorfalls, Elviren, seiner jungen trefflichen Gemahlin vor,
welche sich zwar nicht enthalten konnte, bei dem Gedanken
an Paolo, ihren kleinen Stiefsohn, den sie sehr geliebt hatte,
herzlich zu weinen; gleichwohl aber den Nicolo, so fremd
und steif er auch vor ihr stand, an ihre Brust drückte, ihm das
Bette, worin jener geschlafen hatte, zum Lager anwies, und
sämtliche Kleider desselben zum Geschenk machte. Piachi
schickte ihn in die Schule, wo er Schreiben, Lesen und Rechnen lernte, und da er, auf eine leicht begreifliche Weise, den
Jungen in dem Maße lieb gewonnen, als er ihm teuer zu stehen gekommen war, so adoptierte er ihn, mit Einwilligung
der guten Elvire, welche von dem Alten keine Kinder mehr
zu erhalten hoffen konnte, schon nach wenigen Wochen, als
seinen Sohn. Er dankte späterhin einen Commis ab, mit dem
er, aus mancherlei Gründen, unzufrieden war, und hatte, da er
den Nicolo, statt seiner, in dem Comtoir anstellte, die Freude
zu sehn, daß derselbe die weitläuftigen Geschäfte, in welchen
er verwickelt war, auf das Tätigste und Vorteilhafteste ver-

waltete. Nichts hatte der Vater, der ein geschworner Feind aller Bigotterie war, an ihm auszusetzen, als den Umgang mit den Mönchen des Karmeliterklosters, die dem jungen Mann, wegen des beträchtlichen Vermögens, das ihm einst, aus der Hinterlassenschaft des Alten, zufallen sollte, mit großer Gunst zugetan waren; und nichts ihrer Seits die Mutter, als einen früh, wie es ihr schien, in der Brust desselben sich regenden Hang für das weibliche Geschlecht. Denn schon in seinem funfzehnten Jahre, war er, bei Gelegenheit dieser Mönchsbesuche, die Beute der Verführung einer gewissen *Xaviera Tartini*, Beischläferin ihres Bischofs, geworden, und ob er gleich, durch die strenge Forderung des Alten genötigt, diese Verbindung zerriß, so hatte Elvire doch mancherlei Gründe zu glauben, daß seine Enthaltsamkeit auf diesem gefährlichen Felde nicht eben groß war. Doch da Nicolo sich, in seinem zwanzigsten Jahre, mit *Constanza Parquet*, einer jungen liebenswürdigen Genueserin, Elvirens Nichte, die unter ihrer Aufsicht in Rom erzogen wurde, vermählte, so schien wenigstens das letzte Übel damit an der Quelle verstopft; beide Eltern vereinigten sich in der Zufriedenheit mit ihm, und um ihm davon einen Beweis zu geben, ward ihm eine glänzende Ausstattung zu Teil, wobei sie ihm einen beträchtlichen Teil ihres schönen und weitläuftigen Wohnhauses einräumten. Kurz, als Piachi sein sechzigstes Jahr erreicht hatte, tat er das Letzte und Äußerste, was er für ihn tun konnte: er überließ ihm, auf gerichtliche Weise, mit Ausnahme eines kleinen Kapitals, das er sich vorbehielt, das ganze Vermögen, das seinem Güterhandel zum Grunde lag, und zog sich, mit seiner treuen, trefflichen Elvire, die wenige Wünsche in der Welt hatte, in den Ruhestand zurück.

Elvire hatte einen stillen Zug von Traurigkeit im Gemüt, der ihr aus einem rührenden Vorfall, aus der Geschichte ihrer Kindheit, zurückgeblieben war. Philippo Parquet, ihr Vater, ein bemittelter Tuchfärber in Genua, bewohnte ein Haus, das, wie es sein Handwerk erforderte, mit der hinteren Seite hart an den, mit Quadersteinen eingefaßten, Rand des Meeres stieß; große, am Giebel eingefugte Balken, an welchen die gefärbten Tücher aufgehängt wurden, liefen, mehrere Ellen weit, über die See hinaus. Einst, in einer unglücklichen Nacht, da Feuer das Haus ergriff, und gleich, als ob es von Pech und Schwefel erbaut wäre, zu gleicher Zeit in allen Gemächern, aus welchen es zusammengesetzt war, emporknitterte, flüchtete sich, überall von Flammen geschreckt, die dreizehnjährige Elvire von Treppe zu Treppe, und befand sich, sie wußte selbst nicht wie, auf einem dieser Balken. Das arme Kind wußte, zwischen Himmel und Erde schwebend, gar nicht, wie es sich retten sollte; hinter ihr der brennende Giebel, dessen Glut, vom Winde gepeitscht, schon den Balken angefressen hatte, und unter ihr die weite, öde, entsetzliche See. Schon wollte sie sich allen Heiligen empfehlen und unter zwei Übeln das Kleinere wählend, in die Fluten hinabspringen; als plötzlich ein junger Genueser, vom Geschlecht der Patrizier, am Eingang erschien, seinen Mantel über den Balken warf, sie umfaßte, und sich, mit eben so viel Mut als Gewandtheit, an einem der feuchten Tücher, die von dem Balken niederhingen, in die See mit ihr herabließ. Hier griffen Gondeln, die auf dem Hafen schwammen, sie auf, und brachten sie, unter vielem Jauchzen des Volks, ans Ufer; doch es fand sich, daß der junge Held, schon beim Durchgang durch das Haus, durch einen vom Gesims desselben herabfallenden Stein, eine schwere Wunde am Kopf empfangen hatte, die ihn auch bald, seiner Sinne nicht mächtig, am Boden niederstreckte. Der Marquis, sein Vater, in dessen Hotel er gebracht ward, rief, da seine Wiederherstellung sich in die Länge zog, Ärzte aus allen Gegenden Italiens herbei, die ihn zu verschiedenen Malen trepanierten und ihm mehrere Knochen aus dem Gehirn nahmen; doch alle Kunst war, durch eine unbegreifliche Schickung des Himmels, vergeblich: er erstand nur selten an der Hand Elvirens, die seine Mutter zu seiner Pflege herbeigerufen hatte, und nach einem dreijährigen höchst schmerzenvollen Krankenlager, während dessen das Mädchen nicht von seiner Seite wich, reichte er ihr noch einmal freundlich die Hand und verschied.

Piachi, der mit dem Hause dieses Herrn in Handelsverbindungen stand, und Elviren eben dort, da sie ihn pflegte, kennen gelernt und zwei Jahre darauf geheiratet hatte, hütete sich sehr, seinen Namen vor ihr zu nennen, oder sie sonst an ihn zu erinnern, weil er wußte, daß es ihr schönes und empfindliches Gemüt auf das heftigste bewegte. Die mindeste Veranlassung, die sie auch nur von fern an die Zeit erinnerte, da der Jüngling für sie litt und starb, rührte sie immer bis zu Tränen, und alsdann gab es keinen Trost und keine Beruhigung für sie; sie brach, wo sie auch sein mogte, auf, und keiner folgte ihr, weil man schon erprobt hatte, daß jedes andere Mittel vergeblich war, als sie still für sich, in der Einsamkeit, ihren Schmerz ausweinen zu lassen. Niemand, außer Piachi, kannte die Ursache dieser sonderbaren und häufigen Erschütterungen, denn niemals, so lange sie lebte, war ein Wort, jene Begebenheit betreffend, über ihre Lippen gekommen. Man war gewohnt, sie auf Rechnung eines überreizten Nervensystems zu setzen, das ihr aus einem hitzigen Fieber, in welches sie gleich nach ihrer Verheiratung verfiel, zurückgeblieben war, und somit allen Nachforschungen über die Veranlassung derselben ein Ende zu machen.

Einstmals war Nicolo, mit jener Xaviera Tartini, mit welcher er, trotz des Verbots des Vaters, die Verbindung nie ganz aufgegeben hatte, heimlich, und ohne Vorwissen seiner Gemahlin, unter der Vorspiegelung, daß er bei einem Freund eingeladen sei, auf dem Karneval gewesen und kam, in der Maske eines genuesischen Ritters, die er zufällig gewählt hatte, spät in der Nacht, da schon alles schlief, in sein Haus zurück. Es traf sich, daß dem Alten plötzlich eine Unpäßlichkeit zugestoßen war, und Elvire, um ihm zu helfen, in Ermangelung der Mägde, aufgestanden, und in den Speisesaal gegangen war, um ihm eine Flasche mit Essig zu holen. Eben hatte sie einen Schrank, der in dem Winkel stand, geöffnet, und suchte, auf der Kante eines Stuhles stehend, unter den Gläsern und Caravinen umher: als Nicolo die Tür sacht öffnete, und mit einem Licht, das er sich auf dem Flur angesteckt hatte, mit Federhut, Mantel und Degen, durch den Saal ging. Harmlos, ohne Elviren zu sehen, trat er an die Tür, die in sein Schlafgemach führte, und bemerkte eben mit Bestürzung, daß sie verschlossen war: als Elvire hinter ihm, mit Flaschen und Gläsern, die sie in der Hand hielt, wie durch einen unsichtbaren Blitz getroffen, bei seinem Anblick von dem Schemel, auf welchem sie stand, auf das Getäfel des Bodens niederfiel. Nicolo, von Schrecken bleich, wandte sich um und wollte der Unglücklichen beispringen; doch da das Geräusch, das sie gemacht hatte, notwendig den Alten herbeiziehen mußte, so unterdrückte die Besorgnis, einen Verweis von ihm zu erhalten, alle andere Rücksichten: er riß ihr, mit verstörter Beeiferung, ein Bund Schlüssel von der Hüfte, das sie bei sich trug, und einen gefunden, der paßte, warf er den Bund in den Saal zurück und verschwand. Bald darauf, da Piachi, krank wie er war, aus dem Bette gesprungen war, und sie aufgehoben hatte, und auch Bediente und Mägde, von ihm zusammengeklingelt, mit Licht erschienen waren, kam auch Nicolo in seinem Schlafrock, und fragte, was vorgefallen sei; doch da Elvire, starr vor Entsetzen, wie ihre Zunge war, nicht sprechen konnte, und außer ihr nur er selbst noch Auskunft auf diese Frage geben konnte, so blieb der Zusammenhang der Sache in ein ewiges Geheimnis gehüllt; man trug Elviren, die an allen Gliedern zitterte, zu Bett, wo sie mehrere Tage lang an einem heftigen Fieber darniederlag, gleichwohl aber durch die natürliche Kraft ihrer Gesundheit den Zufall überwand, und bis auf eine sonderbare Schwermut, die ihr zurückblieb, sich ziemlich wieder erholte.

So verfloß ein Jahr, als Constanze, Nicolos Gemahlin, niederkam, und samt dem Kinde, das sie geboren hatte, in den Wochen starb. Dieser Vorfall, bedauernswürdig an sich, weil ein tugendhaftes und wohlerzogenes Wesen verloren ging, war es doppelt, weil er den beiden Leidenschaften Nicolos, seiner Bigotterie und seinem Hange zu den Weibern, wieder Tor und Tür öffnete. Ganze Tage lang trieb er sich wieder, unter dem Vorwand, sich zu trösten, in den Zellen der Karmelitermönche umher, und gleichwohl wußte man, daß er während der Lebzeiten seiner Frau, nur mit geringer Liebe und Treue an ihr gehangen hatte. Ja, Constanze war noch nicht unter der Erde, als Elvire schon zur Abendzeit, in Geschäften des bevorstehenden Begräbnisses in sein Zimmer tretend, ein Mädchen bei ihm fand, das, geschürzt und geschminkt, ihr als die Zofe der Xaviera Tartini nur zu wohl bekannt war. Elvire schlug bei diesem Anblick die Augen nieder, kehrte sich, ohne ein Wort zu sagen, um, und verließ das Zimmer; weder Piachi, noch sonst jemand, erfuhr ein Wort von diesem Vorfall, sie begnügte sich, mit betrübtem Herzen bei der Leiche Constanzens, die den Nicolo sehr geliebt hatte, niederzuknien und zu weinen. Zufällig aber traf es sich, daß Piachi, der in der Stadt gewesen war, beim Eintritt in sein Haus dem Mädchen begegnete, und da er wohl merkte, was sie hier zu schaffen gehabt hatte, sie heftig anging und ihr halb mit List, halb mit Gewalt, den Brief, den sie bei sich trug, abgewann. Er ging auf sein Zimmer, um ihn zu lesen, und fand, was er vorausgesehen hatte, eine dringende Bitte Nicolos an Xaviera, ihm, Behufs einer Zusammenkunft, nach der er sich sehne, gefälligst Ort und Stunde zu bestimmen. Piachi setzte sich nieder und antwortete, mit verstellter Schrift, im Namen Xavieras: »gleich, noch vor Nacht, in der Magdalenen-Kirche.« – siegelte diesen Zettel mit einem fremden Wappen zu, und ließ ihn, gleich als ob er von der Dame käme, in Nicolo's Zimmer abgeben. Die List glückte vollkommen; Nicolo nahm augenblicklich seinen Mantel, und begab sich in Vergessenheit Constanzens, die im Sarg ausgestellt war, aus dem Hause. Hierauf bestellte Piachi, tief entwürdigt, das feierliche, für den kommenden Tag festgesetzte Leichenbegängnis ab, ließ die Leiche, so wie sie ausgesetzt war, von einigen Trägern aufheben, und bloß von Elviren, ihm und einigen Verwandten begleitet, ganz in der Stille in dem Gewölbe der Magdalenen-Kirche, das für sie bereitet war, beisetzen. Nicolo, der in dem Mantel gehüllt, unter den Hallen der Kirche stand, und zu seinem Erstaunen einen ihm wohlbekannten Leichenzug herannahen sah, fragte den Alten, der dem Sarge folgte: was dies bedeute? und wen man heantrüge? Doch dieser, das Gebetbuch in der Hand, ohne das Haupt zu erheben, antwortete bloß: Xaviera Tartini: – worauf die Leiche, als ob Nicolo gar nicht gegenwärtig wäre, noch einmal entdeckelt, durch die Anwesenden gesegnet, und alsdann versenkt und in dem Gewölbe verschlossen ward.

Dieser Vorfall, der ihn tief beschämte, erweckte in der Brust des Unglücklichen einen brennenden Haß gegen Elviren; denn ihr glaubte er den Schimpf, den ihm der Alte vor allem Volk angetan hatte, zu verdanken zu haben. Mehrere Tage lang sprach Piachi kein Wort mit ihm; und da er gleichwohl, wegen der Hinterlassenschaft Constanzens, seiner Geneigtheit und Gefälligkeit bedurfte: so sah er sich genötigt, an einem Abend des Alten Hand zu ergreifen und ihm mit der Miene der Reue, unverzüglich und auf immerdar, die Verabschiedung der Xaviera anzugeloben. Aber das Versprechen war er wenig gesonnen zu halten; vielmehr schärfte der Widerstand, den man ihm entgegen setzte, nur seinen Trotz, und übte ihn in der Kunst, die Aufmerksamkeit des redlichen Alten zu umgehen. Zugleich war Elvire niemals schöner vorgekommen, als in dem Augenblick, da sie, zu seiner Vernichtung, das Zimmer, in welchem sich das Mädchen befand, öffnete und wieder schloß. Der Unwille, der sich mit sanfter Glut auf ihren Wangen entzündete, goß einen unendlichen Reiz über ihr mildes, von Affekten nur selten bewegtes Antlitz; es schien ihm unglaublich, daß sie, bei soviel Lockungen dazu, nicht selbst zuweilen auf dem Wege wandeln sollte, dessen Blumen zu brechen er eben so schmählich von ihr gestraft worden war. Er glühte vor Begierde, ihr, falls dies der Fall sein sollte, bei dem Alten denselben Dienst zu erweisen, als sie ihm, und bedurfte und suchte nichts, als die Gelegenheit, diesen Vorsatz ins Werk zu richten.

Einst ging er, zu einer Zeit, da gerade Piachi außer dem Hause war, an Elvirens Zimmer vorbei, und hörte zu seinem Befremden, daß man darin sprach. Von raschen, heimtückischen Hoffnungen durchzuckt, beugte er sich mit Augen und Ohren gegen das Schloß nieder, und – Himmel! was erblickte er? Da lag sie, in der Stellung der Verzückung, zu Jemandes Füßen, und ob er gleich die Person nicht erkennen konnte, so vernahm er doch ganz deutlich, recht mit dem Accent der Liebe ausgesprochen, das geflüsterte Wort: Colino. Er legte sich mit klopfendem Herzen in das Fenster des Korridors, von wo aus er, ohne seine Absicht zu verraten, den Eingang des Zimmers beobachten konnte; und schon glaubte er, bei einem Geräusch, das sich ganz leise am Riegel erhob, den unschätzbaren Augenblick, da er die Scheinheilige entlarven könne, gekommen: als, statt des Unbekannten, den er erwartete, Elvire selbst, ohne irgend eine Begleitung, mit einem ganz gleichgültigen und ruhigen Blick, den sie aus der Ferne auf ihn warf, aus dem Zimmer hervortrat. Sie hatte ein Stück selbstgewebter Leinwand unter dem Arm; und nachdem sie das Gemach, mit einem Schlüssel, den sie sich von der Hüfte nahm, verschlossen hatte, stieg sie ganz ruhig, die Hand ans Geländer gelehnt, die Treppe hinab. Diese Verstellung, diese scheinbare Gleichgültigkeit, schien ihm der Gipfel der Frechheit und Arglist, und kaum war sie ihm aus dem Gesicht, als er schon lief, einen Hauptschlüssel herbeizuholen, und nachdem er die Umringung, mit scheuen Blicken, ein wenig geprüft hatte, heimlich die Tür des Gemachs öffnete. Aber wie erstaunte er, als er Alles leer fand, und in allen vier Winkeln, die er durchspähte, nichts, das einem Menschen auch nur ähnlich war, entdeckte: außer dem Bild eines jungen Ritters in Lebensgröße, das in einer Nische der Wand, hinter einem rotseidenen Vorhang, von einem besondern Lichte bestrahlt, aufgestellt war. Nicolo erschrack, er wußte selbst nicht warum: und eine Menge von Gedanken fuhren ihm, den großen Augen des Bildes, das ihn starr ansah, gegenüber, durch die Brust: doch ehe er sie noch gesammelt und geordnet hatte, ergriff ihn schon Furcht, von Elviren entdeckt und gestraft zu werden; er schloß, in nicht geringer Verwirrung, die Tür wieder zu, und entfernte sich.

Je mehr er über diesen sonderbaren Vorfall nachdachte, je wichtiger ward ihm das Bild, das er entdeckt hatte, und je peinlicher und brennender ward die Neugierde in ihm, zu wissen, wer damit gemeint sei. Denn er hatte sie, im ganzen Umriß ihrer Stellung auf Knien liegen gesehen, und es war nur zu gewiß, daß derjenige, vor dem dies geschehen war, die Gestalt des jungen Ritters auf der Leinwand war. In der Unruhe des Gemüts, die sich seiner bemeisterte, ging er zu Xaviera Tartini, und erzählte ihr die wunderbare Begebenheit, die er erlebt hatte. Diese, die in dem Interesse, Elviren zu stürzen, mit ihm zusammentraf, indem alle Schwierigkeiten, die sie in ihrem Umgang fanden, von ihr herrührten, äußerte den Wunsch, das Bild, das in dem Zimmer derselben aufgestellt

war, einmal zu sehen. Denn einer ausgebreiteten Bekanntschaft unter den Edelleuten Italiens konnte sie sich rühmen,
und falls derjenige, der hier in Rede stand, nur irgend einmal
in Rom gewesen und von einiger Bedeutung war, so durfte
sie hoffen, ihn zu kennen. Es fügte sich auch bald, daß die
beiden Eheleute Piachi, da sie einen Verwandten besuchen
wollten, an einem Sonntag auf das Land reiseten, und kaum
wußte Nicolo auf diese Weise das Feld rein, als er schon zu
Xavieren eilte, und diese mit einer kleinen Tochter, die sie von
dem Kardinal hatte, unter dem Vorwande, Gemälde und Stik-
kereien zu besehen, als eine fremde Dame in Elvirens Zimmer
führte. Doch wie betroffen war Nicolo, als die kleine Klara, (so hieß die Tochter) sobald er nur den Vorhang erhoben
hatte, ausrief: »Gott, mein Vater! Signor Nicolo, wer ist das
anders, als Sie?« – Xaviera verstummte. Das Bild, in der Tat, je
länger sie es ansah, hatte eine auffallende Ähnlichkeit mit ihm:
besonders wenn sie sich ihn, wie ihrem Gedächtnis gar wohl
möglich war, in dem ritterlichen Aufzug dachte, in welchem
er, vor wenigen Monaten, heimlich mit ihr auf dem Karneval
gewesen war. Nicolo versuchte ein plötzliches Erröten, das
sich über seine Wangen ergoß, wegzuspotten; er sagte, indem
er die Kleine küßte: wahrhaftig, liebste Klara, das Bild gleicht
mir, wie du demjenigen, der sich deinen Vater glaubt! – Doch
Xaviera, in deren Brust das bittere Gefühl der Eifersucht rege
geworden war, warf einen Blick auf ihn; sie sagte, indem sie
vor den Spiegel trat, zuletzt sei es gleichgültig, wer die Person
sei; empfahl sich ihm ziemlich kalt und verließ das Zimmer.

Nicolo verfiel, sobald Xaviera sich entfernt hatte, in die lebhafteste Bewegung über diesen Auftritt. Er erinnerte sich, mit
vieler Freude, der sonderbaren und lebhaften Erschütterung,
in welche er, durch die phantastische Erscheinung jener Nacht,
Elviren versetzt hatte. Der Gedanke, die Leidenschaft dieser,
als ein Muster der Tugend umwandelnden Frau erweckt zu

haben, schmeichelte ihn fast eben so sehr, als die Begierde, sich an ihr zu rächen; und da sich ihm die Aussicht eröffnete, mit einem und demselben Schlage beide, das eine Gelüst, wie das andere, zu befriedigen, so erwartete er mit vieler Ungeduld Elvirens Wiederkunft, und die Stunde, da ein Blick in ihr Auge seine schwankende Überzeugung krönen würde. Nichts störte ihn in dem Taumel, der ihn ergriffen hatte, als die bestimmte Erinnerung, daß Elvire das Bild, vor dem sie auf Knien lag, damals, als er sie durch das Schlüsselloch belauschte: Colino genannt hatte; doch auch in dem Klang dieses, im Lande nicht eben gebräuchlichen Namens, lag mancherlei, das sein Herz, er wußte nicht warum, in süße Träume wiegte; und in der Alternative, einem von beiden Sinnen, seinem Auge oder seinem Ohr zu mißtrauen, neigte er sich, wie natürlich, zu demjenigen hinüber, der seiner Begierde am lebhaftesten schmeichelte.

Inzwischen kam Elvire erst nach Verlauf mehrerer Tage von dem Lande zurück, und da sie aus dem Hause des Vetters, den sie besucht hatte, eine junge Verwandte mitbrachte, die sich in Rom umzusehen wünschte, so warf sie, mit Artigkeiten gegen diese beschäftigt, auf Nicolo, der sie sehr freundlich aus dem Wagen hob, nur einen flüchtigen nichtsbedeutenden Blick. Mehrere Wochen, der Gastfreundin, die man bewirtete, aufgeopfert, vergingen in einer dem Hause ungewöhnlichen Unruhe; man besuchte, in- und außerhalb der Stadt, was einem Mädchen, jung und lebensfroh, wie sie war, merkwürdig sein mogte; und Nicolo, seiner Geschäfte im Comtoir halber, zu allen diesen kleinen Fahrten nicht eingeladen, fiel wieder, in Bezug auf Elviren, in die übelste Laune zurück. Er begann wieder, mit den bittersten und quälendsten Gefühlen, an den Unbekannten zurück zu denken, den sie in heimlicher Ergebung vergötterte; und dies Gefühl zerriß besonders am Abend der längst mit Sehnsucht erharrten Abreise jener jungen Verwandten sein verwildertes Herz, da Elvire, statt nun mit ihm zu sprechen, schweigend, während einer ganzen Stunde, mit einer kleinen, weiblichen Arbeit beschäftigt, am Speisetisch saß. Es traf sich, daß Piachi, wenige Tage zuvor, nach einer Schachtel mit kleinen, elfenbeinernen Buchstaben gefragt hatte, vermittelst welcher Nicolo in seiner Kindheit unterrichtet worden, und die dem Alten nun, weil sie niemand mehr brauchte, in den Sinn gekommen war, an ein kleines Kind in der Nachbarschaft zu verschenken. Die Magd, der man aufgegeben hatte, sie, unter vielen anderen, alten Sachen, aufzusuchen, hatte inzwischen nicht mehr gefunden, als die sechs, die den Namen: *Nicolo* ausmachen; wahrscheinlich weil die andern, ihrer geringeren Beziehung auf den Knaben wegen, minder in Acht genommen und, bei welcher Gelegenheit es sei, verschleudert worden waren. Da nun Nicolo die Lettern, welche seit mehreren Tagen auf dem Tisch lagen, in die Hand nahm, und während er, mit dem Arm auf die Platte gestützt, in trüben Gedanken brütete, damit spielte, fand er – zufällig, in der Tat, selbst, denn er erstaunte darüber, wie er noch in seinem Leben nicht getan – die Verbindung heraus, welche den Namen: *Colino* bildet. Nicolo, dem diese logographische Eigenschaft seines Namens fremd war, warf, von rasenden Hoffnungen von neuem getroffen, einen ungewissen und scheuen Blick auf die ihm zur Seite sitzende Elvire. Die Übereinstimmung, die sich zwischen beiden Wörtern angeordnet fand, schien ihm mehr als ein bloßer Zufall, er erwog, in unterdrückter Freude, den Umfang dieser sonderbaren Entdeckung, und harrte, die Hände vom Tisch genommen, mit klopfendem Herzen des Augenblicks, da Elvire aufsehen und den Namen, der offen da lag, erblicken würde. Die Erwartung, in der er stand, täuschte ihn auch keineswegs; denn kaum hatte Elvire, in einem müßigen Moment, die Aufstellung der Buchstaben bemerkt, und harmlos und gedankenlos, weil sie ein wenig kurzsichtig war, sich näher darüber hingebeugt, um sie zu lesen: als sie schon Nicolos Antlitz, der in scheinbarer Gleichgültigkeit darauf niedersah, mit einem sonderbar beklommenen Blick überflog, ihre Arbeit, mit einer Wehmut, die man nicht beschreiben kann, wieder aufnahm, und, unbemerkt wie sie sich glaubte, eine Träne nach der anderen, unter sanftem Erröten, auf ihren Schoß fallen ließ. Nicolo, der alle diese innerlichen Bewegungen, ohne sie anzusehen, beobachtete, zweifelte gar nicht mehr, daß sie unter dieser Versetzung der Buchstaben nur seinen eignen Namen verberge. Er sah sie die Buchstaben mit einem mal sanft übereinander schieben, und seine wilden Hoffnungen erreichten den Gipfel der Zuversicht, als sie aufstand, ihre Handarbeit weglegte und in ihr Schlafzimmer verschwand. Schon wollte er aufstehen und ihr dahin folgen; als Piachi eintrat, und von einer Hausmagd, auf die Frage, wo Elvire sei? zur Antwort erhielt: »daß sie sich nicht wohl befinde und sich auf das Bett gelegt habe.« Piachi, ohne eben große Bestürzung zu zeigen, wandte sich um, und ging, um zu sehen, was sie mache; und da er nach einer Viertelstunde, mit der Nachricht, daß sie nicht zu Tische kommen würde, wiederkehrte und weiter kein Wort darüber verlor: so glaubte Nicolo den Schlüssel zu allen rätselhaften Auftritten dieser Art, die er erlebt hatte, gefunden zu haben.

Am andern Morgen, da er, in seiner schändlichen Freude, beschäftigt war, den Nutzen, den er aus dieser Entdeckung zu ziehen hoffte, zu überlegen, erhielt er ein Billet von Xavieren, worin sie ihn bat, zu ihr zu kommen, indem sie ihm, Elviren betreffend, etwas, das ihm interessant sein würde, zu eröffnen hätte. Xaviera stand, durch den Bischof, der sie unterhielt, in der engsten Verbindung mit den Mönchen des Karmeliterklosters; und da seine Mutter in diesem Kloster zur Beichte ging, so zweifelte er nicht, daß es jener möglich gewesen wäre, über die geheime Geschichte ihrer Empfindungen Nachrichten, die seine unnatürlichen Hoffnungen bestätigen konnten, einzuziehen. Aber wie unangenehm, nach einer sonderbaren schalkhaften Begrüßung Xavierens, ward er aus der Wiege genommen, als sie ihn lächelnd auf den Diwan, auf welchem sie saß, niederzog, und ihm sagte: sie müsse ihm nur eröffnen, daß der Gegenstand von Elvirens Liebe ein, schon seit zwölf Jahren, im Grabe schlummernder Toter sei. – Aloysius, Marquis von Montferrat, dem ein Oheim zu Paris, bei dem er erzogen worden war, den Zunamen *Collin*, späterhin in Italien scherzhafter Weise in *Colino* umgewandelt, gegeben hatte, war das Original des Bildes, das er in der Nische, hinter dem rotseidenen Vorhang, in Elvirens Zimmer entdeckt hatte; der junge, genuesische Ritter, der sie, in ihrer Kindheit, auf so edelmütige Weise aus dem Feuer gerettet und an den Wunden, die er dabei empfangen hatte, gestorben war. – Sie setzte hinzu, daß sie ihn nur bitte, von diesem Geheimnis weiter keinen Gebrauch zu machen, indem es ihr, unter dem Siegel der äußersten Verschwiegenheit, von einer Person, die selbst kein eigentliches Recht darüber habe, im Karmeliterkloster anvertraut worden sei. Nicolo versicherte, indem Blässe und Röte auf seinem Gesicht wechselten, daß sie nichts zu befürchten habe; und gänzlich außer Stand, wie er war, Xavierens schelmischen Blicken gegenüber, die Verlegenheit, in welche ihn diese Eröffnung gestürzt hatte, zu verbergen, schützte er ein Geschäft vor, das ihn abrufe, nahm, unter einem häßlichen Zucken seiner Oberlippe, seinen Hut, empfahl sich und ging ab.

Beschämung, Wollust und Rache vereinigten sich jetzt, um die abscheulichste Tat, die je verübt worden ist, auszubrüten. Er fühlte wohl, daß Elvirens reiner Seele nur durch einen Betrug beizukommen sei; und kaum hatte ihm Piachi, der auf einige Tage aufs Land ging, das Feld geräumt, als er auch schon Anstalten traf, den satanischen Plan, den er sich ausgedacht hatte, ins Werk zu richten. Er besorgte sich genau denselben Anzug wieder, in welchem er, vor wenig Monaten, da er zur Nachtzeit heimlich vom Karneval zurückkehrte, Elviren erschienen war; und Mantel, Collet und Federhut, genuesischen Zuschnitts, genau so, wie sie das Bild trug, umgeworfen, schlich er sich, kurz vor dem Schlafengehen, in Elvirens Zimmer, hing ein schwarzes Tuch über das in der Nische stehende Bild, und wartete, einen Stab in der Hand, ganz in der Stellung des gemalten jungen Patriziers, Elvirens Vergötterung ab. Er hatte auch, im Scharfsinn seiner schändlichen Leidenschaft, ganz richtig gerechnet; denn kaum hatte Elvire, die bald darauf eintrat, nach einer stillen und ruhigen Entkleidung, wie sie gewöhnlich zu tun pflegte, den seidnen Vorhang, der die Nische bedeckte, eröffnet und ihn erblickt: als sie schon: Colino! Mein Geliebter! rief und ohnmächtig auf das Getäfel des Bodens niedersank. Nicolo trat aus der Nische hervor; er stand einen Augenblick, im Anschauen ihrer Reize versunken, und betrachtete ihre zarte, unter dem Kuß des Todes plötzlich erblassende Gestalt: hob sie aber bald, da keine Zeit zu verlieren war, in seinen Armen auf, und trug sie, indem er das schwarze Tuch von dem Bild herabriß, auf das im Winkel des Zimmers stehende Bett. Dies abgetan, ging er, die Tür zu verriegeln, fand aber, daß sie schon verschlossen war; und sicher, daß sie auch nach Wiederkehr ihrer verstörten Sinne, seiner phantastischen, dem Ansehen nach überirdischen Erscheinung keinen Widerstand leisten würde, kehrte er jetzt zu dem Lager zurück, bemüht, sie mit heißen Küssen auf Brust und Lippen aufzuwecken. Aber die Nemesis, die dem Frevel auf dem Fuß folgt, wollte, daß Piachi, den der Elende noch auf mehrere Tage entfernt glaubte, unvermutet, in eben dieser Stunde, in seine Wohnung zurückkehren mußte; leise, da er Elviren schon schlafen glaubte, schlich er durch den Korridor heran, und da er immer den Schlüssel bei sich trug, so gelang es ihm, plötzlich, ohne daß irgend ein Geräusch ihn angekündigt hätte, in das Zimmer einzutreten. Nicolo stand wie vom Donner gerührt; er warf sich, da seine Büberei auf keine Weise zu bemänteln war, dem Alten zu Füßen, und bat ihn, unter der Beteurung, den Blick nie wieder zu seiner Frau zu erheben, um Vergebung. Und in der Tat war der Alte auch geneigt, die Sache still abzumachen; sprachlos, wie ihn einige Worte Elvirens gemacht hatten, die sich von seinen Armen umfaßt, mit einem entsetzlichen Blick, den sie auf den Elenden warf, erholt hatte, nahm er bloß, indem er die Vorhänge des Bettes, auf welchem sie ruhte, zuzog, die Peitsche von der Wand, öffnete ihm die Tür und zeigte ihm den Weg, den er unmittelbar wandern sollte. Doch dieser, eines Tartüffe völlig würdig, sah nicht sobald, daß auf diesem Wege nichts auszurichten war, als er plötzlich vom Fußboden erstand und erklärte: an ihm, dem Alten, sei es, das Haus zu räumen, denn er, durch vollgültige Dokumente eingesetzt, sei der Besitzer und werde sein Recht, gegen wen immer auf der Welt es sei, zu behaupten wissen! – Piachi traute seinen Sinnen nicht; durch diese unerhörte Frechheit wie entwaffnet, legte er die Peitsche weg, nahm Hut und Stock, lief augenblicklich zu seinem alten Rechtsfreund, dem Doktor Valerio, klingelte eine Magd heraus, die ihm öffnete, und fiel, da er sein Zimmer erreicht hatte, bewußtlos, noch ehe er ein Wort vorgebracht hatte, an seinem Bette nieder. Der Doktor, der ihn und späterhin auch Elviren in seinem Hause aufnahm, eilte gleich am andern Morgen, die Festsetzung des höllischen Bösewichts, der mancherlei Vorteile für sich hatte, auszuwirken; doch während Piachi seine machtlosen Hebel ansetzte, ihn aus den Besitzungen, die ihm einmal zugeschrieben waren, wieder zu verdrängen, flog jener schon mit einer Verschreibung über den ganzen Inbegriff derselben, zu den Karmelitermönchen, seinen Freunden, und forderte sie auf, ihn gegen den alten Narren, der ihn daraus vertreiben wolle, zu beschützen. Kurz, da er Xavieren, welche der Bischof los zu sein wünschte, zu heiraten willigte, siegte die Bosheit, und die Regierung erließ, auf Vermittlung dieses geistlichen Herrn, ein Dekret, in welchem Nicolo in den Besitz bestätigt und dem Piachi aufgegeben ward, ihn nicht darin zu belästigen.

Piachi hatte gerade Tags zuvor die unglückliche Elvire begraben, die an den Folgen eines hitzigen Fiebers, das ihr jener Vorfall zugezogen hatte, gestorben war. Durch diesen doppelten Schmerz gereizt, ging er, das Dekret in der Tasche, in das Haus, und stark, wie die Wut ihn machte, warf er den von Natur schwächeren Nicolo nieder und drückte ihm das Gehirn an der Wand ein. Die Leute, die im Hause waren, bemerkten ihn nicht eher, als bis die Tat geschehen war; sie fanden ihn noch, da er den Nicolo zwischen den Knien hielt, und ihm das Dekret in den Mund stopfte. Dies abgemacht, stand er, indem er alle seine Waffen abgab, auf; ward ins Gefängnis gesetzt, verhört und verurteilt, mit dem Strange vom Leben zum Tode gebracht zu werden.

In dem Kirchenstaat herrscht ein Gesetz, nach welchem kein Verbrecher zum Tode geführt werden kann, bevor er die Absolution empfangen. Piachi, als ihm der Stab gebrochen war, verweigerte sich hartnäckig der Absolution. Nachdem man vergebens Alles, was die Religion an die Hand gab, versucht hatte, ihm die Strafwürdigkeit seiner Handlung fühlbar zu machen, hoffte man, ihn durch den Anblick des Todes, der seiner wartete, in das Gefühl der Reue hineinzuschrecken, und führte ihn nach dem Galgen hinaus. Hier stand ein Priester und schilderte ihm, mit der Lunge der letzten Posaune, alle Schrecknisse der Hölle, in die seine Seele hinabzufahren im Begriff war; dort ein anderer, den Leib des Herrn, das heilige Entsühnungsmittel in der Hand, und pries ihm die Wohnungen des ewigen Friedens. – »Willst du der Wohltat der Erlösung teilhaftig werden?« fragten ihn beide. »Willst du das Abendmahl empfangen?« – Nein, antwortete Piachi. – »Warum nicht?« – Ich will nicht selig sein. Ich will in den untersten Grund der Hölle hinabfahren. Ich will den Nicolo, der nicht im Himmel sein wird, wiederfinden, und meine Rache, die ich hier nur unvollständig befriedigen konnte, wieder aufnehmen! – Und damit bestieg er die Leiter und forderte den Nachrichter auf, sein Amt zu tun. Kurz, man sah sich genötigt, mit der Hinrichtung einzuhalten, und den Unglücklichen, den das Gesetz in Schutz nahm, wieder in das Gefängnis zurückzuführen. Drei hinter einander folgende Tage machte man dieselben Versuche und immer mit demselben Erfolg. Als er am dritten Tage wieder ohne an den Galgen geknüpft zu werden, die Leiter herabsteigen mußte: hob er, mit einer grimmigen Gebärde, die Hände empor, das unmenschliche Gesetz verfluchend, das ihn nicht zur Hölle fahren lassen wolle. Er rief die ganze Schar der Teufel herbei, ihn zu holen, verschwor sich, sein einziger Wunsch sei, gerichtet und verdammt zu werden, und versicherte, er würde noch dem ersten, besten Priester an den Hals kommen, um des Nicolo in der Hölle wieder habhaft zu werden! – Als man dem Papst dies meldete, befahl er, ihn ohne Absolution hinzurichten; kein Priester begleitete ihn, man knüpfte ihn, ganz in der Stille, auf dem Platz del popolo auf.

DER ZWEIKAMPF

Herzog Wilhelm von Breysach, der, seit seiner heimlichen
Verbindung mit einer Gräfin, Namens Katharina von Heers-
bruck, aus dem Hause Alt-Hüningen, die unter seinem Range zu sein schien, mit seinem Halbbruder, dem Grafen Jacob
dem Rotbart, in Feindschaft lebte, kam gegen das Ende des
vierzehnten Jahrhunderts, da die Nacht des heiligen Remigius
zu dämmern begann, von einer in Worms mit dem deutschen
Kaiser abgehaltenen Zusammenkunft zurück, worin er sich
von diesem Herrn, in Ermangelung ehelicher Kinder, die
ihm gestorben waren, die Legitimation eines, mit seiner Gemahlin vor der Ehe erzeugten, natürlichen Sohnes, des Grafen Philipp von Hüningen, ausgewirkt hatte. Freudiger, als
während des ganzen Laufs seiner Regierung in die Zukunft
blickend, hatte er schon den Park, der hinter seinem Schlosse
lag, erreicht: als plötzlich ein Pfeilschuß aus dem Dunkel der
Gebüsche hervorbrach, und ihm, dicht unter dem Brustknochen, den Leib durchbohrte. Herr Friedrich von Trota, sein
Kämmerer, brachte ihn, über diesen Vorfall äußerst betroffen,
mit Hülfe einiger andern Ritter, in das Schloß, wo er nur
noch, in den Armen seiner bestürzten Gemahlin, die Kraft
hatte, einer Versammlung von Reichsvasallen, die schleunigst,
auf Veranstaltung der letztern, zusammenberufen worden
war, die kaiserliche Legitimationsakte vorzulesen; und nachdem, nicht ohne lebhaften Widerstand, indem, in Folge des
Gesetzes, die Krone an seinen Halbbruder, den Grafen Jacob
den Rotbart, fiel, die Vasallen seinen letzten bestimmten Willen erfüllt, und unter dem Vorbehalt, die Genehmigung des
Kaisers einzuholen, den Grafen Philipp als Thronerben, die
Mutter aber, wegen Minderjährigkeit desselben, als Vormün-

derin und Regentin anerkannt hatten: legte er sich nieder und starb.

Die Herzogin bestieg nun, ohne Weiteres, unter einer bloßen Anzeige, die sie, durch einige Abgeordnete, an ihren Schwager, den Grafen Jacob den Rotbart, tun ließ, den Thron; und was mehrere Ritter des Hofes, welche die abgeschlossene Gemütsart des letzteren zu durchschauen meinten, vorausgesagt hatten, das traf, wenigstens dem äußeren Anschein nach, ein: Jacob der Rotbart verschmerzte, in kluger Erwägung der obwaltenden Umstände, das Unrecht, das ihm sein Bruder zugefügt hatte; zum mindesten enthielt er sich aller und jeder Schritte, den letzten Willen des Herzogs umzustoßen, und wünschte seinem jungen Neffen zu dem Thron, den er erlangt hatte, von Herzen Glück. Er beschrieb den Abgeordenten, die er sehr heiter und freundlich an seine Tafel zog, wie er seit dem Tode seiner Gemahlin, die ihm ein königliches Vermögen hinterlassen, frei und unabhängig auf seiner Burg lebe; wie er die Weiber der angrenzenden Edelleute, seinen eignen Wein, und, in Gesellschaft munterer Freunde, die Jagd liebe, und wie ein Kreuzzug nach Palästina, auf welchem er die Sünden einer raschen Jugend, auch leider, wie er zugab, im Alter noch wachsend, abzubüßen dachte, die ganze Unternehmung sei, auf die er noch, am Schluß seines Lebens, hinaussehe. Vergebens machten ihm seine beiden Söhne, welche in der bestimmten Hoffnung der Thronfolge erzogen worden waren, wegen der Unempfindlichkeit und Gleichgültigkeit, mit welcher er, auf ganz unerwartete Weise, in diese unheilbare Kränkung ihrer Ansprüche willigte, die bittersten Vorwürfe: er wies sie, die noch unbärtig waren, mit kurzen und spöttischen Machtsprüchen zur Ruhe, nötigte sie, ihm am Tage des feierlichen Leichenbegängnisses, in die Stadt zu folgen, und daselbst, an seiner Seite, den alten Herzog, ihren Oheim, wie es sich gebühre, zur Gruft zu bestatten;

und nachdem er im Thronsaal des herzoglichen Palastes, dem jungen Prinzen, seinem Neffen, in Gegenwart der Regentin Mutter, gleich allen andern Großen des Hofes, die Huldigung geleistet hatte, kehrte er unter Ablehnung aller Ämter und Würden, welche die letztere ihm antrug, begleitet von den Segnungen des, ihn um seine Großmut und Mäßigung doppelt verehrenden Volks, wieder auf seine Burg zurück.

Die Herzogin schritt nun, nach dieser unverhofft glücklichen Beseitigung der ersten Interessen, zur Erfüllung ihrer zweiten Regentenpflicht, nämlich, wegen der Mörder ihres Gemahls, deren man im Park eine ganze Schar wahrgenommen haben wollte, Untersuchungen anzustellen, und prüfte zu diesem Zweck selbst, mit Herrn Godwin von Herrthal, ihrem Kanzler, den Pfeil, der seinem Leben ein Ende gemacht hatte. Inzwischen fand man an demselben nichts, das den Eigentümer hätte verraten können, außer etwa, daß er, auf befremdende Weise, zierlich und prächtig gearbeitet war. Starke, krause und glänzende Federn steckten in einem Stiel, der, schlank und kräftig, von dunkelm Nußbaumholz, gedrechselt war; die Bekleidung des vorderen Endes war von glänzendem Messing, und nur die äußerste Spitze selbst, scharf wie die Gräte eines Fisches, war von Stahl. Der Pfeil schien für die Rüstkammer eines vornehmen und reichen Mannes verfertigt zu sein, der entweder in Fehden verwickelt, oder ein großer Liebhaber von der Jagd war; und da man aus einer, dem Knopf eingegrabenen, Jahrszahl ersah, daß dies erst vor kurzem geschehen sein konnte: so schickte die Herzogin, auf Anraten des Kanzlers, den Pfeil, mit dem Kronsiegel versehen, in alle Werkstätten von Deutschland umher, um den Meister, der ihn gedrechselt hatte, aufzufinden, und, falls dies gelang, von demselben den Namen dessen zu erfahren, auf dessen Bestellung er gedrechselt worden war.

Fünf Monden darauf lief an Hr. Godwin, den Kanzler, dem

die Herzogin die ganze Untersuchung der Sache übergeben hatte, die Erklärung von einem Pfeilmacher aus Straßburg ein, daß er ein Schock solcher Pfeile, samt dem da zu gehörigen Köcher, vor drei Jahren für den Grafen Jacob den Rotbart verfertigt habe. Der Kanzler, über diese Erklärung äußerst betroffen, hielt dieselbe mehrere Wochen lang in seinem Geheimschrank zurück; zum Teil kannte er, wie er meinte, trotz der freien und ausschweifenden Lebensweise des Grafen, den Edelmut desselben zu gut, als daß er ihn einer so abscheulichen Tat, als die Ermordung eines Bruders war, hätte für fähig halten sollen; zum Teil auch, trotz vieler andern guten Eigenschaften, die Gerechtigkeit der Regentin zu wenig, als daß er, in einer Sache, die das Leben ihres schlimmsten Feindes galt, nicht mit der größten Vorsicht hätte verfahren sollen. Inzwischen stellte er, unter der Hand, in der Richtung dieser sonderbaren Anzeige, Untersuchungen an, und da er durch die Beamten der Stadtvogtei zufällig ausmittelte, daß der Graf, der seine Burg sonst nie oder nur höchst selten zu verlassen pflegte, in der Nacht der Ermordung des Herzogs daraus abwesend gewesen war: so hielt er es für seine Pflicht, das Geheimnis fallen zu lassen, und die Herzogin, in einer der nächsten Sitzungen des Staatsrats, von dem befremdenden und seltsamen Verdacht, der durch diese beiden Klagpunkte auf ihren Schwager, den Grafen Jacob den Rotbart fiel, umständlich zu unterrichten.

Die Herzogin, die sich glücklich pries, mit dem Grafen, ihrem Schwager, auf einem so freundschaftlichen Fuß zu stehen, und nichts mehr fürchtete, als seine Empfindlichkeit durch unüberlegte Schritte zu reizen, gab inzwischen, zum Befremden des Kanzlers, bei dieser zweideutigen Eröffnung nicht das mindeste Zeichen der Freude von sich; vielmehr, als sie die Papiere zweimal mit Aufmerksamkeit überlesen hatte, äußerte sie lebhaft ihr Mißfallen, daß man eine Sache, die so ungewiß und bedenklich sei, öffentlich im Staatsrat zur Sprache bringe. Sie war der Meinung, daß ein Irrtum oder eine Verleumdung dabei statt finden müsse, und befahl, von der Anzeige schlechthin bei den Gerichten keinen Gebrauch zu machen. Ja, bei der außerordentlichen, fast schwärmerischen Volksverehrung, deren der Graf, nach einer natürlichen Wendung der Dinge, seit seiner Ausschließung vom Throne genoß, schien ihr auch schon dieser bloße Vortrag im Staatsrat äußerst gefährlich; und da sie voraus sah, daß ein Stadtgeschwätz darüber zu seinen Ohren kommen würde, so schickte sie, von einem wahrhaft edelmütigen Schreiben begleitet, die beiden Klagpunkte, die sie das Spiel eines sonderbaren Mißverständnisses nannte, samt dem, worauf sie sich stützen sollten, zu ihm hinaus, mit der bestimmten Bitte, sie, die im voraus von seiner Unschuld überzeugt sei, mit aller Widerlegung derselben zu verschonen.

Der Graf, der eben mit einer Gesellschaft von Freunden bei der Tafel saß, stand, als der Ritter, mit der Botschaft der Herzogin, zu ihm eintrat, verbindlich von seinem Sessel auf; aber kaum, während die Freunde den feierlichen Mann, der sich nicht niederlassen wollte, betrachteten, hatte er in der Wölbung des Fensters den Brief überlesen: als er die Farbe wechselte, und die Papiere mit den Worten den Freunden übergab: Brüder, seht! welch eine schändliche Anklage, auf den Mord meines Bruders, wider mich zusammengeschmiedet worden ist! Er nahm dem Ritter, mit einem funkelnden Blick, den Pfeil aus der Hand, und setzte, die Vernichtung seiner Seele verbergend, inzwischen die Freunde sich unruhig um ihn versammelten, hinzu: daß in der Tat das Geschoß sein gehöre und auch der Umstand, daß er in der Nacht des heiligen Remigius aus seinem Schloß abwesend gewesen, gegründet sei! Die Freunde fluchten über diese hämische und niederträchtige Arglistigkeit; sie schoben den Verdacht des Mordes auf die verruchten Ankläger selbst zurück, und schon waren sie im Begriff, gegen den Abgeordneten, der die Herzogin, seine Frau, in Schutz nahm, beleidigend zu werden: als der Graf, der die Papiere noch einmal überlesen hatte, indem er plötzlich unter sie trat, ausrief: ruhig, meine Freunde! – und damit nahm er sein Schwert, das im Winkel stand, und übergab es dem Ritter mit den Worten: daß er sein Gefangener sei! Auf die betroffene Frage des Ritters: ob er recht gehört, und ob er in der Tat die beiden Klagpunkte, die der Kanzler aufgesetzt, anerkenne? antwortete der Graf: ja! ja! ja! – Inzwischen hoffe er der Notwendigkeit überhoben zu sein, den Beweis wegen seiner Unschuld anders, als vor den Schranken eines förmlich von der Herzogin niedergesetzten Gerichts zu führen. Vergebens bewiesen die Ritter, mit dieser Äußerung höchst unzufrieden, daß er in diesem Fall wenigstens keinem andern, als dem Kaiser, von dem Zusammenhang der Sache Rechenschaft zu geben brauche; der Graf, der sich in einer sonderbar plötzlichen Wendung der Gesinnung, auf die Gerechtigkeit der Regentin berief, bestand darauf, sich vor dem Landestribunal zu stellen, und schon, indem er sich aus ihren Armen losriß, rief er, aus dem Fenster hinaus, nach seinen Pferden, willens, wie er sagte, dem Abgeordneten unmittelbar in die Ritterhaft zu folgen: als die Waffengefährten ihm gewaltsam, mit einem Vorschlag, den er endlich annehmen mußte, in den Weg traten. Sie setzten in ihrer Gesamtzahl ein Schreiben an die Herzogin auf, forderten als ein Recht, das jedem Ritter in solchem Fall zustehe, freies Geleit für ihn, und boten ihr zur Sicherheit, daß er sich dem von ihr errichteten Tribunal stellen, auch allem, was dasselbe über ihn verhängen mögte, unterwerfen würde, eine Bürgschaft von 20 000 Mark Silbers an.

Die Herzogin, auf diese unerwartete und ihr unbegreifliche Erklärung, hielt es, bei den abscheulichen Gerüchten, die bereits über die Veranlassung der Klage im Volk herrschten, für das Ratsamste, mit gänzlichem Zurücktreten ihrer eignen Person, dem Kaiser die ganze Streitsache vorzulegen. Sie schickte ihm, auf den Rat des Kanzlers, sämtliche über den Vorfall lautende Aktenstücke zu, und bat, in seiner Eigenschaft als Reichsoberhaupt ihr die Untersuchung in einer Sache abzunehmen, in der sie selber als Partei befangen sei. Der Kaiser, der sich wegen Verhandlungen mit der Eidgenossenschaft grade damals in Basel aufhielt, willigte in diesen Wunsch; er setzte daselbst ein Gericht von drei Grafen, zwölf Rittern und zwei Gerichtsassessoren nieder; und nachdem er dem Grafen Jacob dem Rotbart, dem Antrag seiner Freunde gemäß, gegen die dargebotene Bürgschaft von 20000 Mark Silbers freies Geleit zugestanden hatte, forderte er ihn auf, sich dem erwähnten Gericht zu stellen, und demselben über die beiden Punkte: wie der Pfeil, der, nach seinem eignen Geständnis sein gehöre, in die Hände des Mörders gekommen? auch: an welchem dritten Ort er sich in der Nacht des heiligen Remigius aufgehalten habe, Red' und Antwort zu geben.

Es war am Montag nach Trinitatis, als der Graf Jacob der Rotbart, mit einem glänzenden Gefolge von Rittern, der an ihn ergangenen Aufforderung gemäß, in Basel vor den Schranken des Gerichts erschien, und sich daselbst, mit Übergehung der ersten, ihm, wie er vorgab, gänzlich unauflöslichen Frage, in Bezug auf die zweite, welche für den Streitpunkt entscheidend war, folgendermaßen faßte: »Edle Herren!« und damit stützte er seine Hände auf das Geländer, und schaute aus seinen kleinen blitzenden Augen, von rötlichen Augenwimpern überschattet, die Versammlung an. »Ihr beschuldigt mich, der von seiner Gleichgültigkeit gegen Krone und Szepter Proben genug gegeben hat, der abscheulichsten Handlung, die begangen werden kann, der Ermordung meines, mir in der Tat wenig geneigten, aber darum nicht minder teuren Bruders;

und als Einen der Gründe, worauf ihr eure Anklage stützt, führt ihr an, daß ich in der Nacht des heiligen Remigius, da jener Frevel verübt ward, gegen eine durch viele Jahre beobachtete Gewohnheit, aus meinem Schlosse abwesend war. Nun ist mir gar wohl bekannt, was ein Ritter der Ehre solcher Damen, deren Gunst ihm heimlich zu Teil wird, schuldig ist; und wahrlich! hätte der Himmel nicht, aus heiterer Luft, dies sonderbare Verhängnis über mein Haupt zusammengeführt: so würde das Geheimnis, das in meiner Brust schläft, mit mir gestorben, zu Staub verwest, und erst auf den Posaunenruf des Engels, der die Gräber sprengt, vor Gott mit mir erstanden sein. Die Frage aber, die kaiserliche Majestät durch euren Mund an mein Gewissen richtet, macht, wie ihr wohl selbst einseht, alle Rücksichten und alle Bedenklichkeiten zu Schanden; und weil ihr denn wissen wollt, warum es weder wahrscheinlich, noch auch selbst möglich sei, daß ich an dem Mord meines Bruders, es sei nun persönlich oder mittelbar, Teil genommen, so vernehmt, daß ich in der Nacht des heiligen Remigius, also zur Zeit, da er verübt worden, heimlich bei der schönen, in Liebe mir ergebenen Tochter des Landdrosts Winfried von Breda, Frau Wittib Littegarde von Auerstein war.«

Nun muß man wissen, daß Frau Wittib Littegarde von Auerstein, so wie die schönste, so auch, bis auf den Augenblick dieser schmählichen Anklage, die unbescholtenste und makelloseste Frau des Landes war. Sie lebte, seit dem Tode des Schloßhauptmanns von Auerstein, ihres Gemahls, den sie wenige Monden nach ihrer Vermählung an einem ansteckenden Fieber verloren hatte, still und eingezogen auf der Burg ihres Vaters; und nur auf den Wunsch dieses alten Herrn, der sie gern wieder vermählt zu sehen wünschte, ergab sie sich darin, dann und wann bei den Jagdfesten und Banketten zu erscheinen, welche von der Ritterschaft der umliegenden Gegend, und hauptsächlich von Hr. Jacob dem Rotbart, angestellt wurden. Viele Grafen und Herren, aus den edelsten und begütertsten Geschlechtern des Landes, fanden sich mit ihren Werbungen, bei solchen Gelegenheiten um sie ein, und unter diesen war ihr Hr. Friedrich von Trota, der Kämmerer, der ihr einst auf der Jagd gegen den Anlauf eines verwundeten Ebers tüchtiger Weise das Leben gerettet hatte, der Teuerste und Liebste; inzwischen hatte sie sich aus Besorgnis, ihren beiden, auf die Hinterlassenschaft ihres Vermögens rechnenden Brüdern dadurch zu mißfallen, aller Ermahnungen ihres Vaters ungeachtet, noch nicht entschließen können, ihm ihre Hand zu geben. Ja, als Rudolph, der Ältere von beiden sich mit einem reichen Fräulein aus der Nachbarschaft vermählte, und ihm, nach einer dreijährigen kinderlosen Ehe, zur großen Freude der Familie, ein Stammhalter geboren ward: so nahm sie, durch manche deutliche und undeutliche Erklärung bewogen, von Herrn Friedrich, ihrem Freunde, in einem unter vielen Tränen abgefaßten Schreiben, förmlich Abschied, und willigte, um die Einigkeit des Hauses zu erhalten, in den Vorschlag ihres Bruders, den Platz als Äbtissin in einem Frauenstift einzunehmen, das unfern ihrer väterlichen Burg an den Ufern des Rheins lag.

Grade um die Zeit, da bei dem Erzbischof von Straßburg dieser Plan betrieben ward, und die Sache im Begriff war zur Ausführung zu kommen, war es, als der Landdrost, Hr. Winfried von Breda, durch das von dem Kaiser eingesetzte Gericht, die Anzeige von der Schande seiner Tochter Littegarde, und die Aufforderung erhielt, dieselbe zur Verantwortung gegen die von dem Grafen Jacob wider sie angebrachte Beschuldigung nach Basel zu befördern. Man bezeichnete ihm, im Verlauf des Schreibens, genau die Stunde und den Ort, in welchem der Graf, seinem Vorgeben gemäß, bei Frau Littegarde seinen Besuch heimlich abgestattet haben wollte, und schickte ihm sogar einen, von ihrem verstorbenen Gemahl herrührenden Ring mit, den er beim Abschied, zum Andenken an die verflossene Nacht, aus ihrer Hand empfangen zu haben versicherte. Nun litt Hr. Winfried eben, am Tage der Ankunft dieses Schreibens an einer schweren und schmerzvollen Unpäßlichkeit des Alters; er wankte, in einem äußerst gereizten Zustande, an der Hand seiner Tochter im Zimmer umher, das Ziel schon ins Auge fassend, das Allem was Leben atmet gesteckt ist; dergestalt, daß ihn, bei Überlesung dieser fürchterlichen Anzeige, der Schlag augenblicklich rührte, und er, indem er das Blatt fallen ließ, mit gelähmten Gliedern auf den Fußboden niederschlug. Die Brüder, die gegenwärtig waren, hoben ihn bestürzt vom Boden auf, und riefen einen Arzt herbei, der zu seiner Pflege, in den Nebengebäuden wohnte; aber alle Mühe, ihn wieder ins Leben zurück zu bringen, war umsonst: er gab, während Frau Littegarde besinnungslos in dem Schoß ihrer Frauen lag, seinen Geist auf, und diese, da sie erwachte, hatte auch nicht den letzten bittersüßen Trost, ihm ein Wort zur Verteidigung ihrer Ehre in die Ewigkeit mitgegeben zu haben. Das Schrecken der beiden Brüder über diesen heillosen Vorfall, und ihre Wut über die der Schwester angeschuldigte und leider nur zu wahrscheinliche Schandtat, die ihn veranlaßt hatte, war unbeschreiblich. Denn sie wußten nur zu wohl, daß Graf Jacob der Rotbart ihr in der Tat, während des ganzen vergangenen Sommers, angelegentlich den Hof gemacht hatte; mehrere Turniere und Bankette waren bloß ihr zu Ehren von ihm angestellt, und sie, auf eine schon damals sehr anstößige Weise, vor allen andern Frauen, die er zur Gesellschaft zog, von ihm ausgezeichnet worden. Ja, sie erinnerten sich, daß Littegarde, grade um die Zeit des besagten Remigiustages, eben diesen von ihrem Gemahl herstammenden Ring, der sich jetzt, auf sonderbare Weise in den Händen des Grafen Jacob wieder fand, auf einem Spaziergang verloren zu haben vorgegeben hatte; dergestalt, daß sie nicht einen Augenblick an der Wahrhaftigkeit der Aussage, die der Graf vor Gericht gegen sie abgeleistet hatte, zweifelten. Vergebens – inzwischen unter den Klagen des Hofgesindes die väterliche Leiche weggetragen ward – umklammerte sie, nur um einen Augenblick Gehör bittend, die Knie ihrer Brüder; Rudolph, vor Entrüstung flammend, fragte sie, indem er sich zu ihr wandte: ob sie einen Zeugen für die Nichtigkeit der Beschuldigung für sich aufstellen könne? und da sie unter Zittern und Beben erwiderte: daß sie sich leider auf nichts, als die Unsträflichkeit ihres Lebenswandels berufen könne, indem ihre Zofe grade wegen eines Besuchs, den sie in der bewußten Nacht bei ihren Eltern abgestattet, aus ihrem Schlafzimmer abwesend gewesen sei: so stieß Rudolph sie mit Füßen von sich, riß ein Schwert, das an der Wand hing, aus der Scheide, und befahl ihr, in mißgeschaffner Leidenschaft tobend, indem er Hunde und Knechte herbeirief, augenblicklich das Haus und die Burg zu verlassen. Littegarde stand bleich wie Kreide, vom Boden auf; sie bat, indem sie seinen Mißhandlungen schweigend auswich, ihr wenigstens zur Anordnung der erforderten Abreise die nötige Zeit zu lassen; doch Rudolph antwortete weiter nichts, als, vor Wut schäumend: hinaus, aus dem Schloß! dergestalt, daß da er auf seine eigne Frau, die ihm mit der Bitte um Schonung und Menschlichkeit, in den Weg trat, nicht hörte, und sie, durch einen Stoß mit dem Griff des Schwerts, der ihr das Blut fließen machte, rasend auf die Seite warf, die unglückliche Littegarde, mehr tot als lebendig, das Zimmer verließ: sie wankte, von den Blicken der gemeinen Menge umstellt, über den Hofraum der Schloßpforte zu, wo Rudolph ihr ein Bündel mit Wäsche, wozu er einiges Geld legte, hinausreichen ließ, und selbst hinter ihr, unter Flüchen und Verwünschungen, die Torflügel verschloß.

Dieser plötzliche Sturz, von der Höhe eines heiteren und fast ungetrübten Glücks, in die Tiefe eines unabsehbaren und gänzlich hülflosen Elends, war mehr als das arme Weib ertragen konnte. Unwissend, wohin sie sich wenden solle, wankte sie, gestützt am Geländer, den Felsenpfad hinab, um sich wenigstens für die einbrechende Nacht ein Unterkommen zu verschaffen; doch ehe sie noch den Eingang des Dörfchens, das verstreut im Tale lag, erreicht hatte, sank sie schon ihrer Kräfte beraubt, auf den Fußboden nieder. Sie mogte, allen Erdenleiden entrückt, wohl eine Stunde so gelegen haben, und völlige Finsternis deckte schon die Gegend, als sie, umringt von mehreren mitleidigen Einwohnern des Orts, erwachte. Denn ein Knabe, der am Felsenabhang spielte, hatte sie daselbst bemerkt, und in dem Hause seiner Eltern von einer so sonderbaren und auffallenden Erscheinung Bericht abgestattet; worauf diese, die von Littegarden mancherlei Wohltaten empfangen hatten, äußerst bestürzt, sie in einer so trostlosen Lage zu wissen, sogleich aufbrachen, um ihr mit Hülfe, so gut es in ihren Kräften stand, beizuspringen. Sie erholte sich durch die Bemühungen dieser Leute gar bald, und gewann auch, bei dem Anblick der Burg, die hinter ihr verschlossen war, ihre Besinnung wieder; sie weigerte sich aber das Anerbieten zweier Weiber, sie wieder auf das Schloß hinauf zu führen, anzunehmen, und bat nur um die Gefälligkeit, ihr sogleich einen Führer herbei zu schaffen, um ihre Wanderung fortzusetzen. Vergebens stellten ihr die Leute vor, daß sie in ihrem Zustande keine Reise antreten könne; Littegarde bestand unter dem Vorwand, daß ihr Leben in Gefahr sei, darauf, augenblicklich die Grenzen des Burggebiets zu verlassen; ja, sie machte, da sich der Haufen um sie, ohne ihr zu helfen, immer vergrößerte, Anstalten, sich mit Gewalt los zu reißen, und sich allein, trotz der Dunkelheit der hereinbrechenden Nacht, auf den Weg zu begeben; dergestalt, daß die Leute notgedrungen, aus Furcht, von der Herrschaft, falls ihr ein Unglück zustieße, dafür in Anspruch genommen zu werden, in ihren Wunsch willigten, und ihr ein

Fuhrwerk herbeischafften, das mit ihr, auf die wiederholt an sie gerichtete Frage, wohin sie sich denn eigentlich wenden wolle, nach Basel abfuhr.

Aber schon vor dem Dorfe änderte sie, nach einer aufmerksamern Erwägung der Umstände, ihren Entschluß, und befahl ihrem Führer umzukehren, und sie nach der, nur wenige Meilen entfernten Trotenburg zu fahren. Denn sie fühlte wohl, daß sie ohne Beistand, gegen einen solchen Gegner, als der Graf Jacob der Rotbart war, vor dem Gericht zu Basel nichts ausrichten würde; und niemand schien ihr des Vertrauens, zur Verteidigung ihrer Ehre aufgerufen zu werden, würdiger, als ihr wackerer, ihr in Liebe, wie sie wohl wußte, immer noch ergebener Freund, der treffliche Kämmerer Hr. Friedrich von Trota. Es mogte ohngefähr Mitternacht sein, und die Lichter im Schlosse schimmerten noch, als sie äußerst ermüdet von der Reise, mit ihrem Fuhrwerk daselbst ankam. Sie schickte einen Diener des Hauses, der ihr entgegen kam, hinauf, um der Familie ihre Ankunft anmelden zu lassen; doch ehe dieser noch seinen Auftrag vollführt hatte, traten auch schon Fräulein Bertha und Kunigunde, Hrn. Friedrichs Schwestern, vor die Tür hinaus, die zufällig, in Geschäften des Haushalts, im untern Vorsaal waren. Die Freundinnen hoben Littegarden, die ihnen gar wohl bekannt war, unter freudigen Begrüßungen vom Wagen, und führten sie, obschon nicht ohne einige Beklemmung, zu ihrem Bruder hinauf, der in Akten, womit ihn ein Prozeß überschüttete, versenkt, an einem Tische saß. Aber wer beschreibt das Erstaunen Hrn. Friedrichs, als er auf das Geräusch, das sich hinter ihm erhob, sein Antlitz wandte, und Frau Littegarden, bleich und entstellt, ein wahres Bild der Verzweiflung, vor ihm auf Knien nieder sinken sah. »Meine teuerste Littegarde!« rief er, indem er aufstand, und sie vom Fußboden erhob: »was ist euch widerfahren?« Littegarde, nachdem sie sich auf einen Sessel niedergelassen hatte, erzählte ihm, was vorgefallen; welch' eine verruchte Anzeige der Graf Jacob der Rotbart, um sich von dem Verdacht, wegen Ermordung des Herzogs, zu reinigen, vor dem Gericht zu Basel in Bezug auf sie, vorgebracht habe; wie die Nachricht davon ihrem alten, eben an einer Unpäßlichkeit leidenden Vater augenblicklich den Nervenschlag zugezogen, an welchem er auch, wenige Minuten darauf, in den Armen seiner Söhne verschieden sei; und wie diese in Entrüstung darüber rasend, ohne auf das, was sie zu ihrer Verteidigung vorbringen könne, zu hören, sie mit den entsetzlichsten Mißhandlungen überhäuft, und zuletzt, gleich einer Verbrecherin, aus dem Hause gejagt hatten. Sie bat Hrn. Friedrich, sie unter einer schicklichen Begleitung nach Basel zu befördern, und ihr daselbst einen Rechtsgehülfen anzuweisen, der ihr, bei ihrer Erscheinung vor dem von dem Kaiser eingesetzten Gericht, mit klugem und besonnenen Rat, gegen jene schändliche Beschuldigung, zur Seite stehen könne. Sie versicherte, daß ihr aus dem Munde eines Parthers oder Persers, den sie nie mit Augen gesehen, eine solche Behauptung nicht hätte unerwarteter kommen können, als aus dem Munde des Grafen Jacobs des Rotbarts, indem ihr derselbe seines schlechten Rufs sowohl, als seiner äußeren Bildung wegen, immer in der tiefsten Seele verhaßt gewesen sei, und sie die Artigkeiten, die er sich, bei den Festgelagen des vergangenen Sommers, zuweilen die Freiheit genommen ihr zu sagen, stets mit der größten Kälte und Verachtung abgewiesen habe. »Genug, meine teuerste Littegarde!« rief Hr. Friedrich, indem er mit edlem Eifer ihre Hand nahm, und an seine Lippen drückte: »verliert kein Wort zur Verteidigung und Rechtfertigung eurer Unschuld! In meiner Brust spricht eine Stimme für euch, weit lebhafter und überzeugender, als alle Versicherungen, ja selbst als alle Rechtsgründe und Beweise, die ihr vielleicht aus der Verbindung der Umstände und Begebenheiten, vor dem Gericht zu

Basel für euch aufzubringen vermögt. Nehmt mich, weil eure ungerechten und ungroßmütigen Brüder euch verlassen, als euren Freund und Bruder an, und gönnt mir den Ruhm, euer Anwalt in dieser Sache zu sein; ich will den Glanz eurer Ehre vor dem Gericht zu Basel und vor dem Urteil der ganzen Welt wiederherstellen!« Damit führte er Littegarden, deren Tränen vor Dankbarkeit und Rührung, bei so edelmütigen Äußerungen heftig flossen, zu Frau Helenen, seiner Mutter hinauf, die sich bereits in ihr Schlafzimmer zurückgezogen hatte; er stellte sie dieser würdigen alten Dame, die ihr mit besonderer Liebe zugetan war, als eine Gastfreundin vor, die sich, wegen eines Zwistes, der in ihrer Familie ausgebrochen, entschlossen habe, ihren Aufenthalt während einiger Zeit auf seiner Burg zu nehmen; man räumte ihr noch in derselben Nacht einen ganzen Flügel des weitläufigen Schlosses ein, erfüllte, aus dem Vorrat der Schwestern, die Schränke, die sich darin befanden, reichlich mit Kleidern und Wäsche für sie, wies ihr auch, ganz ihrem Range gemäß, eine anständige ja prächtige Dienerschaft an: und schon am dritten Tage befand sich Hr. Friedrich von Trota, ohne sich über die Art und Weise, wie er seinen Beweis vor Gericht zu führen gedachte, auszulassen, mit einem zahlreichen Gefolge von Reisigen und Knappen auf der Straße nach Basel.

Inzwischen war, von den Herren von Breda, Littegardens Brüdern, ein Schreiben, den auf der Burg statt gehabten Vorfall anbetreffend, bei dem Gericht zu Basel eingelaufen, worin sie das arme Weib, sei es nun, daß sie dieselbe wirklich für schuldig hielten, oder daß sie sonst Gründe haben mogten, sie zu verderben, ganz und gar, als eine überwiesene Verbrecherin, der Verfolgung der Gesetze Preis gaben. Wenigstens nannten sie die Verstoßung derselben aus der Burg, unedelmütiger und unwahrhaftiger Weise, eine freiwillige Entweichung; sie beschrieben, wie sie sogleich, ohne irgend etwas zur Verteidigung ihrer Unschuld aufbringen zu können, auf einige entrüstete Äußerungen, die ihnen entfahren wären, das Schloß verlassen habe; und waren, bei der Vergeblichkeit aller Nachforschungen, die sie beteuerten, ihrethalb angestellt zu haben, der Meinung, daß sie jetzt wahrscheinlich, an der Seite eines dritten Abenteurers, in der Welt umirre, um das Maß ihrer Schande zu erfüllen. Dabei trugen sie, zur Ehrenrettung der durch sie beleidigten Familie, darauf an, ihren Namen aus der Geschlechtstafel des Bredaschen Hauses auszustreichen, und begehrten, unter weitläufigen Rechtsdeduktionen, sie, zur Strafe wegen so unerhörter Vergehungen, aller Ansprüche auf die Verlassenschaft des edlen Vaters, den ihre Schande ins Grab gestürzt, für verlustig zu erklären. Nun waren die Richter zu Basel zwar weit entfernt, diesem Antrag, der ohnehin gar nicht vor ihr Forum gehörte, zu willfahren; da inzwischen der Graf Jacob, beim Empfang dieser Nachricht, von seiner Teilnahme an dem Schicksal Littegardens die unzweideutigsten und entscheidendsten Beweise gab, und heimlich, wie man erfuhr, Reiter ausschickte, um sie aufzusuchen und ihr einen Aufenthalt auf seiner Burg anzubieten: so setzte das Gericht in die Wahrhaftigkeit seiner Aussage keinen Zweifel mehr, und beschloß die Klage, die wegen Ermordung des Herzogs über ihn schwebte, sofort aufzuheben. Ja, diese Teilnahme, die er der Unglücklichen in diesem Augenblick der Not schenkte, wirkte selbst höchst vorteilhaft auf die Meinung des in seinem Wohlwollen für ihn sehr wankenden Volks; man entschuldigte jetzt, was man früherhin schwer gemißbilligt hatte, die Preisgebung einer ihm in Liebe ergebenen Frau, vor der Verachtung aller Welt, und fand, daß ihm unter so außerordentlichen und ungeheuren Umständen, da es ihm nichts Geringeres, als Leben und Ehre galt, nichts übrig geblieben sei, als rücksichtslose Aufdeckung des Abenteuers, das sich in der Nacht des heiligen Remigius zugetragen hatte. Demnach ward, auf ausdrücklichen Befehl des Kaisers, der Graf Jacob der Rotbart von neuem vor Gericht geladen, um feierlich, bei offnen Türen, von dem Verdacht, zur Ermordung des Herzogs mitgewirkt zu haben, freigesprochen zu werden. Eben hatte der Herold, unter den Hallen des weitläufigen Gerichtssaals, das Schreiben der Herren von Breda abgelesen, und das Gericht machte sich bereit, dem Schluß des Kaisers gemäß, in Bezug auf den ihm zur Seite stehenden Angeklagten, zu einer förmlichen Ehrenerklärung zu schreiten: als Hr. Friedrich von Trota vor die Schranken trat, und sich, auf das allgemeine Recht jedes unparteiischen Zuschauers gestützt, den Brief auf einen Augenblick zur Durchsicht ausbat. Man willigte, während die Augen alles Volks auf ihn gerichtet waren, in seinen Wunsch; aber kaum hatte Hr. Friedrich aus den Händen des Herolds das Schreiben erhalten, als er es, nach einem flüchtig hinein geworfenen Blick, von oben bis unten zerriß, und die Stücken, samt seinem Handschuh, die er zusammen wickelte, mit der Erklärung dem Grafen Jacob dem Rotbart ins Gesicht warf: daß er ein schändlicher und niederträchtiger Verleumder, und er entschlossen sei, die Schuldlosigkeit Frau Littegardens an dem Frevel, den er ihr vorgeworfen, auf Tod und Leben, vor aller Welt, im Gottesurteil zu beweisen! – Graf Jacob der Rotbart, nachdem er, blaß im Gesicht, den Handschuh aufgenommen, sagte: »so gewiß als Gott gerecht, im Urteil der Waffen, entscheidet, so gewiß werde ich dir die Wahrhaftigkeit dessen, was ich, Frau Littegarden betreffend, notgedrungen verlautbart, im ehrlichen ritterlichen Zweikampf beweisen! Erstattet, edle Herren«, sprach er, indem er sich zu den Richtern wandte, »kaiserlicher Majestät Bericht von dem Einspruch, welchen Hr. Friedrich getan, und ersucht sie, uns Stunde und Ort zu bestimmen, wo wir uns, mit dem Schwert in der Hand, zur Entscheidung dieser Streitsache begegnen können!« Dem gemäß schickten die Richter, unter Aufhebung der Session, eine Deputation, mit dem Bericht über diesen Vorfall, an den Kaiser ab; und da dieser durch das Auftreten Hrn. Friedrichs, als Verteidiger Littegardens, nicht wenig in seinem Glauben an die Unschuld des Grafen irre geworden war: so rief er, wie es die Ehrengesetze erforderten, Frau Littegarden, zur Beiwohnung des Zweikampfs, nach Basel, und setzte zur Aufklärung des sonderbaren Geheimnisses, das über dieser Sache schwebte, den Tag der heiligen Margarethe als die Zeit, und den Schloßplatz zu Basel als den Ort an, wo beide, Hr. Friedrich von Trota und der Graf Jacob der Rotbart, in Gegenwart Frau Littegardens einander treffen sollten.

Eben ging, diesem Schluß gemäß, die Mittagssonne des Margarethentages über die Türme der Stadt Basel, und eine unermeßliche Menschenmenge, für welche man Bänke und Gerüste zusammen gezimmert hatte, war auf dem Schloßplatz versammelt, als auf den dreifachen Ruf des vor dem Altan der Kampfrichter stehenden Herolds, beide, von Kopf zu Fuß in schimmerndes Erz gerüstet, Hr. Friedrich und der Graf Jacob, zur Ausfechtung ihrer Sache, in die Schranken traten. Fast die ganze Ritterschaft von Schwaben und der Schweiz war auf der Rampe des im Hintergrund befindlichen Schlosses gegenwärtig; und auf dem Balkon desselben saß, von seinem Hofgesinde umgeben, der Kaiser selbst, nebst seiner Gemahlin, und den Prinzen und Prinzessinnen, seinen Söhnen und Töchtern. Kurz vor Beginn des Kampfes, während die Richter Licht und Schatten zwischen den Kämpfern teilten, traten Frau Helena und ihre beiden Töchter Bertha und Kunigunde, welche Littegarden nach Basel begleitet hatten, noch einmal an die Pforten des Platzes, und baten die Wächter, die daselbst standen, um die Erlaubnis, eintreten, und mit Frau Littegarden, welche, einem uralten Gebrauch gemäß, auf einem Gerüst innerhalb der Schranken saß, ein Wort sprechen zu dürfen. Denn obschon der Lebenswandel dieser Dame die vollkommenste Achtung und ein ganz uneingeschränktes Vertrauen in die Wahrhaftigkeit ihrer Versicherungen zu erfordern schien, so stürzte doch der Ring, den der Graf Jacob aufzuweisen hatte, und noch mehr der Umstand, daß Littegarde ihre Kammerzofe, die Einzige, die ihr hätte zum Zeugnis dienen können, in der Nacht des heiligen Remigius beurlaubt hatte, ihre Gemüter in die lebhafteste Besorgnis; sie beschlossen die Sicherheit des Bewußtseins, das der Angeklagten inwohnte, im Drang dieses entscheidenden Augenblicks, noch einmal zu prüfen, und ihr die Vergeblichkeit, ja Gotteslästerlichkeit des Unternehmens, falls wirklich eine Schuld ihre Seele drückte, aus einander zu setzen, sich durch den heiligen Ausspruch der Waffen, der die Wahrheit unfehlbar ans Licht bringen würde, davon reinigen zu wollen. Und in der Tat hatte Littegarde alle Ursache, den Schritt, den Hr. Friedrich jetzt für sie tat, wohl zu überlegen; der Scheiterhaufen wartete ihrer sowohl, als ihres Freundes, des Ritters von Trota, falls Gott sich im eisernen Urteil nicht für ihn, sondern für den Grafen Jacob den Rotbart, und für die Wahrheit der Aussage entschied, die derselbe vor Gericht gegen sie abgeleistet hatte. Frau Littegarde, als sie Hr. Friedrichs Mutter und Schwestern zur Seite eintreten sah, stand, mit dem ihr eigenen Ausdruck von Würde, der durch den Schmerz, welcher über ihr Wesen verbreitet war, noch rührender ward, von ihrem Sessel auf, und fragte sie, indem sie ihnen entgegen ging: was sie in einem so verhängnisvollen Augenblick zu ihr führe? »Mein liebes Töchterchen«, sprach Frau Helena, indem sie dieselbe auf die Seite führte: »wollt ihr einer Mutter, die keinen Trost im öden Alter, als den Besitz ihres Sohnes hat, den Kummer ersparen, ihn an seinem Grabe beweinen zu müssen; euch, ehe noch der Zweikampf beginnt, reichlich beschenkt und ausgestattet, auf einen Wagen setzen, und eins von unsern Gütern, das jenseits des Rheins liegt, und euch anständig und freundlich empfangen wird, von uns zum

Geschenk annehmen?« Littegarde, nachdem sie ihr, mit einer Blässe, die ihr über das Antlitz flog, einen Augenblick starr ins Gesicht gesehen hatte, bog, sobald sie die Bedeutung dieser Worte in ihrem ganzen Umfang verstanden hatte, ein Knie vor ihr. Verehrungswürdigste und vortreffliche Frau! sprach sie; kommt die Besorgnis, daß Gott sich, in dieser entscheidenden Stunde, gegen die Unschuld meiner Brust erklären werde, aus dem Herzen eures edlen Sohnes? – »Weshalb?« fragte Frau Helena. – Weil ich ihn in diesem Falle beschwöre, das Schwert, das keine vertrauensvolle Hand führt, lieber nicht zu zücken, und die Schranken, unter welchem schicklichen Vorwand es sei, seinem Gegner zu räumen: mich aber, ohne dem Gefühl des Mitleids, von dem ich nichts annehmen kann, ein unzeitiges Gehör zu geben, meinem Schicksal, das ich in Gottes Hand stelle, zu überlassen! – »Nein!« sagte Frau Helena verwirrt; »mein Sohn weiß von nichts! Es würde ihm, der vor Gericht sein Wort gegeben hat, eure Sache zu verfechten, wenig anstehen, euch jetzt, da die Stunde der Entscheidung schlägt, einen solchen Antrag zu machen. Im festen Glauben an eure Unschuld steht er, wie ihr seht, bereits zum Kampf gerüstet, dem Grafen eurem Gegner gegenüber; es war ein Vorschlag, den wir uns, meine Töchter und ich, in der Bedrängnis des Augenblicks, zur Berücksichtigung aller Vorteile und Vermeidung alles Unglücks ausgedacht haben.« – Nun, sagte Frau Littegarde, indem sie die Hand der alten Dame, unter einem heißen Kuß, mit ihren Tränen befeuchtete: so laßt ihn sein Wort lösen! Keine Schuld befleckt mein Gewissen; und ginge er ohne Helm und Harnisch in den Kampf, Gott und alle seine Engel beschirmen ihn! Und damit stand sie vom Boden auf, und führte Frau Helena und ihre Töchter auf einige, innerhalb des Gerüstes befindliche Sitze, die hinter dem, mit roten Tuch beschlagenen Sessel, auf dem sie sich selbst niederließ, aufgestellt waren.

Hierauf blies der Herold, auf den Wink des Kaisers, zum Kampf, und beide Ritter, Schild und Schwert in der Hand, gingen auf einander los. Hr. Friedrich verwundete gleich auf den ersten Hieb den Grafen; er verletzte ihn mit der Spitze seines, nicht eben langen Schwertes da, wo zwischen Arm und Hand die Gelenke der Rüstung in einander griffen; aber der Graf, der, durch die Empfindung geschreckt, zurücksprang, und die Wunde untersuchte, fand, daß, obschon das Blut heftig floß, doch nur die Haut obenhin geritzt war: dergestalt, daß er auf das Murren der auf der Rampe befindlichen Ritter, über die Unschicklichkeit dieser Aufführung, wieder vordrang, und den Kampf, mit erneuerten Kräften, einem völlig Gesunden gleich, wieder fortsetzte. Jetzt wogte zwischen beiden Kämpfern der Streit, wie zwei Sturmwinde einander begegnen, wie zwei Gewitterwolken, ihre Blitze einander zusendend, sich treffen, und, ohne sich zu vermischen, unter dem Gekrach häufiger Donner, getürmt um einander herumschweben. Hr. Friedrich stand, Schild und Schwert vorstreckend, auf dem Boden, als ob er darin Wurzel fassen wollte, da; bis an die Sporen grub er sich, bis an die Knöchel und Waden, in dem, von seinem Pflaster befreiten, absichtlich aufgelockerten, Erdreich ein, die tückischen Stöße des Grafen, der, klein und behend, gleichsam von allen Seiten zugleich angriff, von seiner Brust und seinem Haupt abwehrend. Schon hatte der Kampf, die Augenblicke der Ruhe, zu welcher Entatmung beide Parteien zwang, mitgerechnet, fast eine Stunde gedauert: als sich von neuem ein Murren unter den auf dem Gerüst befindlichen Zuschauern erhob. Es schien, es galt diesmal nicht dem Grafen Jacob, der es an Eifer, den Kampf zu Ende zu bringen, nicht fehlen ließ, sondern Hrn. Friedrichs Einpfählung auf einem und demselben Fleck, und seine seltsame, dem Anschein nach fast eingeschüchterte, wenigstens starrsinnige Enthaltung alles eignen Angriffs. Hr. Friedrich, obschon sein Verfahren auf

guten Gründen beruhen mogte, fühlte dennoch zu leise, als
daß er es nicht sogleich gegen die Forderung derer, die in diesem Augenblick über seine Ehre entschieden, hätte aufopfern
sollen; er trat mit einem mutigen Schritt aus dem, sich von
Anfang herein gewählten Standpunkt, und der Art natürlicher
Verschanzung, die sich um seinen Fußtritt gebildet hatte, hervor, über das Haupt seines Gegners, dessen Kräfte schon zu
sinken anfingen, mehrere derbe und ungeschwächte Streiche,
die derselbe jedoch unter geschickten Seitenbewegungen mit
seinem Schild aufzufangen wußte, danieder schmetternd. Aber
schon in den ersten Momenten dieses dergestalt veränderten
Kampfs, hatte Hr. Friedrich ein Unglück, das die Anwesenheit höherer, über den Kampf waltender Mächte nicht eben
anzudeuten schien; er stürzte, den Fußtritt in seinen Sporen
verwickelnd, stolpernd abwärts, und während er, unter der
Last des Helms und des Harnisches, die seine oberen Teile
beschwerten, mit in dem Staub vorgestützter Hand, in die
Knie sank, stieß ihm Graf Jacob der Rotbart, nicht eben auf
die edelmütigste und ritterlichste Weise, das Schwert in die
dadurch bloßgegebene Seite. Hr. Friedrich sprang, mit einem
Laut des augenblicklichen Schmerzes, von der Erde empor.
Er drückte sich zwar den Helm in die Augen, und machte,
das Antlitz rasch seinem Gegner wieder zuwendend, Anstalten, den Kampf fortzusetzen: aber während er sich, mit vor
Schmerz krummgebeugtem Leibe auf seinen Degen stützte,
und Dunkelheit seine Augen umfloß: stieß ihm der Graf seinen Flammberg noch zweimal, dicht unter dem Herzen, in
die Brust; worauf er, von seiner Rüstung umrasselt, zu Boden
schmetterte, und Schwert und Schild neben sich niederfallen
ließ. Der Graf setzte ihm, nachdem er die Waffen über die
Seite geschleudert, unter einem dreifachen Tusch der Trom-
peten, den Fuß auf die Brust; und inzwischen alle Zuschauer,
der Kaiser selbst an der Spitze, unter dumpfen Ausrufungen

des Schreckens und Mitleidens, von ihren Sitzen aufstanden: stürzte sich Frau Helena, im Gefolge ihrer beiden Töchter, über ihren teuern, sich in Staub und Blut wälzenden Sohn. »O mein Friedrich!« rief sie, an seinem Haupt jammernd niederkniend; während Frau Littegarde ohnmächtig und besinnungslos, durch zwei Häscher, von dem Boden des Gerüstes, auf welchen sie herab gesunken war, aufgehoben und in ein Gefängnis getragen ward. »Und o die Verruchte«, setzte sie hinzu, »die Verworfene, die, das Bewußtsein der Schuld im Busen, hierher zu treten, und den Arm des treusten und edelmütigsten Freundes zu bewaffnen wagt, um ihr ein Gottesurteil, in einem ungerechten Zweikampf zu erstreiten!« Und damit hob sie den geliebten Sohn, inzwischen die Töchter ihn von seinem Harnisch befreiten, wehklagend vom Boden auf, und suchte ihm das Blut, das aus seiner edlen Brust vordrang, zu stillen. Aber Häscher traten auf Befehl des Kaisers herbei, die auch ihn, als einen dem Gesetz Verfallenen, in Verwahrsam nahmen; man legte ihn, unter Beihülfe einiger Ärzte, auf eine Bahre, und trug ihn, unter der Begleitung einer großen Volks-Menge gleichfalls in ein Gefängnis, wohin Frau Helena jedoch und ihre Töchter die Erlaubnis bekamen, ihm, bis an seinen Tod, an dem niemand zweifelte, folgen zu dürfen.

Es zeigte sich aber gar bald, daß Hr. Friedrichs Wunden, so lebensgefährliche und zarte Teile sie auch berührten, durch eine besondere Fügung des Himmels nicht tödlich waren; vielmehr konnten die Ärzte, die man ihm zugeordnet hatte, schon wenige Tage darauf die bestimmte Versicherung an die Familie geben, daß er am Leben erhalten werden würde, ja, daß er, bei der Stärke seiner Natur, binnen wenigen Wochen, ohne irgend eine Verstümmlung an seinem Körper zu erleiden, wieder hergestellt sein würde. Sobald ihm seine Besinnung, deren ihn der Schmerz während langer Zeit beraubte, wiederkehrte, war seine an die Mutter gerichtete

Frage unaufhörlich: was Frau Littegarde mache? Er konnte sich der Tränen nicht enthalten, wenn er sich dieselbe in der Öde des Gefängnisses, der entsetzlichsten Verzweiflung zum Raube hingegeben dachte, und forderte die Schwestern, indem er ihnen liebkosend das Kinn streichelte, auf, sie zu besuchen und sie zu trösten. Frau Helena, über diese Äußerung betroffen, bat ihn, diese Schändliche und Niederträchtige zu vergessen; sie meinte, daß das Verbrechen, dessen der Graf Jacob vor Gericht Erwähnung getan, und das nun durch den Ausgang des Zweikampfs ans Tageslicht gekommen, verziehen werden könne, nicht aber die Schamlosigkeit und Frechheit, mit dem Bewußtsein dieser Schuld, ohne Rücksicht auf den edelsten Freund, den sie dadurch ins Verderben stürze, das geheiligte Urteil Gottes, gleich einer Unschuldigen, für sich aufzurufen. »Ach, meine Mutter«, sprach der Kämmerer, »wo ist der Sterbliche, und wäre die Weisheit aller Zeiten sein, der es wagen darf, den geheimnisvollen Spruch, den Gott in diesem Zweikampf getan hat, auszulegen?« »Wie?« rief Frau Helena: »blieb der Sinn dieses göttlichen Spruchs dir dunkel? Hast du nicht, auf eine nur leider zu bestimmte und unzweideutige Weise, dem Schwert deines Gegners im Kampf unterlegen?« – Sei es! versetzte Hr. Friedrich: auf einen Augenblick unterlag ich ihm. Aber ward ich durch den Grafen überwunden? Leb' ich nicht? Blühe ich nicht, wie unter dem Hauch des Himmels, wunderbar wieder empor, vielleicht in wenig Tagen schon mit der Kraft doppelt und dreifach ausgerüstet, den Kampf, in dem ich durch einen nichtigen Zufall gestört ward, von neuem wieder aufzunehmen? – »Törichter Mensch!« rief die Mutter. »Und weißt du nicht, daß ein Gesetz besteht, nach welchem ein Kampf, der einmal nach dem Ausspruch der Kampfrichter abgeschlossen ist, nicht wieder zur Ausfechtung derselben Sache vor den Schranken des göttlichen Gerichts aufgenommen werden darf?« – Gleichviel!

versetzte der Kämmerer unwillig. Was kümmern mich diese willkürlichen Gesetze der Menschen? Kann ein Kampf, der nicht bis an den Tod eines der beiden Kämpfer fortgeführt worden ist, nach jeder vernünftigen Schätzung der Verhältnisse für abgeschlossen gehalten werden? und dürfte ich nicht, falls mir ihn wieder aufzunehmen gestattet wäre, hoffen, den Unfall, der mich betroffen, wieder herzustellen, und mir mit dem Schwert einen ganz andern Spruch Gottes zu erkämpfen, als den, der jetzt beschränkter und kurzsichtiger Weise dafür angenommen wird? »Gleichwohl«, entgegnete die Mutter bedenklich, »sind diese Gesetze, um welche du dich nicht zu bekümmern vorgibst, die waltenden und herrschenden; sie üben, verständig oder nicht, die Kraft göttlicher Satzungen aus, und überliefern dich und sie, wie ein verabscheuungswürdiges Frevelpaar, der ganzen Strenge der peinlichen Gerichtsbarkeit.« – Ach, rief Hr. Friedrich; das eben ist es, was mich Jammervollen in Verzweiflung stürzt! Der Stab ist, einer Überwiesenen gleich, über sie gebrochen; und ich, der ihre Tugend und Unschuld vor der Welt erweisen wollte, bin es, der dies Elend über sie gebracht: ein heilloser Fehltritt in die Riemen meiner Sporen, durch den Gott mich vielleicht, ganz unabhängig von ihrer Sache, der Sünden meiner eignen Brust wegen, strafen wollte, gibt ihre blühenden Glieder der Flamme und ihr Andenken ewiger Schande Preis! – – Bei diesen Worten stieg ihm die Träne heißen männlichen Schmerzes ins Auge; er kehrte sich, indem er sein Tuch ergriff, der Wand zu, und Frau Helena und ihre Töchter knieten in stiller Rührung an seinem Bett nieder, und mischten, indem sie seine Hand küßten, ihre Tränen mit den seinigen. Inzwischen war der Turmwächter, mit Speisen für ihn und die Seinigen, in sein Zimmer getreten, und da Hr. Friedrich ihn fragte, wie sich Frau Littegarde befinde: vernahm er in abgerissenen und nachlässigen Worten desselben, daß sie auf einem Bündel

Stroh liege, und noch seit dem Tage, da sie eingesetzt worden, kein Wort von sich gegeben habe. Hr. Friedrich ward durch diese Nachricht in die äußerste Besorgnis gestürzt; er trug ihm auf, der Dame zu ihrer Beruhigung zu sagen, daß er, durch eine sonderbare Schickung des Himmels, in seiner völligen Besserung begriffen sei, und bat sich von ihr die Erlaubnis aus, sie nach Wiederherstellung seiner Gesundheit, mit Genehmigung des Schloßvogts, einmal in ihrem Gefängnis besuchen zu dürfen. Doch die Antwort, die der Turmwächter von ihr, nach mehrmaligem Rütteln derselben am Arm, da sie wie eine Wahnsinnige, ohne zu hören und zu sehen, auf dem Stroh lag, empfangen zu haben vorgab, war: nein, sie wolle, so lange sie auf Erden sei, keinen Menschen mehr sehen; – ja, man erfuhr, daß sie noch an demselben Tage dem Schloßvogt, in einer eigenhändigen Zuschrift, befohlen hatte, niemanden, wer es auch sei, den Kämmerer von Trota aber am allerwenigsten, zu ihr zu lassen; dergestalt, daß Hr. Friedrich, von der heftigsten Bekümmernis über ihren Zustand getrieben, an einem Tage, an welchem er seine Kraft besonders lebhaft wiederkehren fühlte, mit Erlaubnis des Schloßvogts aufbrach, und sich, ihrer Verzeihung gewiß, ohne bei ihr angemeldet worden zu sein, in Begleitung seiner Mutter und beiden Schwestern, nach ihrem Zimmer verfügte.

Aber wer beschreibt das Entsetzen der unglücklichen Littegarde, als sie sich, bei dem an der Tür entstehenden Geräusch, mit halb offner Brust und aufgelöstem Haar, von dem Stroh, das ihr untergeschüttet war, erhob und statt des Turmwächters, den sie erwartete, den Kämmerer, ihren edlen und vortrefflichen Freund, mit manchen Spuren der ausgestandenen Leiden, eine wehmütige und rührende Erscheinung, an Berthas und Kunigundens Arm bei sich eintreten sah. »Hinweg!« rief sie, indem sie sich mit dem Ausdruck der Verzweiflung rückwärts auf die Decken ihres Lagers zurückwarf, und die Hände vor ihr Antlitz drückte: »wenn dir ein Funken von Mitleid im Busen glimmt, hinweg!« – Wie, meine teuerste Littegarde? versetzte Herr Friedrich. Er stellte sich ihr, gestützt auf seine Mutter, zur Seite und neigte sich in unaussprechlicher Rührung über sie, um ihre Hand zu ergreifen. »Hinweg!« rief sie, mehrere Schritt weit auf Knien vor ihm auf dem Stroh zurückbebend: »wenn ich nicht wahnsinnig werden soll, so berühre mich nicht! Du bist mir ein Greuel; loderndes Feuer ist mir minder schrecklich, als du!« – Ich dir ein Greuel? versetzte Herr Friedrich betroffen. Womit, meine edelmütige Littegarde, hat dein Friedrich diesen Empfang verdient? – Bei diesen Worten setzte ihm Kunigunde, auf den Wink der Mutter, einen Stuhl hin, und lud ihn, schwach wie er war, ein, sich darauf zu setzen. »O Jesus!« rief jene, indem sie sich, in der entsetzlichsten Angst, das Antlitz ganz auf den Boden gestreckt, vor ihm niederwarf: »räume das Zimmer, mein Geliebter, und verlaß mich! Ich umfasse in heißer Inbrunst deine Knie, ich wasche deine Füße mit meinen Tränen, ich flehe dich, wie ein Wurm vor dir im Staube gekrümmt, um die einzige Erbarmung an: räume, mein Herr und Gebieter, räume mir das Zimmer, räume es augenblicklich und verlaß mich!« – Hr. Friedrich stand durch und durch erschüttert vor ihr da. Ist dir mein Anblick so unerfreulich, Littegarde? fragte er, indem er ernst auf sie niederschaute. »Entsetzlich, unerträglich, vernichtend!« antwortete Littegarde, ihr Gesicht mit verzweiflungsvoll vorgestützten Händen, ganz zwischen die Sohlen seiner Füße bergend. »Die Hölle, mit allen Schauern und Schrecknissen, ist süßer mir und anzuschauen lieblicher, als der Frühling deines mir in Huld und Liebe zugekehrten Angesichts!« – Gott im Himmel! rief der Kämmerer; was soll ich von dieser Zerknirschung deiner Seele denken? Sprach das Gottesurteil, Unglückliche, die Wahrheit, und bist du des Verbrechens, dessen dich der Graf vor Gericht gezogen hat, bist du dessen schuldig? – »Schuldig, überwiesen, verworfen, in Zeitlichkeit und Ewigkeit verdammt und verurteilt!« rief Littegarde, indem sie sich den Busen, wie eine Rasende zerschlug: »Gott ist wahrhaftig und untrüglich; geh, meine Sinne reißen, und meine Kraft bricht. Laß mich mit meinem Jammer und meiner Verzweiflung allein!« – Bei diesen Worten fiel Herr Friedrich in Ohnmacht; und während Littegarde sich mit einem Schleier das Haupt verhüllte, und sich, wie in gänzlicher Verabschiedung von der Welt, auf ihr Lager zurücklegte, stürzten Bertha und Kunigunde jammernd über ihren entseelten Bruder, um ihn wieder ins Leben zurück zu rufen. »O sei verflucht!« rief Frau Helena, da der Kämmerer wieder die Augen aufschlug: »verflucht zu ewiger Reue diesseits des Grabes, und jenseits desselben zu ewiger Verdammnis: nicht wegen der Schuld, die du jetzt eingestehst, sondern wegen der Unbarmherzigkeit und Unmenschlichkeit, sie eher nicht, als bis du meinen schuldlosen Sohn mit dir ins Verderben herabgerissen, einzugestehn! Ich Törin!« fuhr sie fort, indem sie sich verachtungsvoll von ihr abwandte, »hätte ich doch einem Wort, das mir, noch kurz vor Eröffnung des Gottesgerichts, der Prior des hiesigen Augustinerklosters anvertraut, bei dem der Graf, in frommer Vorbereitung zu der entscheidenden Stunde, die ihm bevorstand, zur Beichte gewesen, Glauben geschenkt! Ihm hat er, auf die heilige Hostie, die Wahrhaftigkeit der Angabe, die er vor Gericht in Bezug auf die Elende, niedergelegt, beschworen; die Gartenpforte hat er ihm bezeichnet, an welcher sie ihn, der Verabredung gemäß, beim Einbruch der Nacht erwartet und empfangen, das Zimmer ihm, ein Seitengemach des unbewohnten Schloßturms, beschrieben, worin sie ihn, von den Wächtern unbemerkt, eingeführt, das Lager, von Polstern bequem und prächtig unter einem Thronhimmel aufgestapelt, worauf sie sich, in schamloser Schwelgerei, heimlich mit ihm gebettet! Ein Eidschwur in einer solchen Stunde getan, enthält keine Lüge: und hätte ich, Verblendete, meinem Sohn, auch nur noch in dem Augenblick des ausbrechenden Zweikampfs, eine Anzeige davon gemacht: so würde ich ihm die Augen geöffnet haben, und er vor dem Abgrund, an welchem er stand, zurückgebebt sein. – Aber komm!« rief Frau Helena, indem sie Hrn. Friedrich sanft umschloß, und ihm einen Kuß auf die Stirne drückte: »Entrüstung, die sie der Worte würdigt, ehrt sie; unsern Rücken mag sie erschaun, und vernichtet durch die Vorwürfe, womit wir sie verschonen, verzweifeln!« – Der Elende! versetzte Littegarde, indem sie sich gereizt durch diese Worte emporrichtete. Sie stützte ihr Haupt schmerzvoll auf ihre Knie, und indem sie heiße Tränen auf ihr Tuch niederweinte, sprach sie: Ich erinnere mich, daß meine Brüder und ich, drei Tage vor jener Nacht des heiligen Remigius, auf seinem Schlosse waren; er hatte, wie er oft zu tun pflegte, ein Fest mir zur Ehren veranstaltet, und mein Vater, der den Reiz meiner aufblühenden Jugend gern gefeiert sah, mich bewogen, die Einladung, in Begleitung meiner Brüder, anzunehmen. Spät, nach Beendigung des Tanzes, da ich mein Schlafzimmer besteige, finde ich einen Zettel auf meinem Tisch liegen, der, von unbekannter Hand geschrieben und ohne Namensunterschrift, eine förmliche Liebeserklärung enthielt. Es traf sich, daß meine beiden Brüder grade wegen Verabredung unserer Abreise, die auf den kommenden Tag festgesetzt war, in dem Zimmer gegenwärtig waren; und da ich keine Art des Geheimnisses vor ihnen zu haben gewohnt war, so zeigte ich ihnen, von sprachlosem Erstaunen ergriffen, den sonderbaren Fund, den ich so eben gemacht hatte. Diese, welche sogleich des Grafen Hand erkannten, schäumten vor Wut, und der ältere war willens, sich augenblicks mit dem Papier in sein Gemach zu verfügen; doch der jüngere stellte ihm vor, wie bedenklich dieser Schritt sei, da der Graf die Klugheit gehabt, den Zettel nicht zu unterschreiben; worauf beide in der tiefsten Entwürdigung über eine so beleidigende Aufführung, sich noch in derselben Nacht mit mir in den Wagen setzten, und mit dem Entschluß, seine Burg nie wieder mit ihrer Gegenwart zu beehren, auf das Schloß ihres Vaters zurück kehrten. – Dies ist die einzige Gemeinschaft, setzte sie hinzu, die ich jemals mit diesem Nichtswürdigen und Niederträchtigen gehabt! – »Wie?« sagte der Kämmerer, indem er ihr sein tränenvolles Gesicht zukehrte: »diese Worte waren Musik meinem Ohr! – Wiederhole sie mir!« sprach er nach einer Pause, indem er sich auf Knien vor ihr niederließ, und seine Hände faltete: »Hast du mich, um jenes Elenden willen, nicht verraten, und bist du rein von der Schuld, deren er dich vor Gericht geziehen?« Lieber! flüsterte Littegarde, indem sie seine Hand an ihre Lippen drückte – »Bist dus?« rief der Kämmerer: »bist dus?« – Wie die Brust eines neugebornen Kindes, wie das Gewissen eines aus der Beichte kommenden Menschen, wie die Leiche einer, in der Sakristei, unter der Einkleidung, verschiedenen Nonne! – »O Gott, der Allmächtige!« rief Hr. Friedrich, ihre Knie umfassend: »habe Dank! Deine Worte geben mir das Leben wieder; der Tod schreckt mich nicht mehr, und die Ewigkeit, so eben noch wie ein Meer unabsehbaren Elends vor mir ausgebreitet, geht wieder, wie ein Reich voll tausend glänziger Sonnen, vor mir auf!« – Du Unglücklicher, sagte Littegarde, indem sie sich zurück zog: wie kannst du dem, was dir mein Mund sagt, Glauben schenken? – »Warum nicht?« fragte Hr. Friedrich glühend. – Wahnsinniger! Rasender! rief Littegarde; hat das geheiligte Urteil Gottes nicht gegen mich entschieden? Hast du dem Grafen nicht in jenem verhängnisvollen Zweikampf unterlegen, und er nicht die Wahrhaftigkeit dessen, was er vor Gericht gegen mich angebracht, ausgekämpft? »O meine teuerste Littegarde«, rief der Kämmerer: »bewahre deine Sinne vor Verzweiflung! türme das Gefühl, das in deiner Brust lebt, wie einen Felsen empor: halte dich daran und wanke nicht, und wenn Erd' und Himmel unter dir und über dir zu Grunde gingen! Laß uns, von zwei Gedanken, die die Sinne verwirren, den verständlicheren und begreiflicheren denken, und ehe du dich schuldig glaubst, lieber glauben, daß ich in dem Zweikampf, den ich für dich gefochten, siegte! – Gott, Herr meines Lebens«, setzte er in diesem Augenblick hinzu, indem er seine Hände vor sein Antlitz legte, »bewahre meine Seele selbst vor Verwirrung! Ich meine, so wahr ich selig werden will, vom Schwert meines Gegners nicht überwunden worden zu sein, da ich, schon unter den Staub seines Fußtritts hingeworfen, wieder ins Dasein erstanden bin. Wo liegt die Verpflichtung der höchsten göttlichen Weisheit, die Wahrheit im Augenblick der glaubensvollen Anrufung selbst, anzuzeigen und auszusprechen? O Littegarde«, beschloß er, indem er ihre Hand zwischen die seinigen drückte: »im Leben laß uns auf den Tod, und im Tode auf die Ewigkeit hinaus sehen, und des festen, unerschütterlichen Glaubens sein: deine Unschuld wird, und wird durch den Zweikampf, den ich für dich gefochten, zum heitern, hellen Licht der Sonne gebracht werden!« – Bei diesen Worten trat der Schloßvogt ein; und da er Frau Helena, welche weinend an einem Tisch saß, erinnerte, daß so viele Gemütsbewegungen ihrem Sohne schädlich werden könnten: so kehrte Herr Friedrich, auf das Zureden der Seinigen, nicht ohne das Bewußtsein, einigen Trost gegeben und empfangen zu haben, wieder in sein Gefängnis zurück.

Inzwischen war, vor dem zu Basel von dem Kaiser eingesetzten Tribunal, gegen Herrn Friedrich von Trota sowohl, als seine Freundin, Frau Littegarde von Auerstein, die Klage wegen sündhaft angerufenen göttlichen Schiedsurteils eingeleitet, und beide, dem bestehenden Gesetz gemäß, verurteilt worden, auf dem Platz des Zweikampfs selbst, den schmählichen

Tod der Flammen zu erleiden. Man schickte eine Deputation von Räten ab, um es den Gefangenen anzukündigen, und das Urteil würde auch, gleich nach Wiederherstellung des Kämmerers an ihnen vollstreckt worden sein, wenn es des Kaisers geheime Absicht nicht gewesen wäre, den Grafen Jacob den Rotbart, gegen den er eine Art von Mißtrauen nicht unterdrücken konnte, dabei gegenwärtig zu sehen. Aber dieser lag, auf eine in der Tat sonderbare und merkwürdige Weise, an der kleinen, dem Anschein nach unbedeutenden Wunde, die er, zu Anfang des Zweikampfs von Herrn Friedrich erhalten hatte, noch immer krank; ein äußerst verderbter Zustand seiner Säfte verhinderte, von Tage zu Tage, und von Woche zu Woche, die Heilung derselben, und die ganze Kunst der Ärzte, die man nach und nach aus Schwaben und der Schweiz herbeirief, vermogte nicht, sie zu schließen. Ja, ein ätzender der ganzen damaligen Heilkunst unbekannter Eiter, fraß auf eine krebsartige Weise, bis auf den Knochen herab im ganzen System seiner Hand um sich, dergestalt, daß man zum Entsetzen aller seiner Freunde genötigt gewesen war, ihm die ganze schadhafte Hand, und späterhin, da auch hierdurch dem Eiterfraß kein Ziel gesetzt ward, den Arm selbst abzunehmen. Aber auch dies, als eine Radikalkur gepriesene Heilmittel vergrößerte nur, wie man heut zu Tage leicht eingesehen haben würde, statt ihm abzuhelfen, das Übel; und die Ärzte, da sich sein ganzer Körper nach und nach in Eiterung und Fäulnis auflöste, erklärten, daß keine Rettung für ihn sei, und er noch, vor Abschluß der laufenden Woche, sterben müsse. Vergebens forderte ihn der Prior des Augustinerklosters, der in dieser unerwarteten Wendung der Dinge die furchtbare Hand Gottes zu erblicken glaubte, auf, im Bezug auf den zwischen ihm und der Herzogin Regentin bestehenden Streit, die Wahrheit einzugestehen; der Graf nahm, durch und durch erschüttert, noch einmal das heilige Sakrament auf die Wahrhaftigkeit seiner

Aussage, und gab, unter allen Zeichen der entsetzlichsten Angst, falls er Frau Littegarden verleumderischer Weise angeklagt hätte, seine Seele der ewigen Verdammnis Preis. Nun hatte man, trotz der Sittenlosigkeit seines Lebenswandels, doppelte Gründe, an die innerliche Redlichkeit dieser Versicherung zu glauben: einmal, weil der Kranke in der Tat von einer gewissen Frömmigkeit war, die einen falschen Eidschwur, in solchem Augenblick getan, nicht zu gestatten schien, und dann, weil sich aus einem Verhör, das über den Turmwächter des Schlosses derer von Breda angestellt worden war, welchen er, behufs eines heimlichen Eintritts in die Burg, bestochen zu haben vorgegeben hatte, bestimmt ergab, daß dieser Umstand gegründet, und der Graf wirklich in der Nacht des heiligen Remigius, im Innern des Bredaschen Schlosses gewesen war. Demnach blieb dem Prior fast nichts übrig, als an eine Täuschung des Grafen selbst, durch eine dritte ihm unbekannte Person zu glauben; und noch hatte der Unglückliche, der, bei der Nachricht von der wunderbaren Wiederherstellung des Kämmerers, selbst auf diesen schrecklichen Gedanken geriet, das Ende seines Lebens nicht erreicht, als sich dieser Glaube schon zu seiner Verzweiflung vollkommen bestätigte. Man muß nämlich wissen, daß der Graf schon lange, ehe seine Begierde sich auf Frau Littegarden stellte, mit Rosalien, ihrer Kammerzofe, auf einem nichtswürdigen Fuß lebte; fast bei jedem Besuch, den ihre Herrschaft auf seinem Schlosse abstattete, pflegte er dies Mädchen, welches ein leichtfertiges und sittenloses Geschöpf war, zur Nachtzeit auf sein Zimmer zu ziehen. Da nun Littegarde, bei dem letzten Aufenthalt, den sie mit ihren Brüdern auf seiner Burg nahm, jenen zärtlichen Brief, worin er ihr seine Leidenschaft erklärte, von ihm empfing: so erweckte dies die Empfindlichkeit und Eifersucht dieses seit mehreren Monden schon von ihm vernachlässigten Mädchens; sie ließ, bei der bald darauf erfolgten Abreise Littegardens, welche sie begleiten mußte, im Namen derselben einen Zettel an den Grafen zurück, worin sie ihm meldete, daß die Entrüstung ihrer Brüder über den Schritt, den er getan, ihr zwar keine unmittelbare Zusammenkunft gestattete: ihn aber einlud, sie zu diesem Zweck, in der Nacht des heiligen Remigius, in den Gemächern ihrer väterlichen Burg zu besuchen. Jener, voll Freude über das Glück seiner Unternehmung, fertigte sogleich einen zweiten Brief an Littegarden ab, worin er ihr seine bestimmte Ankunft in der besagten Nacht meldete, und sie nur bat, ihm, zur Vermeidung aller Irrung, einen treuen Führer, der ihn nach ihren Zimmern geleiten könne, entgegen zu schicken; und da die Zofe, in jeder Art der Ränke geübt, auf eine solche Anzeige rechnete, so glückte es ihr, dies Schreiben aufzufangen, und ihm in einer zweiten falschen Antwort zu sagen, daß sie ihn selbst an der Gartenpforte erwarten würde. Darauf, am Abend vor der verabredeten Nacht, bat sie sich unter dem Vorwand, daß ihre Schwester krank sei, und daß sie dieselbe besuchen wolle, von Littegarden einen Urlaub aufs Land aus; sie verließ auch, da sie denselben erhielt, wirklich, spät am Nachmittag, mit einem Bündel Wäsche, den sie unter dem Arm trug, das Schloß, und begab sich, vor aller Augen nach der Gegend, wo jene Frau wohnte, auf den Weg. Statt aber diese Reise zu vollenden, fand sie sich bei Einbruch der Nacht, unter dem Vorgeben, daß ein Gewitter heranziehe, wieder auf der Burg ein, und mittelte sich, um ihre Herrschaft, wie sie sagte, nicht zu stören, indem es ihre Absicht sei, in der Frühe des kommenden Morgens ihre Wanderung anzutreten, ein Nachtlager in einem der leerstehenden Zimmer des verödeten und wenig besuchten Schloßturms aus. Der Graf, der sich bei dem Turmwächter durch Geld den Eingang in die Burg zu verschaffen wußte, und in der Stunde der Mitternacht, der Verabredung gemäß, von einer verschleierten Person an der Gartenpforte empfangen ward, ahndete, wie man leicht begreift, nichts von dem ihm gespielten Betrug; das Mädchen drückte ihm flüchtig einen Kuß auf den Mund, und führte ihn, über mehrere Treppen und Gänge des verödeten Seitenflügels, in eines der prächtigsten Gemächer des Schlosses selbst, dessen Fenster vorher sorgsam von ihr verschlossen worden waren. Hier, nachdem sie seine Hand haltend, auf geheimnisvolle Weise an den Türen umhergehorcht, und ihm, mit flüsternder Stimme, unter dem Vorgeben, daß das Schlafzimmer des Bruders ganz in der Nähe sei, Schweigen geboten hatte, ließ sie sich mit ihm auf dem zur Seite stehenden Ruhebette nieder; der Graf, durch ihre Gestalt und Bildung getäuscht, schwamm im Taumel des Vergnügens, in seinem Alter noch eine solche Eroberung gemacht zu haben; und als sie ihn beim ersten Dämmerlicht des Morgens entließ, und ihm zum Andenken an die verflossene Nacht einen Ring, den Littegarde von ihrem Gemahl empfangen und den sie ihr am Abend zuvor zu diesem Zweck entwendet hatte, an den Finger steckte, versprach er ihr, sobald er zu Hause angelangt sein würde, zum Gegengeschenk einen anderen, der ihm am Hochzeitstage von seiner verstorbenen Gemahlin verehrt worden war. Drei Tage darauf hielt er auch Wort, und schickte diesen Ring, den Rosalie wieder geschickt genug war aufzufangen, heimlich auf die Burg; ließ aber, wahrscheinlich aus Furcht, daß dies Abenteuer ihn zu weit führen könne, weiter nichts von sich hören, und wich, unter mancherlei Vorwänden, einer zweiten Zusammenkunft aus. Späterhin war das Mädchen eines Diebstahls wegen, wovon der Verdacht mit ziemlicher Gewißheit auf ihr ruhte, verabschiedet und in das Haus ihrer Eltern, welche am Rhein wohnten, zurückgeschickt worden, und da, nach Verlauf von neun Monaten, die Folgen ihres ausschweifenden Lebens sichtbar wurden, und die Mutter sie mit großer Strenge verhörte, gab sie den Grafen Jacob den Rotbart, unter Entdekkung der ganzen geheimen Geschichte, die sie mit ihm gespielt hatte, als den Vater ihres Kindes an. Glücklicherweise hatte sie den Ring, der ihr von dem Grafen übersendet worden war, aus Furcht, für eine Diebin gehalten zu werden, nur sehr schüchtern zum Verkauf ausbieten können, auch in der Tat, seines großen Werts wegen, niemand gefunden, der ihn zu erstehen Lust gezeigt hätte: dergestalt, daß die Wahrhaftigkeit ihrer Aussage nicht in Zweifel gezogen werden konnte, und die Eltern, auf dies augenscheinliche Zeugnis gestützt, klagbar, wegen Unterhaltung des Kindes, bei den Gerichten gegen den Grafen Jacob einkamen. Die Gerichte, welche von dem sonderbaren Rechtsstreit, der in Basel anhängig gemacht worden war, schon gehört hatten, beeilten sich, diese Entdeckung, die für den Ausgang desselben von der größten Wichtigkeit war, zur Kenntnis des Tribunals zu bringen; und da eben ein Ratsherr in öffentlichen Geschäften nach dieser Stadt abging, so gaben sie ihm, zur Auflösung des fürchterlichen Rätsels, das ganz Schwaben und die Schweiz beschäftigte, einen Brief mit der gerichtlichen Aussage des Mädchens, dem sie den Ring beifügten, für den Grafen Jacob den Rotbart mit.

Es war eben an dem zur Hinrichtung Hrn. Friedrichs und Littegardens bestimmten Tage, welche der Kaiser, unbekannt mit den Zweifeln, die sich in der Brust des Grafen selbst erhoben hatten, nicht mehr aufschieben zu dürfen glaubte, als der Ratsherr zu dem Kranken, der sich in jammervoller Verzweiflung auf seinem Lager wälzte, mit diesem Schreiben ins Zimmer trat. »Es ist genug!« rief dieser, da er den Brief überlesen, und den Ring empfangen hatte: »ich bin das Licht der Sonne zu schauen müde! Verschafft mir«, wandte er sich zum Prior, »eine Bahre, und führt mich Elenden, dessen Kraft zu Staub versinkt, auf den Richtplatz hinaus: ich will nicht, ohne eine Tat der Gerechtigkeit verübt zu haben, sterben!« Der Prior, durch diesen Vorfall tief erschüttert, ließ ihn sogleich, wie er begehrte, durch vier Knechte auf ein Traggestell heben; und zugleich mit einer unermeßlichen Menschenmenge, welche das Glockengeläut um den Scheiterhaufen, auf welchen Hr. Friedrich und Littegarde bereits festgebunden waren, versammelte, kam er, mit dem Unglücklichen, der ein Kruzifix in der Hand hielt, daselbst an. »Halt!« rief der Prior, indem er die Bahre, dem Altan des Kaisers gegenüber, niedersetzen ließ: »bevor ihr das Feuer an jenen Scheiterhaufen legt, vernehmt ein Wort, das euch der Mund dieses Sünders zu eröffnen hat!« – Wie? rief der Kaiser, indem er sich leichenblaß von seinem Sitz erhob, hat das geheiligte Urteil Gottes nicht für die Gerechtigkeit seiner Sache entschieden, und ist es, nach dem was vorgefallen, auch nur zu denken erlaubt, daß Littegarde an dem Frevel, dessen er sie geziehen, unschuldig sei? – Bei diesen Worten stieg er betroffen vom Altan herab; und mehr denn tausend Ritter, denen alles Volk, über Bänke und Schranken herab, folgte, drängten sich um das Lager des Kranken zusammen. »Unschuldig«, versetzte dieser, indem er sich gestützt auf den Prior, halb darauf emporrichtete: »wie es der Spruch des höchsten Gottes, an jenem verhängnisvollen Tage, vor den Augen aller versammelten Bürger von Basel entschieden hat! Denn er, von drei Wunden, jede tödlich, getroffen, blüht, wie ihr seht, in Kraft und Lebensfülle; indessen ein Hieb von seiner Hand, der kaum die äußerste Hülle meines Lebens zu berühren schien, in langsam fürchterlicher Fortwirkung den Kern desselben selbst getroffen, und meine Kraft, wie der Sturmwind eine Eiche, gefällt hat. Aber hier, falls ein Ungläubiger noch Zweifel nähren sollte, sind die Beweise: Rosalie, ihre Kammerzofe, war es, die mich in jener Nacht des heiligen Remigius empfing, während ich Elender in der Verblendung meiner Sinne, sie selbst, die meine Anträge stets mit Verachtung zurückgewiesen hat, in meinen Armen zu halten meinte!« Der Kaiser stand erstarrt wie zu Stein, bei

diesen Worten da. Er schickte, indem er sich nach dem Scheiterhaufen umkehrte, einen Ritter ab, mit dem Befehl, selbst
die Leiter zu besteigen, und den Kämmerer sowohl als die
Dame, welche letztere bereits in den Armen ihrer Mutter in
Ohnmacht lag, loszubinden und zu ihm heranzuführen. »Nun,
jedes Haar auf eurem Haupt bewacht ein Engel!« rief er, da
Littegarde, mit halb offner Brust und entfesselten Haaren, an
der Hand Hrn. Friedrichs, ihres Freundes, dessen Knie selbst,
unter dem Gefühl dieser wunderbaren Rettung, wankten,
durch den Kreis des in Ehrfurcht und Erstaunen ausweichen-
den Volks, zu ihm herantrat. Er küßte beiden, die vor ihm
niederknieten, die Stirn; und nachdem er sich den Hermelin,
den seine Gemahlin trug, erbeten, und ihn Littegarden um die
Schultern gehängt hatte, nahm er, vor den Augen aller versammelten Ritter, ihren Arm, in der Absicht, sie selbst in die Gemächer seines kaiserlichen Schlosses zu führen. Er wandte sich,
während der Kämmerer gleichfalls statt des Sünderkleids, das
ihn deckte, mit Federhut und ritterlichem Mantel geschmückt
ward, gegen den auf der Bahre jammervoll sich wälzenden
Grafen zurück, und von einem Gefühl des Mitleidens bewegt,
da derselbe sich doch in den Zweikampf, der ihn zu Grunde gerichtet, nicht eben auf frevelhafte und gotteslästerliche
Weise eingelassen hatte, fragte er den ihm zur Seite stehenden
Arzt: ob keine Rettung für den Unglücklichen sei? – »Vergebens!« antwortete Jacob der Rotbart, indem er sich, unter
schrecklichen Zuckungen, auf den Schoß seines Arztes stützte:
»und ich habe den Tod, den ich erleide, verdient. Denn wißt,
weil mich doch der Arm der weltlichen Gerechtigkeit nicht
mehr ereilen wird, ich bin der Mörder meines Bruders, des
edeln Herzogs Wilhelm von Breysach: der Bösewicht, der ihn
mit dem Pfeil aus meiner Rüstkammer nieder warf, war sechs
Wochen vorher, zu dieser Tat, die mir die Krone verschaffen
sollte, von mir gedungen!« – Bei dieser Erklärung sank er auf

die Bahre zurück und hauchte seine schwarze Seele aus. »Ha, die Ahndung meines Gemahls, des Herzogs, selbst!« rief die an der Seite des Kaisers stehende Regentin, die sich gleichfalls vom Altan des Schlosses herab, im Gefolge der Kaiserin, auf den Schloßplatz begeben hatte: »mir noch im Augenblick des Todes, mit gebrochenen Worten, die ich gleichwohl damals nur unvollkommen verstand, kund getan!« – Der Kaiser versetzte in Entrüstung: so soll der Arm der Gerechtigkeit noch deine Leiche ereilen! nehmt ihn, rief er, indem er sich umkehrte, den Häschern zu, und übergebt ihn gleich, gerichtet wie er ist, den Henkern: er möge, zur Brandmarkung seines Andenkens, auf jenem Scheiterhaufen verderben, auf welchem wir eben, um seinetwillen, im Begriff waren, zwei Unschuldige zu opfern! Und damit, während die Leiche des Elenden in rötlichen Flammen aufprasselnd, vom Hauche des Nordwindes in alle Lüfte verstreut und verweht ward, führte er Frau Littegarden, im Gefolge aller seiner Ritter, auf das Schloß. Er setzte sie, durch einen kaiserlichen Schluß, wieder in ihr väterliches Erbe ein, von welchem die Brüder in ihrer unedelmütigen Habsucht schon Besitz genommen hatten; und schon nach drei Wochen ward, auf dem Schlosse zu Breysach, die Hochzeit der beiden trefflichen Brautleute gefeiert, bei welcher die Herzogin Regentin, über die ganze Wendung, die die Sache genommen hatte, sehr erfreut, Littegarden einen großen Teil der Besitzungen des Grafen, die dem Gesetz verfielen, zum Brautgeschenk machte. Der Kaiser aber hing Herrn Friedrich, nach der Trauung, eine Gnadenkette um den Hals; und sobald er, nach Vollendung seiner Geschäfte mit der Schweiz, wieder in Worms angekommen war, ließ er in die Statuten des geheiligten göttlichen Zweikampfs, überall wo vorausgesetzt wird, daß die Schuld dadurch unmittelbar ans Tageslicht komme, die Worte einrücken: »wenn es Gottes Wille ist.«

ESSAYISTISCHES

ÜBER DIE ALLMÄHLIGE VERFERTIGUNG DER GEDANKEN BEIM REDEN

An R. v. L.

Wenn du etwas wissen willst und es durch Meditation nicht finden kannst, so rate ich dir, mein lieber, sinnreicher Freund, mit dem nächsten Bekannten, der dir aufstößt, darüber zu sprechen. Es braucht nicht eben ein scharfdenkender Kopf zu sein, auch meine ich es nicht so, als ob du ihn darum befragen solltest: nein! Vielmehr sollst du es ihm selber allererst erzählen. Ich sehe dich zwar große Augen machen, und mir antworten, man habe dir in frühern Jahren den Rat gegeben, von nichts zu sprechen, als nur von Dingen, die du bereits verstehst. Damals aber sprachst du wahrscheinlich mit dem Vorwitz, *andere,* ich will, daß du aus der verständigen Absicht sprechest, *dich* zu belehren, und so können für verschiedene Fälle verschieden, beide Klugheitsregeln vielleicht gut neben einander bestehen. Der Franzose sagt, l'appétit vient en mangeant, und dieser Erfahrungssatz bleibt wahr, wenn man ihn parodiert, und sagt, l'idée vient en parlant. Oft sitze ich an meinem Geschäftstisch über den Akten, und erforsche, in einer verwickelten Streitsache, den Gesichtspunkt, aus welchem sie wohl zu beurteilen sein mögte. Ich pflege dann gewöhnlich ins Licht zu sehen, als in den hellsten Punkt, bei dem Bestreben, in welchem mein innerstes Wesen begriffen ist, sich aufzuklären. Oder ich suche, wenn mir eine algebraische Aufgabe vorkommt, den ersten Ansatz, die Gleichung, die die gegebenen Verhältnisse ausdrückt, und aus welcher sich die Auflösung nachher durch Rechnung leicht ergibt. Und siehe da, wenn ich mit meiner Schwester davon rede, welche hinter

mir sitzt, und arbeitet, so erfahre ich, was ich durch ein vielleicht stundenlanges Brüten nicht herausgebracht haben würde. Nicht, als ob sie es mir, im eigentlichen Sinne *sagte*; denn
sie kennt weder das Gesetzbuch, noch hat sie den Euler, oder
den Kästner studiert. Auch nicht, als ob sie mich durch ge-
schickte Fragen auf den Punkt hinführte, auf welchen es an-
kommt, wenn schon dies letzte häufig der Fall sein mag. Aber
weil ich doch irgend eine dunkle Vorstellung habe, die mit
dem, was ich suche, von fern her in einiger Verbindung steht,
so prägt, wenn ich nur dreist damit den Anfang mache, das
Gemüt, während die Rede fortschreitet, in der Notwendigkeit, dem Anfang nun auch ein Ende zu finden, jene verwor-
rene Vorstellung zur völligen Deutlichkeit aus, dergestalt, daß
die Erkenntnis, zu meinem Erstaunen, mit der Periode fertig
ist. Ich mische unartikulierte Töne ein, ziehe die Verbindungs-
wörter in die Länge, gebrauche auch wohl eine Apposition,
wo sie nicht nötig wäre, und bediene mich anderer, die Rede
ausdehnender, Kunstgriffe, zur Fabrikation meiner Idee auf
der Werkstätte der Vernunft, die gehörige Zeit zu gewinnen.
Dabei ist mir nichts heilsamer, als eine Bewegung meiner
Schwester, als ob sie mich unterbrechen wollte; denn mein
ohnehin schon angestrengtes Gemüt wird durch diesen Versuch von außen, ihm die Rede, in deren Besitz es sich befindet, zu entreißen, nur noch mehr erregt, und in seiner Fähig-
keit, wie ein großer General, wenn die Umstände drängen,
noch um einen Grad höher gespannt. In diesem Sinne begreife ich, von welchem Nutzen Moliere seine Magd sein konnte;
denn wenn er derselben, wie er vorgibt, ein Urteil zutraute,
das das seinige berichten konnte, so ist dies eine Bescheidenheit, an deren Dasein in seiner Brust ich nicht glaube. Es liegt
ein sonderbarer Quell der Begeisterung für denjenigen, der
spricht, in einem menschlichen Antlitz, das ihm gegenüber-
steht; und ein Blick, der uns einen halbausgedrückten Gedan-

ken schon als begriffen ankündigt, schenkt uns oft den Ausdruck für die ganze andere Hälfte desselben. Ich glaube, daß mancher große Redner, in dem Augenblick, da er den Mund aufmachte, noch nicht wußte, was er sagen würde. Aber die Überzeugung, daß er die ihm nötige Gedankenfülle schon aus den Umständen, und der daraus resultierenden Erregung seines Gemüts schöpfen würde, machte ihm dreist genug, den Anfang, auf gutes Glück hin, zu setzen. Mir fällt jener »Donnerkeil« des Mirabeau ein, mit welchem er den Zeremonienmeister abfertigte, der nach Aufhebung der letzten monarchischen Sitzung des Königs am 23ten Juni, in welcher dieser den Ständen auseinander zu gehen anbefohlen hatte, in den Sitzungssaal, in welchem die Stände noch verweilten, zurückkehrte, und sie befragte, ob sie den Befehl des Königs vernommen hätten? »Ja«, antwortete Mirabeau, »wir haben des Königs Befehl vernommen« – ich bin gewiß, daß er bei diesem humanen Anfang, noch nicht an die Bajonette dachte, mit welchen er schloß: »ja, mein Herr«, wiederholte er, »wir haben ihn vernommen« – man sieht, daß er noch gar nicht recht weiß, was er will. »Doch was berechtigt Sie« – fuhr er fort, und nun plötzlich geht ihm ein Quell ungeheurer Vorstellungen auf – »uns hier Befehle anzudeuten? Wir sind die Repräsentanten der Nation.« – Das war es, was er brauchte! »Die Nation gibt Befehle und empfängt keine.« – um sich gleich auf den Gipfel der Vermessenheit zu schwingen. »Und damit ich mich Ihnen ganz deutlich erkläre« – und erst jetzo findet er, was den ganzen Widerstand, zu welchem seine Seele gerüstet dasteht, ausdrückt: »so sagen Sie Ihrem Könige, daß wir unsre Plätze anders nicht, als auf die Gewalt der Bajonette verlassen werden.« – Worauf er sich, selbst zufrieden, auf einen Stuhl niedersetzte. – Wenn man an den Zeremonienmeister denkt, so kann man sich ihn bei diesem Auftritt nicht anders, als in einem völligen Geistesbankerott vorstellen; nach einem ähnlichen Gesetz, nach welchem in einem Körper, der von dem elektrischen Zustand Null ist, wenn er in eines elektrisierten Körpers Atmosphäre kommt, plötzlich die entgegengesetzte Elektrizität erweckt wird. Und wie in dem elektrisierten dadurch, nach einer Wechselwirkung, der ihm inwohnende Elektrizitäts-Grad wieder verstärkt wird, so ging unseres Redners Mut, bei der Vernichtung seines Gegners zur verwegensten Begeisterung über. Vielleicht, daß es auf diese Art zuletzt das Zucken einer Oberlippe war, oder ein zweideutiges Spiel an der Manschette, was in Frankreich den Umsturz der Ordnung der Dinge bewirkte. Man liest, daß Mirabeau, sobald der Zeremonienmeister sich entfernt hatte, aufstand, und vorschlug: 1) sich sogleich als Nationalversammlung, und 2) als unverletzlich, zu konstituieren. Denn dadurch, daß er sich, einer Kleistischen Flasche gleich, entladen hatte, war er nun wieder neutral geworden, und gab, von der Verwegenheit zurückgekehrt, plötzlich der Furcht vor dem Chatelet, und der Vorsicht, Raum. – Dies ist eine merkwürdige Übereinstimmung zwischen den Erscheinungen der physischen und moralischen Welt, welche sich, wenn man sie verfolgen wollte, auch noch in den Nebenumständen bewähren würde. Doch ich verlasse mein Gleichnis, und kehre zur Sache zurück. Auch Lafontaine gibt, in seiner Fabel: les animaux malades de la peste, wo der Fuchs dem Löwen eine Apologie zu halten gezwungen ist, ohne zu wissen, wo er den Stoff dazu hernehmen soll, ein merkwürdiges Beispiel von einer allmähligen Verfertigung des Gedankens aus einem in der Not hingesetzten Anfang. Man kennt diese Fabel. Die Pest herrscht im Tierreich, der Löwe versammelt die Großen desselben, und eröffnet ihnen, daß dem Himmel, wenn er besänftigt werden solle, ein Opfer fallen müsse. Viele Sünder seien im Volke, der Tod des größesten müsse die übrigen vom Untergang retten. Sie möchten ihm daher ihre Vergehungen aufrichtig bekennen. Er, für sein Teil gestehe, daß er, im Drange des Hungers, manchem Schafe den Garaus gemacht; auch dem Hunde, wenn er ihm zu nahe gekommen; ja, es sei ihm in leckerhaften Augenblicken zugestoßen, daß er den Schäfer gefressen. Wenn niemand sich größerer Schwachheiten schuldig gemacht habe, so sei er bereit zu sterben. »Sire«, sagt der Fuchs, der das Ungewitter von sich ableiten will, »Sie sind zu großmütig. Ihr edler Eifer führt Sie zu weit. Was ist es, ein Schaf erwürgen? Oder einen Hund, diese nichtswürdige Bestie? Und: quant au berger«, fährt er fort, denn dies ist der Hauptpunkt: »on peut dire«; obschon er noch nicht weiß was? »qu'il méritoit tout mal«; auf gut Glück; und somit ist er verwickelt; »étant«; eine schlechte Phrase, die ihm aber Zeit verschafft: »de ces gens là«, und nun erst findet er den Gedanken, der ihn aus der Not reißt: »qui sur les animaux se font un chimérique empire.« – Und jetzt beweist er, daß der Esel, der blutdürstige! (der alle Kräuter auffrißt) das zweckmäßigste Opfer sei, worauf alle über ihn herfallen, und ihn zerreißen. – Ein solches Reden ist ein wahrhaftes lautes Denken. Die Reihen der Vorstellungen und ihrer Bezeichnungen gehen neben einander fort, und die Gemütsakten für eins und das andere, kongruieren. Die Sprache ist alsdann keine Fessel, etwa wie ein Hemmschuh an dem Rade des Geistes, sondern wie ein zweites, mit ihm parallel fortlaufendes, Rad an seiner Achse. Etwas ganz Anderes ist es, wenn der Geist schon, vor aller Rede, mit dem Gedanken fertig ist. Denn dann muß er bei seiner bloßen Ausdrückung zurückbleiben, und dies Geschäft, weit entfernt ihn zu erregen, hat vielmehr keine andere Wirkung, als ihn von seiner Erregung abzuspannen. Wenn daher eine Vorstellung verworren ausgedrückt wird, so folgt der Schluß noch gar nicht, daß sie auch verworren gedacht worden sei; vielmehr könnte es leicht sein, daß die verworrenst ausgedrückten grade am deutlichsten gedacht werden.

Man sieht oft in einer Gesellschaft, wo, durch ein lebhaftes Gespräch, eine kontinuierliche Befruchtung der Gemüter mit Ideen im Werk ist, Leute, die sich, weil sie sich der Sprache nicht mächtig fühlen, sonst in der Regel zurückgezogen halten, plötzlich mit einer zuckenden Bewegung, aufflammen, die Sprache an sich reißen und etwas Unverständliches zur Welt bringen. Ja, sie scheinen, wenn sie nun die Aufmerksamkeit aller auf sich gezogen haben, durch ein verlegnes Gebärdenspiel anzudeuten, daß sie selbst nicht mehr recht wissen, was sie haben sagen wollen. Es ist wahrscheinlich, daß diese Leute etwas recht Treffendes, und sehr deutlich, gedacht haben. Aber der plötzliche Geschäftswechsel, der Übergang ihres Geistes vom Denken zum Ausdrücken, schlug die ganze Erregung desselben, die zur Festhaltung des Gedankens notwendig, wie zum Hervorbringen, erforderlich war, wieder nieder. In solchen Fällen ist es um so unerläßlicher, daß uns die Sprache mit Leichtigkeit zur Hand sei, um dasjenige, was wir gleichzeitig gedacht haben, und doch nicht gleichzeitig von uns geben können, wenigstens so schnell, als möglich, auf einander folgen zu lassen. Und überhaupt wird jeder, der, bei gleicher Deutlichkeit, geschwinder als sein Gegner spricht, einen Vorteil über ihn haben, weil er gleichsam mehr Truppen als er ins Feld führt. Wie notwendig eine gewisse Erregung des Gemüts ist, auch selbst nur, um Vorstellungen, die wir schon gehabt haben, wieder zu erzeugen, sieht man oft, wenn offene, und unterrichtete Köpfe examiniert werden, und man ihnen, ohne vorhergegangene Einleitung, Fragen vorlegt, wie diese: was ist der Staat? Oder: was ist das Eigentum? Oder dergleichen. Wenn diese jungen Leute sich in einer Gesellschaft befunden hätten, wo man sich vom Staat, oder vom Eigentum, schon eine Zeitlang unterhalten hätte, so würden sie vielleicht mit Leichtigkeit durch Vergleichung, Absonderung, und Zusammenfassung der Begriffe, die Definition gefunden haben. Hier aber, wo diese Vorbereitung des Gemüts gänzlich fehlt, sieht man sie stocken, und nur ein unverständiger Examinator wird daraus schließen, daß sie nicht *wissen*. Denn nicht *wir* wissen, es ist allererst ein gewisser *Zustand* unsrer, welcher weiß. Nur ganz gemeine Geister, Leute, die, was der Staat sei, gestern auswendig gelernt, und morgen schon wieder vergessen haben, werden hier mit der Antwort bei der Hand sein. Vielleicht gibt es überhaupt keine schlechtere Gelegenheit, sich von einer vorteilhaften Seite zu zeigen, als grade ein öffentliches Examen. Abgerechnet, daß es schon widerwärtig und das Zartgefühl verletzend ist, und daß es reizt, sich stetig zu zeigen, wenn solch ein gelehrter Roßkamm uns nach den Kenntnissen sieht, um uns, je nachdem es fünf oder sechs sind, zu kaufen oder wieder abtreten zu lassen: es ist so schwer, auf ein menschliches Gemüt zu spielen und ihm seinen eigentümlichen Laut abzulocken, es verstimmt sich so leicht unter ungeschickten Händen, daß selbst der geübteste Menschenkenner, der in der Hebeammenkunst der Gedanken, wie Kant sie nennt, auf das Meisterhafteste bewandert wäre, hier noch, wegen der Unbekanntschaft mit seinem Sechswöchner, Mißgriffe tun könnte. Was übrigens solchen jungen Leuten, auch selbst den unwissendsten noch, in den meisten Fällen ein gutes Zeugnis verschafft, ist der Umstand, daß die Gemüter der Examinatoren, wenn die Prüfung öffentlich geschieht, selbst zu sehr befangen sind, um ein freies Urteil fällen zu können. Denn nicht nur fühlen sie häufig die Unanständigkeit dieses ganzen Verfahrens: man würde sich schon schämen, von jemandem, daß er seine Geldbörse vor uns ausschütte, zu fordern, viel weniger, seine Seele: sondern ihr eigener Verstand muß hier eine gefährliche Musterung passieren, und sie mögen oft ihrem Gott danken, wenn sie selbst aus dem Examen gehen können, ohne sich Blößen, schmachvoller vielleicht, als der, eben von der Universität

kommende, Jüngling gegeben zu haben, den sie examinier-
ten.

Die Fortsetzung folgt.

ÜBER DAS MARIONETTENTHEATER

Als ich den Winter 1801 in M... zubrachte, traf ich daselbst eines Abends, in einem öffentlichen Garten, den Hrn. C. an, der seit Kurzem, in dieser Stadt, als erster Tänzer der Oper, angestellt war, und bei dem Publico außerordentliches Glück machte.

Ich sagte ihm, daß ich erstaunt gewesen wäre, ihn schon mehrere Mal in einem Marionettentheater zu finden, das auf dem Markte zusammengezimmert worden war, und den Pöbel, durch kleine dramatische Burlesken, mit Gesang und Tanz durchwebt, belustigte.

Er versicherte mir, daß ihm die Pantomimik dieser Puppen viel Vergnügen machte, und ließ nicht undeutlich merken, daß ein Tänzer, der sich ausbilden wolle, mancherlei von ihnen lernen könne.

Da diese Äußerung mir, durch die Art, wie er sie vorbrachte, mehr, als ein bloßer Einfall schien, so ließ ich mich bei ihm nieder, um ihn über die Gründe, auf die er eine so sonderbare Behauptung stützen könne, näher zu vernehmen.

Er fragte mich, ob ich nicht, in der Tat, einige Bewegungen der Puppen, besonders der kleineren, im Tanz sehr graziös gefunden hatte.

Diesen Umstand konnt' ich nicht leugnen. Eine Gruppe von vier Bauern, die nach einem raschen Takt die Ronde tanzte, hätte von Tenier nicht hübscher gemalt werden können.

Ich erkundigte mich nach dem Mechanismus dieser Figuren, und wie es möglich wäre, die einzelnen Glieder derselben und ihre Punkte, ohne Myriaden von Fäden an den Fingern zu haben, so zu regieren, als es der Rhythmus der Bewegungen, oder der Tanz, erfordere?

Er antwortete, daß ich mir nicht vorstellen müsse, als ob jedes Glied einzeln, während der verschiedenen Momente des Tanzes, von dem Maschinisten gestellt und gezogen würde.

Jede Bewegung, sagte er, hätte einen Schwerpunkt; es wäre genug, diesen, in dem Innern der Figur, zu regieren; die Glieder, welche nichts als Pendel wären, folgten, ohne irgend ein Zutun, auf eine mechanische Weise von selbst.

Er setzte hinzu, daß diese Bewegung sehr einfach wäre; daß jedesmal, wenn der Schwerpunkt in einer *graden Linie* bewegt wird, die Glieder schon *Kurven* beschrieben; und daß oft, auf eine bloß zufällige Weise erschüttert, das Ganze schon in eine Art von rhythmische Bewegung käme, die dem Tanz ähnlich wäre.

Diese Bemerkung schien mir zuerst einiges Licht über das Vergnügen zu werfen, das er in dem Theater der Marionetten zu finden vorgegeben hatte. Inzwischen ahndete ich bei Weitem die Folgerungen noch nicht, die er späterhin daraus ziehen würde.

Ich fragte ihn, ob er glaubte, daß der Maschinist, der diese Puppen regierte, selbst ein Tänzer sein, oder wenigstens einen Begriff vom Schönen im Tanz haben müsse?

Er erwiderte, daß wenn ein Geschäft, von seiner mechanischen Seite, leicht sei, daraus noch nicht folge, daß es ganz ohne Empfindung betrieben werden könne.

Die Linie, die der Schwerpunkt zu beschreiben hat, wäre zwar sehr einfach, und, wie er glaube, in den meisten Fällen, gerad. In Fällen, wo sie krumm sei, scheine das Gesetz ihrer Krümmung wenigstens von der ersten oder höchstens zweiten Ordnung; und auch in diesem letzten Fall nur elliptisch, welche Form der Bewegung den Spitzen des menschlichen Körpers (wegen der Gelenke) überhaupt die natürliche sei, und also dem Maschinisten keine große Kunst koste, zu verzeichnen.

Dagegen wäre diese Linie wieder, von einer andern Seite, etwas sehr Geheimnisvolles. Denn sie wäre nichts anders, als der *Weg der Seele des Tänzers*; und er zweifle, daß sie anders gefunden werden könne, als dadurch, daß sich der Maschinist in den Schwerpunkt der Marionette versetzt, d. h. mit andern Worten, *tanzt*.

Ich erwiderte, daß man mir das Geschäft desselben als etwas ziemlich Geistloses vorgestellt hätte: etwa was das Drehen einer Kurbel sei, die eine Leier spielt.

Keineswegs, antwortete er. Vielmehr verhalten sich die Bewegungen seiner Finger zur Bewegung der daran befestigten Puppen ziemlich künstlich, etwa wie Zahlen zu ihren Logarithmen oder die Asymptote zur Hyperbel.

Inzwischen glaube er, daß auch dieser letzte Bruch von Geist, von dem er gesprochen, aus den Marionetten entfernt werden, daß ihr Tanz gänzlich ins Reich mechanischer Kräfte hinübergespielt, und vermittelst einer Kurbel, so wie ich es mir gedacht, hervorgebracht werden könne.

Ich äußerte meine Verwunderung zu sehen, welcher Aufmerksamkeit er diese, für den Haufen erfundene, Spielart einer schönen Kunst würdige. Nicht bloß, daß er sie einer früheren Entwickelung für fähig halte: er scheine sich sogar selbst damit zu beschäftigen.

Er lächelte, und sagte, er getraue sich zu behaupten, daß wenn ihm ein Mechanikus, nach den Forderungen, die er an ihn zu machen dächte, eine Marionette bauen wollte, er vermittelst derselben einen Tanz darstellen würde, den weder er, noch irgend ein anderer geschickter Tänzer seiner Zeit, Vestris selbst nicht ausgenommen, zu erreichen im Stande wäre.

Haben Sie, fragte er, da ich den Blick schweigend zur Erde schlug: haben Sie von jenen mechanischen Beinen gehört, welche englische Künstler für Unglückliche verfertigen, die ihre Schenkel verloren haben?

Ich sagte, nein: dergleichen wäre mir nie vor Augen gekommen.

Es tut mir leid, erwiderte er; denn wenn ich Ihnen sage,
daß diese Unglücklichen damit tanzen, so fürchte ich fast,
Sie werden es mir nicht glauben. – Was sag ich, tanzen? Der
Kreis ihrer Bewegungen ist zwar beschränkt; doch diejenigen,
die ihnen zu Gebote stehen, vollziehen sich mit einer Ruhe,
Leichtigkeit und Anmut, die jedes denkende Gemüt in Erstaunen setzen.

Ich äußerte, scherzend, daß er ja, auf diese Weise, seinen
Mann gefunden habe. Denn derjenige Künstler, der einen so
merkwürdigen Schenkel zu bauen im Stande sei, würde ihm
unzweifelhaft auch eine ganze Marionette, seinen Forderungen gemäß, zusammensetzen können.

Wie, fragte ich, da er seinerseits ein wenig betreten zur Erde
sah: wie sind denn diese Forderungen, die Sie an die Kunst-
fertigkeit desselben zu machen gedenken, bestellt?

Nichts, antwortete er, was sich nicht auch schon hier fände;
Ebenmaß, Beweglichkeit, Leichtigkeit – nur Alles in einem
höheren Grade; und besonders eine naturgemäßere Anordnung der Schwerpunkte.

Und der Vorteil, den diese Puppe vor lebendigen Tänzern
voraus haben würde?

Der Vorteil? Zuvörderst ein negativer, mein vortrefflicher
Freund, nämlich dieser, daß sie sich niemals *zierte*. – Denn
Ziererei erscheint, wie Sie wissen, wenn sich die Seele (vis
motrix) in irgend einem andern Punkte befindet, als in dem
Schwerpunkt der Bewegung. Da der Maschinist nun schlechthin, vermittelst des Drahtes oder Fadens, keinen andern Punkt
in seiner Gewalt hat, als diesen: so sind alle übrigen Glieder,
was sie sein sollen, tot, reine Pendel, und folgen dem bloßen
Gesetz der Schwere; eine vortreffliche Eigenschaft, die man
vergebens bei dem größesten Teil unsrer Tänzer sucht.

Sehen Sie nur die P... an, fuhr er fort, wenn sie die Daphne spielt, und sich, verfolgt vom Apoll, nach ihm umsieht; die Seele sitzt ihr in den Wirbeln des Kreuzes; sie beugt sich, als ob sie brechen wollte, wie eine Najade aus der Schule Bernins. Sehen Sie den jungen F... an, wenn er, als Paris, unter den drei Göttinnen steht, und der Venus den Apfel überreicht: die Seele sitzt ihm gar (es ist ein Schrecken, es zu sehen) im Ellenbogen.

Solche Mißgriffe, setzte er abbrechend hinzu, sind unvermeidlich, seitdem wir von dem Baum der Erkenntnis gegessen haben. Doch das Paradies ist verriegelt und der Cherub hinter uns; wir müssen die Reise um die Welt machen, und sehen, ob es vielleicht von hinten irgendwo wieder offen ist.

Ich lachte. – Allerdings, dachte ich, kann der Geist nicht irren, da, wo keiner vorhanden ist. Doch ich bemerkte, daß er noch mehr auf dem Herzen hatte, und bat ihn, fortzufahren.

Zudem, sprach er, haben diese Puppen den Vorteil, daß sie *antigrav* sind. Von der Trägheit der Materie, dieser dem Tanze entgegenstrebendsten aller Eigenschaften, wissen sie nichts: weil die Kraft, die sie in die Lüfte erhebt, größer ist, als jene, die sie an der Erde fesselt. Was würde unsre gute G... darum geben, wenn sie sechzig Pfund leichter wäre, oder ein Gewicht von dieser Größe ihr bei ihren entrechats und pirouetten, zu Hülfe käme? Die Puppen brauchen den Boden nur, wie die Elfen, um ihn zu *streifen*, und den Schwung der Glieder, durch die augenblickliche Hemmung neu zu beleben; wir brauchen ihn, um darauf zu *ruhen*, und uns von der Anstrengung des Tanzes zu erholen: ein Moment, der offenbar selber kein Tanz ist, und mit dem sich weiter nichts anfangen läßt, als ihn möglichst verschwinden zu machen.

Ich sagte, daß, so geschickt er auch die Sache seiner Paradoxe führe, er mich doch nimmermehr glauben machen würde, daß in einem mechanischen Gliedermann mehr Anmut enthalten sein könne, als in dem Bau des menschlichen Körpers.

Er versetzte, daß es dem Menschen schlechthin unmöglich wäre, den Gliedermann darin auch nur zu erreichen. Nur ein Gott könne sich, auf diesem Felde, mit der Materie messen; und hier sei der Punkt, wo die beiden Enden der ringförmigen Welt in einander griffen.

Ich erstaunte immer mehr, und wußte nicht, was ich zu so sonderbaren Behauptungen sagen sollte.

Es scheine, versetzte er, indem er eine Prise Tabak nahm, daß ich das dritte Kapitel vom ersten Buch Moses nicht mit Aufmerksamkeit gelesen; und wer diese erste Periode aller menschlichen Bildung nicht kennt, mit dem könne man nicht füglich über die folgenden, um wie viel weniger über die letzte, sprechen.

Ich sagte, daß ich gar wohl wüßte, welche Unordnungen, in der natürlichen Grazie des Menschen, das Bewußtsein anrichtet. Ein junger Mann von meiner Bekanntschaft hätte, durch eine bloße Bemerkung, gleichsam vor meinen Augen, seine Unschuld verloren, und das Paradies derselben, trotz aller ersinnlichen Bemühungen, nachher niemals wieder gefunden. – Doch, welche Folgerungen, setzte ich hinzu, können Sie daraus ziehen?

Er fragte mich, welch einen Vorfall ich meine?

Ich badete mich, erzählte ich, vor etwa drei Jahren, mit einem jungen Mann, über dessen Bildung damals eine wunderbare Anmut verbreitet war. Er mogte ohngefähr in seinem sechszehnten Jahre stehn, und nur ganz von fern ließen sich, von der Gunst der Frauen herbeigerufen, die ersten Spuren von Eitelkeit erblicken. Es traf sich, daß wir grade kurz zuvor in Paris den Jüngling gesehen hatten, der sich einen Splitter aus dem Fuße zieht; der Abguß der Statue ist bekannt und befindet sich in den meisten deutschen Sammlungen. Ein Blick, den er in dem Augenblick, da er den Fuß auf den Schemel setzte, um ihn abzutrocknen, in einen großen Spiegel warf, erinnerte ihn daran; er lächelte und sagte mir, welch' eine Entdeckung er gemacht habe. In der Tat hatte ich, in eben diesem Augenblick, dieselbe gemacht; doch sei es, um die Sicherheit der Grazie, die ihm beiwohnte, zu prüfen, sei es, um seiner Eitelkeit ein wenig heilsam zu begegnen: ich lachte und erwiderte – er sähe wohl Geister! Er errötete, und hob den Fuß zum zweitenmal, um es mir zu zeigen; doch der Versuch, wie sich leicht hätte voraussehn lassen, mißglückte. Er hob verwirrt den Fuß zum dritten und vierten, er hob ihn wohl noch zehnmal: umsonst! er war außer Stand, dieselbe Bewegung wieder hervorzubringen – was sag' ich? die Bewegungen, die er machte, hatten ein so komisches Element, daß ich Mühe hatte, das Gelächter zurückzuhalten: –

Von diesem Tage, gleichsam von diesem Augenblick an, ging eine unbegreifliche Veränderung mit dem jungen Menschen vor. Er fing an, Tage lang vor dem Spiegel zu stehen; und immer ein Reiz nach dem anderen verließ ihn. Eine unsichtbare und unbegreifliche Gewalt schien sich, wie ein eisernes Netz, um das freie Spiel seiner Gebärden zu legen, und als ein Jahr verflossen war, war keine Spur mehr von der Lieblichkeit in ihm zu entdecken, die die Augen der Menschen sonst, die ihn umringten, ergötzt hatte. Noch jetzt lebt jemand, der ein Zeuge jenes sonderbaren und unglücklichen Vorfalls war, und ihn, Wort für Wort, wie ich ihn erzählt, bestätigen könnte. –

Bei dieser Gelegenheit, sagte Herr C... freundlich, muß ich Ihnen eine andere Geschichte erzählen, von der Sie leicht begreifen werden, wie sie hierher gehört.

Ich befand mich, auf meiner Reise nach Rußland, auf einem Landgut des Hrn. v. G..., eines Liefländischen Edelmanns, dessen Söhne sich eben damals stark im Fechten übten. Besonders der Ältere, der eben von der Universität zurückgekommen war, machte den Virtuosen, und bot mir, da ich eines Morgens auf seinem Zimmer war, ein Rapier an. Wir fochten; doch es traf sich, daß ich ihm überlegen war; Leidenschaft kam dazu, ihn zu verwirren; fast jeder Stoß, den ich führte, traf, und sein Rapier flog zuletzt in den Winkel. Halb scherzend, halb empfindlich, sagte er, indem er das Rapier aufhob, daß er seinen Meister gefunden habe: doch alles auf der Welt finde den seinen, und fortan wolle er mich zu dem meinigen führen. Die Brüder lachten laut auf, und riefen: Fort! fort! In den Holzstall herab! und damit nahmen sie mich bei der Hand und führten mich zu einem Bären, den Hr. v. G., ihr Vater, auf dem Hofe auferziehen ließ.

Der Bär stand, als ich erstaunt vor ihn trat, auf den Hinterfüßen, mit dem Rücken an einem Pfahl gelehnt, an welchem er angeschlossen war, die rechte Tatze schlagfertig erhoben, und sah mir ins Auge: das war seine Fechterpositur. Ich wußte nicht, ob ich träumte, da ich mich einem solchen Gegner gegenüber sah; doch stoßen Sie! stoßen Sie! sagte Hr. v. G..., und versuchen Sie, ob Sie ihm Eins beibringen können! Ich fiel, da ich mich ein wenig von meinem Erstaunen erholt hatte, mit dem Rapier auf ihn aus; der Bär machte eine ganz kurze Bewegung mit der Tatze und parierte den Stoß. Ich versuchte ihn durch Finten zu verführen; der Bär rührte sich nicht. Ich fiel wieder, mit einer augenblicklichen Gewandtheit, auf ihn aus, eines Menschen Brust würde ich ohnfehlbar getroffen haben: der Bär machte eine ganz kurze Bewegung mit der Tatze und parierte den Stoß. Jetzt war ich fast in dem Fall des jungen Hr. von G... Der Ernst des Bären kam hinzu, mir die Fassung zu rauben, Stöße und Finten wechselten sich, mir triefte der Schweiß: umsonst! Nicht bloß, daß der Bär, wie der erste Fechter der Welt, alle meine Stöße parierte; auf Finten (was ihm kein Fechter der Welt nachmacht) ging er gar nicht einmal ein: Aug' in Auge, als ob er meine Seele darin lesen könnte, stand er, die Tatze schlagfertig erhoben, und wenn meine Stöße nicht ernsthaft gemeint waren, so rührte er sich nicht.

Glauben Sie diese Geschichte?

Vollkommen! rief ich, mit freudigem Beifall; jedwedem Fremden, so wahrscheinlich ist sie: um wie viel mehr Ihnen!

Nun, mein vortrefflicher Freund, sagte Herr C…, so sind Sie im Besitz von Allem, was nötig ist, um mich zu begreifen. Wir sehen, daß in dem Maße, als, in der organischen Welt, die Reflexion dunkler und schwächer wird, die Grazie darin immer strahlender und herrschender hervortritt. – Doch so, wie sich der Durchschnitt zweier Linien, auf der einen Seite eines Punkts, nach dem Durchgang durch das Unendliche, plötzlich wieder auf der andern Seite einfindet, oder das Bild des Hohlspiegels, nachdem es sich in das Unendliche entfernt hat, plötzlich wieder dicht vor uns tritt: so findet sich auch, wenn die Erkenntnis gleichsam durch ein Unendliches gegangen ist, die Grazie wieder ein; so, daß sie, zu gleicher Zeit, in demjenigen menschlichen Körperbau am Reinsten erscheint, der entweder gar keins, oder ein unendliches Bewußtsein hat, d. h. in dem Gliedermann, oder in dem Gott.

Mithin, sagte ich ein wenig zerstreut, müßten wir wieder von dem Baum der Erkenntnis essen, um in den Stand der Unschuld zurückzufallen?

Allerdings, antwortete er; das ist das letzte Kapitel von der Geschichte der Welt.

BRIEF EINES DICHTERS
AN EINEN ANDEREN

Mein teurer Freund!

Jüngsthin, als ich Dich bei der Lektüre meiner Gedichte fand, verbreitetest Du Dich, mit außerordentlicher Beredsamkeit, und unter beifälligen Rückblicken über die Schule, nach der ich mich, wie Du vorauszusetzen beliebst, gebildet habe; rühmtest Du mir auf eine Art, die mich zu beschämen geschickt war, bald die Zweckmäßigkeit des dabei zum Grunde liegenden Metrums, bald den Rhythmus, bald den Reiz des Wohlklangs und bald die Reinheit und Richtigkeit des Ausdrucks und der Sprache überhaupt. Erlaube mir, Dir zu sagen, daß Dein Gemüt hier auf Vorzügen verweilt, die ihren größesten Wert dadurch bewiesen haben würden, daß Du sie gar nicht bemerkt hättest. Wenn ich beim Dichten in meinen Busen fassen, meinen Gedanken ergreifen, und mit Händen, ohne weitere Zutat, in den Deinigen legen könnte: so wäre, die Wahrheit zu gestehn, die ganze innere Forderung meiner Seele erfüllt. Und auch Dir, Freund, dünkt mich, bliebe nichts zu wünschen übrig: dem Durstigen kommt es, als solchem, auf die Schale nicht an, sondern auf die Früchte, die man ihm darin bringt. Nur weil der Gedanke, um zu erscheinen, wie jene flüchtigen, undarstellbaren, chemischen Stoffe, mit etwas Gröberem, Körperlichen, verbunden sein muß: nur darum bediene ich mich, wenn ich mich Dir mitteilen will, und nur darum bedarfst Du, um mich zu verstehen, der Rede, Sprache, des Rhythmus, Wohlklangs usw. und so reizend diese Dinge auch, in sofern sie den Geist einhüllen, sein mögen, so sind sie doch an und für sich, aus diesem höheren Gesichtspunkt betrachtet, nichts, als ein wahrer, obschon natürlicher und notwendiger Übelstand; und die Kunst kann, in Bezug auf sie, auf nichts gehen, als sie möglichst *verschwinden* zu machen. Ich bemühe mich aus meinen besten Kräften, dem Ausdruck Klarheit, dem Versbau Bedeutung, dem Klang der Worte Anmut und Leben zu geben: aber bloß, damit diese Dinge gar nicht, vielmehr einzig und allein der Gedanke, den sie einschließen, erscheine. Denn das ist die Eigenschaft aller echten Form, daß der Geist augenblicklich und unmittelbar daraus hervortritt, während die mangelhafte ihn, wie ein schlechter Spiegel, gebunden hält, und uns an nichts erinnert, als an sich selbst. Wenn Du mir daher, in dem Moment der ersten Empfängnis, die Form meiner kleinen, anspruchlosen Dichterwerke lobst: so erweckst Du in mir, auf natürlichem Wege, die Besorgnis, daß darin ganz falsche rhythmische und prosodische Reize enthalten sind, und daß Dein Gemüt, durch den Wortklang oder den Versbau, ganz und gar von dem, worauf es mir eigentlich ankam, abgezogen worden ist. Denn warum solltest Du sonst dem Geist, den ich in die Schranken zu rufen bemüht war, nicht Rede stehen, und grade wie im Gespräch, ohne auf das Kleid meines Gedankens zu achten, ihm selbst, mit Deinem Geiste, entgegentreten? Aber diese Unempfindlichkeit gegen das Wesen und den Kern der Poesie, bei der, bis zur Krankheit, ausgebildeten Reizbarkeit für das Zufällige und die Form, klebt Deinem Gemüt überhaupt, meine ich, von der Schule an, aus welcher Du stammst; ohne Zweifel gegen die Absicht dieser Schule, welche selbst geistreicher war, als irgend eine, die je unter uns auftrat, obschon nicht ganz, bei dem paradoxen Mutwillen ihrer Lehrart, ohne ihre Schuld. Auch bei der Lektüre von ganz andern Dichterwerken, als der meinigen, bemerke ich, daß Dein Auge, (um es Dir mit einem Sprichwort zu sagen) den Wald vor seinen Bäumen nicht sieht. Wie nichtig oft, wenn wir den Shakespear zur Hand nehmen, sind die Interessen, auf welchen Du mit Deinem Ge-

fühl verweilst, in Vergleich mit den großen, erhabenen, welt-
bürgerlichen, die vielleicht nach der Absicht dieses herrlichen
Dichters in Deinem Herzen anklingen sollten! Was kümmert
mich, auf den Schlachtfeldern von Agincourt, der Witz der
Wortspiele, die darauf gewechselt werden; und wenn Ophelia
vom Hamlet sagt: »welch ein edler Geist ward hier zerstört!« –
oder Macduf vom Macbeth: »er [hat] keine Kinder!« – Was
liegt an Jamben, Reimen, Assonanzen und dergleichen Vorzügen, für welche Dein Ohr stets, als gäbe es gar keine andere,
gespitzt ist? – Lebe wohl!

ZU DIESER AUSGABE

Die Textgestalt der hier abgedruckten Werke Heinrich von Kleists beruht auf den *Sämtlichen Werken und Briefen in vier Bänden*, herausgegeben von Ilse-Marie Barth, Klaus Müller-Salget, Stefan Ormanns und Hinrich C. Seeba, Frankfurt am Main: Deutscher Klassiker Verlag, 1987 bis 1997. Die Ausgabe passt die Orthographie der Originaldrucke behutsam dem heutigen Gebrauch an; offensichtliche Druckfehler wurden korrigiert. Unangetastet bleiben die ursprüngliche Schreibung von Eigennamen – auch dort, wo sie uneinheitlich ist – und Kleists Interpunktion, die den Rhythmus seiner Sprache dokumentiert.

Alle Texte sind dem dritten Band, *Erzählungen, Anekdoten, Gedichte, Schriften*, entnommen, 1990 herausgegeben von Klaus Müller-Salget.

Druckvorlage für die Erzählungen, die hier chronologisch nach ihrer Entstehungszeit aufeinander folgen, war jeweils ihre endgültige Fassung, abgedruckt in den beiden Erzählungsbänden von 1810 und 1811. »Das Erdbeben in Chili« schrieb Kleist 1807, »Die Marquise von O...« 1808, »Das Bettelweib von Locarno« und »Die heilige Cäcilie« 1810 und die übrigen drei höchstwahrscheinlich in der hier gewählten Reihenfolge 1811.

Da das Original von »Über die allmählige Verfertigung der Gedanken beim Reden« (1807/08) verschollen ist und der Erstdruck von 1878 fehlerhaft war, ist die Version dieses Textes eine Rekonstruktion, die sich aus verschiedenen Fassungen und Lesarten als wahrscheinlich richtig ergab. Die beiden anderen essayistischen Texte »Über das Marionettentheater« (1810) und »Brief eines Dichters an einen anderen« (1811) folgen dem Erstdruck im *Berliner Abendblatt*.